Es ist das Glück und das Unglück Italiens, einen Süden zu haben. Übervölkerte Dörfer, brachliegendes Land, Anarchie im Staat, Drogenhandel, Mafia: alle brennenden Probleme im heutigen Italien sind der Nation vom Süden auferlegt. Aber der Süden bedeutet auch: individuelle Temperamente, hartnäckige Energien, Helden und Abenteurer, Weitherzigkeit, ausschweifende Phantasie. Die Zukunft Italiens entscheidet sich im Süden, im Guten wie im Bösen.

Die Eigenart des italienischen Charakters ist hier von Dominique Fernandez, zum erstenmal vielleicht, ganz von innen heraus erklärt durch eine Analyse, die sich der Anekdote nur bedient, um zum Verständnis der Mythen durchzudringen. In diesem Buch, das an Vorkommnissen so reich ist wie ein Roman, wird der Leser nicht nur ein leidgeprüftes tragisches Italien entdecken, das er nicht vermutet, ihm wird hier auch eine Art zu sein aufgezeigt, die so nirgendwo anders existiert und die seine Vorstellung von Menschen bereichern wird.

Auf realistische und poetische Weise einen Zugang zu Süditalien zu schaffen – das ist die Absicht dieses Buches. Begleitet wird der Text dabei von den ungemein einfühlsamen Fotos von Martin Thomas.

insel taschenbuch 1076
Fernandez
Süditalienische Reise

Dominique Fernandez Süditalienische Reise

Aus dem Französischen von
Julia Kirchner
Mit Fotografien von
Martin Thomas
Insel Verlag

insel taschenbuch 1076
Erste Auflage 1988
© Editions Bernard Grasset Paris 1965
Deutsche Übersetzung: © Insel Verlag Frankfurt am Main 1969
Fotografien: © Martin Thomas
Hinweise zu dieser Ausgabe am Schluß des Bandes
Vertrieb durch den Suhrkamp Taschenbuch Verlag
Umschlag nach Entwürfen von Willy Fleckhaus
Satz: LibroSatz, Kriftel
Druck: Nomos Verlagsgesellschaft, Baden-Baden
Printed in Germany

1 2 3 4 5 6 – 93 92 91 90 89 88

Süditalienische Reise

Neapel

Urgedächtnis

Neapel, schwarz und nackt. Neapel, das dem Reisenden, der aus Rom kommt, durch seinen Lärm und sein Elend barbarisch erscheint, obwohl es auf der Halbinsel keine so scharfsinnige, so erfinderische, so kultivierte Stadt gibt; keine, die so sehr Hauptstadt ist, besonders wenn man sie mit Rom vergleicht; aber der Erfolg, den das Talent ihrer Einwohner ihr sichern müßte, wird ihr seit jeher auf geheimnisvolle Weise genommen. Rätselhafte Stadt, deren Bevölkerung die wunderbarsten Ressourcen im Kopf hat, ohne die Mittel zur praktischen Anwendung zu finden; und die ständig unterliegt im Kampf gegen Angriffe; bettelnd und gedemütigt durch fortwährendes Unglück.

Daher fuhren wir langsam, als wir aus Rom auf der Küstenstraße kamen, die von Terracina an, wo der Süden beginnt, so schön ist, denn wir fürchteten Neapel ebenso sehr, wie wir es liebten. Bilder eines uralten ländlichen Lebens zogen an unseren Augen vorüber: die Bewegung, mit der schwarzgekleidete Frauen, hier und dort neben einem Haufen Orangen sitzend, ihre Früchte zum Verkauf anbieten; ausgespannte Fischernetze über der gelben Mündung der Flüsse; ein Karren, langsamen und sicheren Schrittes von zwei weißen Büffeln gezogen; die sandige Ebene, auf der Pinien und Iris wachsen, stellenweise Schilf.

Und dann Cumae. Cumae, arm, grau und verlassen.

Cumae, die beste Einführung für Neapel und das wirkliche Symbol dieser Stadt, denn nichts widerspricht dem Leben in den finstren, sonnenlosen Gäßchen Neapels, dem neapolitanischen ironischen, beweglichen Geist so sehr wie das unbewegliche Weiß, das zufriedene Weiß von Capri oder Positano. Wieder ergriff uns die wilde Großartigkeit von Cumae, das Schweigen der flachen Felder, die man oben von dem Hügel aus sieht, die Melancholie des ungeheuren Strandes, der bis zum Horizont hin einen Halbkreis beschreibt, das schmutzige, bleierne Meer ohne jedes Schiff, die Trostlosigkeit auch des Hügels, der eine Akropolis war, die erste griechische Akropolis Italiens – von der jedoch zwischen Gestrüpp und Steinen nur die Reste der Grundmauern geblieben sind, noch nicht einmal Ruinen.

Am Fuße des Berges drang ich in einen unterirdischen Gang ein, der mutmaßlich die Höhle der Sibylle war. Die schräg in den Tuffstein gehauenen Wände neigen sich zueinander und bilden über dem Kopf ein trapezförmiges Gewölbe. Der Gang ist lang, und man hat den Eindruck, als könnten sich die Wände um den unvorsichtigen Besucher zusammenziehen. Hier ist eine der heiligen Stätten der matriarchalischen Mythologie, in ihrer primitiven Nacktheit heute weit eindrucksvoller als der Posilip Nervals, den Bauten entstellt haben. Ich näherte mich langsam dem Innern der Grotte, dem Wohnsitz der Gebärenden, der Fruchtbaren, der Freigebigen (der Gewittrigen, das ist alles dasselbe), aus der tausendfältige Wohltat (und Blitze) einst mit den Orakeln hervorquollen, die über ihre Lippen kamen.

Aber ich weiß, meine starke Ergriffenheit in diesem Gang kommt nicht nur von meiner archäologischen

Neugier, sondern von dem Eindruck, in diesen Tuffwänden eingeschlossen und erstickt zu werden, so als könnten sie jeden Augenblick aus dem Gleichgewicht geraten und mich begraben. Hier verstehe ich, was für jeden von uns eine Mutter ist: die Wohltaten, die Gunst, die Großzügigkeit, die sie uns erweist, haben nur deshalb eine so vitale Bedeutung, weil man ihnen zuliebe der Gefahr trotzen muß, von einem unerwarteten Wiederaufwallen der Zärtlichkeit verschlungen zu werden, von einem herrlichen, aber verhängnisvollen Liebeshunger.

Verse von Vergil sind am Eingang der Grotte in eine Tafel graviert. Wir brauchen diese diskrete Erinnerung an die Antike nicht, um zu fühlen, daß wir an den Beginn der Welt zurückgekehrt sind. Die Geschichte von Cumae vereint sich mit unseren frühsten Erinnerungen in einem absoluten Urgedächtnis.

Zerbrechlichkeit, Verfall, Verstörung

An der Einfahrt nach Neapel das Bild seiner Niederlage: das neue Stadion, das die achthundert Millionen verschlang, die speziell zum Bau von Schulen bewilligt worden waren. Der Verantwortliche für diese Veruntreuung ist kein anderer als Lauro, der Reeder, den man mit einer recht dummen Legende umgeben hat: er war nur der unfähigste und verschwenderischste aller Bürgermeister, die in Neapel im Lauf von hundert Jahren aufeinander gefolgt sind.

Wir biegen auf gut Glück in eines der Gäßchen des alten Viertels ein, in das die Sonne niemals eindringt, das

Tageslicht kaum. Ein Fünftel der Bevölkerung lebt zusammengepfercht in diesen fensterlosen Erdgeschoßwohnungen, die man ›bassi‹ nennt. Ich betrete geräumige Höfe, schmutzig und schwarz wie die Eingeweide der Erde. Helligkeit kommt erst am Abend, wenn Tausende von Glühbirnen zu leuchten beginnen, von einem Balkon zum anderen, in Girlanden, in Trauben, rund um die Tabernakel in den Mauern, um die Auslagen, in den Rachen der Kalbsköpfe, die vor den Fleischereien hängen.

Durchlässige, oft nicht fertige Gebäude, zu groß, zu hoch, um zu Ende gebaut zu werden; geheimnisvolle Treppen, die im Freien auf verlorenen Vorplätzen enden, Katzen und Abfall überlassen; kein Baum oder Garten; aber der Tuff der Fassaden ähnelt Steilküsten mit natürlichen Höhlen als Eingang. Eine Landschaft außerhalb der Zeit und der bekannten geologischen Zeitalter. Ein prachtvolles in Stein gehauenes Wappenportal in einer vermoderten Mauer scheint aus einer sehr weit zurückliegenden Kolonisationszeit zu stammen. Köpfe erscheinen hier und dort, mit Wäsche beladene Arme, nackte Kinder; ein Alteisenlager nimmt die eine Ecke des Hofes ein; riesige Kupferbetten auf gedrehten Beinen leuchten im Halbdunkel. All dieser barocke Schmuck rettet Neapel vor der Kärglichkeit, die ein französisches Interieur, selbst bei besseren sozialen Bedingungen, ausstrahlen würde. Das Leben mag noch so sehr gedemütigt sein, die Bewohner dieser Höhlen haben mit dem Überfluß und dem Absurden einen wunderbar vertraulichen Umgang. Zwischen Kindergeschrei und Kochtöpfen hantieren sie mit einem Sinn für das Theatralische, der bewirkt, daß ihr Elend niemals ein dürres Elend, ein armes Elend ist, sondern eine phantastische, dramatische Unordnung.

Schreien und Weinen dringt durch die Fenster. Frauen rufen sich zu, indem sie sich heftig auf die Brust schlagen. Ein Bündel auf dem Kopf balancierend, geht ein Laufbursche wie ein Seiltänzer vorbei. Tränen, Gestikulieren und Schreien. Die Neapolitaner drücken auf diese Weise nicht stumpfsinnige Lebensenergie aus, wie viele Reisende geglaubt haben, sondern die Zerbrechlichkeit, die pathetische Labilität ihres Seins, die an Auflösung und Verstörung grenzt.

Ich habe mich oft gefragt, warum man, außer dem Faun im Museum, keinen einzigen Betrunkenen trifft. Dieses von Ticks durchschüttelte Volk ist ein Volk Nüchterner. Die Bedingungen, die andernorts den Alkoholismus begünstigen, scheinen ihn hier zu verbieten. Warum? Weil die Zechgelage, entgegen der herkömmlichen Auffassung, weniger dazu dienen, eine Zuflucht im Elend zu finden, als das Ego zu befreien. Der westliche Mensch trinkt, weil er seine Grenzen zu durchbrechen und sich zu vergessen sucht. Aber der Neapolitaner hat keine Vorstellung von seinen Grenzen. Der Neapolitaner hat kein Ego. Das Leben ist für ihn das Gegenteil von einem Gefängnis. Die Vorstellung, die er von sich selbst hat, ist zu schwach, als daß er daran dächte, ihr zu entfliehen. Wer kann in diesem Mittelalter von Gewölben, Analphabetismus und Not sich selbst gehören? Wer ist sicher, dieser und nicht ein anderer zu sein? Jede Minute ist Panik.

Die Mütter, denen das Geld für Fleisch fehlt, gehen in die Schlachthöfe und fangen aus der Brust des hingerichteten Tieres das Blut auf, das ihnen umsonst überlassen wird. Anstelle der rationellen Beziehung, die beim Fleischer zu entstehen pflegt – so viel Geld gegen so viel Ware –, schauen sie zu, wie in das Gefäß, dessen Wände beschlagen, die schmutzige Flüssigkeit hineinfließt, die ihr Blut, ihr Körper, ihre mütterliche Angst sein könnte, verwandelt in eine rote klebrige Masse.

Eine junge Person, von ihrem Galan aufgefordert, ihm den ›Liebesbeweis‹ zu geben, stieß die Hand des Kühnen zurück, der erklärte: »Wenn du meine Hand zurückstößt, so bist du keine richtige Frau.« Von einem zweiten Liebhaber, ebenso abgewiesen, die gleiche Antwort. Das arme Mädchen vertraut daraufhin seine Zweifel und seinen Kummer dem ›Briefkasten des Herzens‹ an. »Ich glaube, Frau zu sein, denn ich habe alles ganz regelmäßig, aber da mir zwei Männer das Gegenteil gesagt haben, ist es sicher, daß ich es bin?« In diesen unbeholfenen Worten wird die Persönlichkeitskrise mit ihren Ängsten und Demütigungen nicht weniger deutlich.

Vor der Tür eines Rechtsanwaltes hängt ein Büffelhorn. Kleinere Modelle von Büffelhörnern sieht man überall in Neapel. Dieses hängt dort in seiner natürlichen Größe. Ein Talisman gegen das Unglück und im besonderen gegen die Hexenkünste des *gettattore*, des Mannes mit dem bösen Blick. Der ›gettattore‹, eine neapolitanische Erfindung, ist eine halb koboldhafte, halb teuflische Gestalt, der überall, wo er vorbeikommt, Unglück bringt. Man braucht ihn, weil er in seinem scheelen Auge das umherirrende Mißgeschick sammelt und weil seine Existenz ebenso schützt wie beunruhigt. Man erinnert sich berühmter Beispiele. Der Domherr De Jorio, ein bekannter Schriftsteller und ›gettattore‹, wollte sein Buch Ferdinand I. widmen. Der König, der kein Dummkopf war, hielt ihn fünfzehn Jahre lang hin. Schließlich wurde die Audienz gewährt und der Domherr am 3. Januar 1825 empfangen. Am 4. morgens starb der König an einem Schlaganfall. Der ›gettattore‹, das heißt, das ewig über den Häuptern der Neapolitaner schwebende Unglück, hatte die Macht gehabt, die Person des Königs völlig beiseite zu schaffen, sie in Nichts aufzulösen.

Zu dem großen Hofball, der im Januar 1857 stattfinden sollte, hatte der Kämmerer Ferdinands II. vorgeschlagen, den Herzog von Ventignano einzuladen. Der König war einverstanden, ließ den Herzog auffordern, aber äußerte seine Zweifel über das Gelingen eines Festes, bei dem dieser berühmte ›gettattore‹, erscheinen würde. Tatsächlich ging alles schief; man verübte ein politisches Attentat, der Ball wurde abgebrochen, dann gab es keine Feste mehr im Königreich, der König starb und das Königreich verfiel mit seinem Nachfolger.

Der ›gettattore‹ ist ein gebildeter Mann, ein Rechtsanwalt, ein Professor oder Arzt, selten ein Mann aus dem Volk, was merkwürdig erscheint, wenn man den gelehrten Ursprung des Mythos nicht kennt. Er geht, nach Ernesto De Martino, auf ein Werk zurück, das Nicola Valletta, Professor der Rechte an der Universität Neapel, 1787 unter dem Titel ›Burlesker Diskurs über den Zauber, den man gemeinhin *gettatture* nennt‹ veröffentlichte. Dieser Jurist beschrieb den ›bösen Blick‹ mit der Ironie eines guten Schülers der Aufklärung, ohne jedoch den Mut aufzubringen, seine Existenz zu leugnen. Im Gegensatz zu dem Spott Voltaires, der bewußt die Vernunft gegen den Betrug der Magie gesetzt hatte, ging die humoristische Darstellung Vallettas behutsam mit dem Aberglauben um. Weil nämlich Valletta und die mit ihm befreundeten Professoren bei aller ihrer Gelehrtheit und dem Bewußtsein, einem Jahrhundert anzugehören, in dem es nicht mehr erlaubt war, gewisse Ängste ernst zu nehmen, heimlich immer noch an die okkulten bösen Mächte glaubten: daher der psychologische Ausweg des Scherzes, der es ihnen gestattete, gleichzeitig zu glauben und so zu tun, als glaubten sie nicht.

Die Gestalt des ›gettatore‹ war also ein Kompromiß zwischen der alten Magie und dem modernen Rationalismus. Warum haben die Neapolitaner diesen Kompromiß erfunden? Weil sich Neapel und sein Königreich durch extreme Armut auszeichnen und gleichzeitig, seit Giordano Bruno und Tommaso Campanella, durch intellektuellen Mut, Antiklerikalismus und philosophische Begabung. Vor allem im 18. Jahrhundert entwickelte sich die Aufklärung dort glanzvoll, während die materiellen Bedingungen sich verschlechterten. Auf der einen Seite stellte sich Neapel mit dem Philosophen Vico, dem Historiker Pietro Giannone, mit Genovesi, der den ersten Lehrstuhl für Volkswirtschaft in Europa einrichtete, mit dem Juristen Filangieri an die Spitze der enzyklopädischen Bewegung. Auf der anderen Seite aber war die Geschichte des Königsreiches zu dieser Zeit eine einzige Folge von Katastrophen. In England und in Frankreich hatte der Aufstieg des handeltreibenden Bürgertums innerhalb eines sich ausbreitenden Nationalstaates zuerst einem Bacon und einem Descartes und dann den Vertretern der Aufklärung erlaubt, unzweideutig die Alternative zwischen Magie und Vernunft aufzuzeigen und eine siegreiche Entscheidung zu treffen. Die geistige Elite Neapels, im Streit mit einer ohnmächtigen Politik und Wirtschaft, verkörperte ihr eigenes Unvermögen in den Zügen des ›gettattore‹. Und wenn der ›gettattore‹, diese Verbildlichung des Scheiterns der Vernunft vor den Tücken der Wirklichkeit, sich in Neapel immer noch einer weit größeren Beliebtheit erfreut als im übrigen Italien, so deswegen, weil der Kontrast zwischen der geistigen Elite (Benedetto Croce, der Ethnologe Ernesto De Martino) und dem wirtschaftlichen Rückgang nichts an Schärfe verloren hat. Die einzig mögliche ›Philosophie‹ besteht nicht darin, die Zauberkünste des Schicksals zu verleugnen, sondern darin, über sie zu lachen. Jeder lacht über den ›gettattore‹, aber jeder glaubt daran und berührt sein Horn angesichts des bösen Unruhestifters.

Wir gehen die Via Constantinopoli hinunter, zwischen den schönen, verfallenen Häusern, die zweifellos nicht die Zeit hatten, wirkliche Paläste zu werden. Der Widerspruch zwischen dem erfinderischen Geist und dem praktischen Mißerfolg, zwischen der intellektuellen Fruchtbarkeit und dem Mißgeschick, der Unterentwicklung, der chronischen Apathie ist der erschütterndste Eindruck von Neapel. Da es an einer reifen Führungsschicht fehlt, ist diese Stadt, die alles besaß, um Erfolg zu haben, ständig gescheitert. Dafür aber bringt sie bizarre, verführerische Geister hervor anstelle der selbstsicheren Küchenasseln, von denen es in den Hauptstädten des Bürgertums wimmelt.

Der quälende Gedanke an ein Scheitern ist so verfänglich, daß er sogar die angesteckt hat, die die Möglichkeit gehabt hätten, sich davon zu befreien. Gewiß, am Ende der Via Chiaia sieht man den wunderbaren Palazzo Cel-

lamare, Himmel und Meer, auf der Höhe das alte, ver-
blaßte Rosa, die Balustrade mit den bemoosten Steinen,
die Höfe mit ihrem unregelmäßigen Pflaster, die stolze
Kraft und die Anmut des spanischen Geschmacks, in
Grenzen gehalten von einem diskreten Barock; aber
weiter unten am Meer, wo die meisten Patrizierhäuser
Neapels stehen, wird die Reihe grauer Fassaden und
melancholischer Hauseingänge zu einer Tschechow-
schen Riviera, trotz des mittelmeerischen Himmels wie
von Regen überströmt. Beim ersten Anblick verblüfft
Donn' Anna. Dieser Palast, auf den die Neapolitaner so
stolz sind und den man mir als Juwel ihrer Architektur
bezeichnet hat, ist nichts als eine Tuffsteinkaserne, überall schadhaft, wie durchlöchert von den aufklaffenden
Bögen, unfertig, ungastlich und finster dreinschauend,
mit den schimmligen Mauern zum Teil im Meere stehend. Wohnsitz reicher Leute jedoch, und ich begreife
bei seinem Anblick einen Wesenszug Neapels, denn es ist
ja nicht Armut oder Unglück, was sich hier ausdrückt,
sondern Wohlstand. Wie kann man freiwillig sein Leben
dort verbringen? Und wie kann man aus den schrecklichen ›bassi‹ herauskommen, um diese Ruine zu bewundern? Eben das ist es: in einem geglückten Palast könnten die reichen Neapolitaner nicht leben, die armen sich
nicht erkennen. Sie alle sind betroffen von dem unheimlichen Verfall, der ihrer Stadt auferlegt ist, und beschränken ihre Träume auf das Gemisch aus chimärischer
Größe und elender Realität, das sie entlang ihrer Strand-
promenade finden.

Rendezvous mit Domenico Rea, dem begabtesten der jungen Schriftsteller, die Neapel seit dem Kriege gesehen hat. Die schneidenden, ätzenden Novellen Reas haben die neapolitanische Tradition des gerührten Schmunzelns, die die Romane Marottas und manche Filme De Sicas mühsam am Leben zu halten versuchten, beiseite geräumt. Nach der Lektüre von ›Spaccanapoli‹, ›Gesù fate luce‹ und ›Il Re e il lustrascarpe‹ ist es nicht mehr möglich, den Bewohner der ›bassi‹ als Zauberer im Unglück zu sehen, der durch gute Laune seine dürftigen Einkünfte ausgleicht. Der Bewohner der ›bassi‹ ist ein Wolf in einem Wald von Wölfen; der Stärkere beutet den Schwächeren aus; der Reichere den Ärmeren; die Eltern die Kinder. »Wir haben endgültig den Mythos der Elendsviertel, der Gäßchen und des Lebens ihrer Bewohner fragwürdig gemacht. Wir wissen, daß sie nicht glücklich darüber sind, zum Ausgleich für ihr Elend eine anarchische Freiheit zu erhalten.« Besonders abscheulich ist nach Rea die Ausbeutung der Kinder: die erniedrigten Mütter erniedrigen ihrerseits, so als gäbe es ein Gesetz, daß sich ohnmächtige Liebe durch Haß rächt.

Ich glaubte Domenico Rea nicht in Verlegenheit zu bringen, als ich ihm sagte, ich hätte Neapel vorteilhaft verändert gefunden, die alten Viertel weniger schmutzig, mehr neue Häuser, den ehemaligen Bahnhof abgerissen und durch helle Gebäude ersetzt, viele Autos, eine fruchtbarere und gesundere Aktivität. Wir trafen uns hinter der Piazza Municipio (wo weniger Bäume geblieben sind als Tankstellen, seit Lauro in einer Nacht die prächtigen Korkeichen hat fällen lassen) in dem nagelneuen Viertel von Rione Carità. Dort steht der einzige Wolkenkratzer Neapels.

Rea vermeidet eine Antwort. Er ist erregt beim Gehen, murmelt einige Worte, die nicht sehr artig sein müssen, kurz, ich merke, daß er die Modernisierungsarbeiten und das Lob, mit dem ich sie bedacht habe, ganz und gar mißbilligt.

Ich bin etwas verlegen, wir durchlaufen rasch mehrere Straßen, ich verstehe immer noch nicht, welche Sorge sein an Brecht erinnerndes Gesicht verzerrt.

Rione Carità hat eine Ansammlung elender, schmutziger Häuser ersetzt. Vielleicht wurden die ehemaligen Bewohner ein wenig zu schnell vertrieben; vielleicht hätte man einen Stadtteil wählen sollen, der weniger dem Verkehrslärm ausgesetzt ist, um ein Wohnviertel zu bauen. Trotz dieser Einschränkungen muß man jedoch erkennen, daß die Innenstadt Neapels jetzt zum erstenmal in der Geschichte einen europäischen Anblick bietet, mit Gebäuden, die nicht besonders schön, aber auch nicht verletzend häßlich sind: weiß, rechtwinklig, symmetrisch, in dem banalen Stil, der sich in der ganzen Welt verbreitet hat, der in Neapel aber weniger banal ist, weil er in das verfaulte Herz der Stadt große Fenster, Terrassen, Sauberkeit und Licht gebracht hat.

Was denkt Rea in diesem Augenblick? Merkt er, daß er in einer heiklen Lage ist? Er hat die abscheuliche Realität, die sich in den ›bassi‹ hinter dem ›Typischen‹ und ›Charakteristischen‹ verbirgt, angeprangert. Doch eine moderne Straße, nichtssagend wie alle modernen Straßen, ein Wolkenkratzer, wie eben ein Wolkenkratzer ist, erregen seinen Abscheu. Er will eine europäische Stadt, aber wenn sie unter seinen Augen entsteht, so vergleicht er sie mit der verschwindenden und fragt sich, was an Neapel noch interessant bleibt und was er wohl anfängt, wenn es eines Tages, nach gewonnener Schlacht, nur noch gesunde Vierzimmerwohnungen geben wird mit Robotern und Phantomen anstelle der wunderbaren Menschen des Südens.

Daß die Intellektuellen Neapels von widersprüchlichen Gefühlen zerrissen werden, war mir bereits klar geworden, durch den schönen Film von Rosa, ›Plünderung der Stadt‹, ein Pamphlet gegen die Immobilienspekulation – und durch die wertvolle Sammlung ökonomischer Studien, die Francesco Compagna und seine Freunde von ›Nord e Sud‹ über die Veränderung Neapels seit einem Jahrhundert soeben veröffentlicht haben: in beiden Fällen genügt die Entrüstung über die Geschäftemacher nicht, um die Animosität gegen Rione Carità und seinen Wolkenkratzer zu erklären. Ein geheimes Mißbehagen, das seinen Paroxysmus bei Rea hat, quält jeden, der sich für Neapel begeistert, in das Labyrinth der Gäßchen und ›bassi‹ eindringt und fürchtet, daß die Stadt an Intensität verlieren könne, was sie an Hygiene gewinnt.

Wir gehen zum Meer hinunter. Rea spricht mit großer Zungenfertigkeit. Von seinen Büchern und seinen geplanten Büchern. Er packt mich am Arm, pflanzt sich mitten auf der Straße auf, nimmt seine Brille ab, schaut mich an mit den Augen eines geblendeten Kindes, zieht mich wieder fort, lebhaft, unermüdlich, unersättlich. Er ist amüsant und weiß es, aber ich zweifle daran, ob die ständige Zurschaustellung seiner selbst ihn vor langen Zeiten der Niedergeschlagenheit schützt. Wir betreten eine Bar, er setzt sich, er macht eine lustige Bemerkung, erhebt sich, neigt sich zu mir und reicht mir die Hand, ich muß auch aufstehen und ihm die Hand geben, er schüttelt sie, und ich schüttele die seine, ich beglückwünsche ihn zu seiner Bemerkung, und er fällt auf seinen Stuhl zurück, für einen Augenblick beruhigt. Wir machen uns wieder auf den Weg. Er bedrängt mich mit Fragen über sein Werk, ich antworte ihm, so gut ich kann, er beginnt wieder damit, seine verwickelten Pläne entwirren zu wollen, ich erinnere mich meinerseits an gewisse äußerst merkwürdige Texte, in denen er den Niedergang des neapolitanischen Volksliedes begrüßt. Abgesehen von dem sehr bemerkenswerten, aber sehr isoliert dastehenden Murolo ist das neapolitanische Volkslied tot, schrieb er. Man stellt es in Mailand noch als Handelsware her, aber in Neapel ist es tot, tot im Herzen des neapolitanischen Volkes. Desto besser! Das neapolitanische Volk will sich nicht mehr in Liedstrophen ausdrücken, sondern in Häusern, Schulen, Kliniken, in sozialem und humanem Fortschritt. Das neapolitanische Volk will nicht mehr singen, sondern leben. Ich erinnere mich dieses Textes und frage mich, warum Domenico Rea nicht glücklicher aussieht, er, der Prophet des Umschwungs, der jetzt sein Opfer zu sein scheint.

Er spricht mit Beharrlichkeit von seinem letzten Roman, ich verstehe, daß ihm weniger daran liegt, meine Meinung zu erfahren, als mir zu sagen, warum er seit diesem Roman, der fünf Jahre alt ist, nichts mehr geschrieben hat, warum er nicht mehr schreiben kann, ja, warum? warum? Ich versuche, mir alles ins Gedächtnis zu rufen, was ich von ihm weiß, seine ärmliche Kindheit, sein schriftstellerisches Debüt als Chronist des Lebens in den ›bassi‹, seinen überwältigenden Erfolg: die Karriere eines Chronisten der ›bassi‹ stand ihm offen, eine leichte Karriere, solange das Leben der ›bassi‹ so reich an Episoden ist. Aber er stemmte sich gegen die Versuchung, verschmähte seine pittoreske und folkloristische Begabung und nahm es auf sich, den Bewohner der Elendswohnungen ein für alle Mal zu entpoetisieren. Und nun, nach vierzig Jahren, hat er sein Versprechen gehalten, aber ist unbefriedigt und voller Angst, so als ahne er, daß er bei dieser Entscheidung mehr verloren hat als gewonnen.

Er nimmt mich in seinem Alfa-Romeo mit. Die Menge der kleinen Fiats geht ihm auf die Nerven. Ich frage ihn, ob er nicht beabsichtige, sich in Rom, in Mailand niederzulassen. Vielleicht, sagt er mir. Ich nehme an, daß er nicht mit anderen Schriftstellern aus Neapel gleichgestellt werden will, die fortgegangen sind. In der Tat gibt es für einen neapolitanischen Schriftsteller, der beschlossen hat, keine ›neapolitanische‹ Literatur mehr zu machen, kaum einen anderen Ausweg, als auszuwandern. Aber Rea bleibt, trotz seiner unhaltbaren Lage. Er würde es ein wenig feige finden, fortzugehen. Er klammert sich an die so herrlich anregenden Orte, die ihn nicht mehr anregen, weil sein bürgerliches Gewissen so entschieden hat. Er bleibt und wartet, daß eine neue Stadt sich auf den Trümmern der alten erhebt, eine neue Stadt mit europäischen Themen und dem Bedürfnis nach einer modernen Literatur, die keine Folklore über Neapel mehr ist. Bis dahin ballt er die Fäuste und verflucht seine Machtlosigkeit. Was tun? Der kindliche Ärger, den er beim Anblick der neuen Viertel empfindet, so als entdecke er, daß die Zivilisation des zwanzigsten Jahrhunderts eine langweilige Zivilisation ist, könnte sich leicht wiederholen, wenn es sich nicht nur um Häuser handelt, sondern um den neuen Typ der Bewohner, den sie hervorbringen werden.

Städte, Frauen, Kinder

Sonnenuntergang in Pozzuoli, meinem Lieblingshafen, so eindrucksvoll in der Abenddämmerung, wenn vor der Silhouette des Kap Misenio die Fischerboote hinausfahren und zwischen den mit Muscheln beladenen Pfählen das Wasser aufwirbeln, das schwer und fettig ist von Öl und Abfall. Das Sechsuhrschiff war gerade nach Procida und Ischia abgefahren: ein alter Kahn mit einer Schiffbrücke, derselbe seit Jahren, verkommen, ausgeblichen und unbequem, der zu den Inseln eine Handvoll Reisender bringt, die aufrecht im Winde stehen – heute abend neben einem großen amerikanischen Wagen, der zwischen den Körben verstaut ist, Schatz und Stolz eines heimgekehrten Emigranten.

Kam er aus New York? Aus Nuova York, wie sie sagen? Ich begann über die Städtenamen nachzusinnen. Sollte ich Pozzuoli sagen oder Pouzolles? Brindisi oder Brindes? Pouzolles hatte zweifellos besser gepaßt, solange das armselige Nest, wo Cicero einst eine Villa besaß, ein Erbteil französischer Schriftsteller gewesen war: der Président de Brosses hatte seinen Geist dort versprüht, Chateaubriand seine Beredsamkeit und Taine seine Moral. Brindes bezeichnete das Ende der Straße und den Einschiffungshafen nach Griechenland, eine Zwischenstation – nichts weiter. Brindes war die Negation von Brindisi, man fuhr über Brindes, man kam nicht nach Brindisi wegen Brindisi. Die Französierung italienischer Städtenamen begann im achtzehnten Jahrhundert und nahm unter Napoleon I. zu. Milan, Turin, Gênes, Naples, Palerme: das mag noch gehen. Diese Städte sind mächtig genug, um sich ihre Identität trotz der Naturalisierung zu bewahren. Aber immer noch Brindes zu sagen, heißt, Brindisi und seine Bewohner zu ignorieren, die Probleme von Brindisi, das riesige Polypropylenwerk von Brindisi, heißt, in den Grenzen der Schulbildung zu bleiben, in den Grenzen der automatischen Assoziierung: Brindes – Postboot von Brindes – Griechenland – Tod Vergils. Ebenso leugnet man, sagt man immer noch Pouzolles, daß sich der armselige Hafen in eine Industriestadt verwandelt hat, die einen Teil der Arbeitslosen Neapels in die weltbekannte Schreibmaschinenfabrik Olivetti und in das chemische Werk Pirelli zieht, dessen spitze Dächer am anderen Ende des Golfs einen weißen Fleck bilden.

Aber warum Lucques bewahren (statt Lucca) und auf Pistoie verzichten (um wieder zu Pistoia zurückzukehren)? Es handelt sich um zwei gleich wichtige, benachbarte Städte. Hier hat die Euphonie den Ausschlag gegeben. Der Fall ist selten. Gewöhnlich entspricht die Französierung nicht einer Forderung des Ohrs, sondern dem Imperialismus einer Kultur. Girgenti wurde Agrigente, weil die Franzosen die griechischen Tempel, die Ausgrabungen, die Archäologie, die ›Ecole d'Athènes‹ immer als ihr Eigentum betrachteten. Trapani, das wunderbare Trapani aus dem besten Humus Siziliens, blieb Trapani, weil der gallische Stolz keinen Vorteil darin sah, sich die Salinen anzueignen, die niedrigen Häuser, die Barken, Becken und Molen, die Großartigkeit und Einsamkeit eines Hafens am Ende der Welt.

Ein absurder Zufall: aus Cuneo in Piemont ist Coni geworden.

Ein anderer Aspekt der Französierung: man will der ausländischen Stadt eine Huldigung darbringen, indem man sie in die Muttersprache übersetzt – kluge Köpfe sind bereit, dies zu verteidigen. Was sie für Ehrerbietung halten, würde ich eher dem Dünkel zuschreiben. Seitdem der Franzose von seiner Vorrangstellung nicht mehr so durchdrungen ist und das Ausland als Ausland und nicht mehr als losgelösten Teil seines Reiches anzuerkennen geruht, französiert er auch nicht mehr. Wer würde daran denken, Arezzo zu entstellen? Hätte man Piero della Francesca jedoch hundert Jahre früher entdeckt, so spräche man uns zweifellos von den Fresken von Arès, und aus Piero wäre Pierre geworden. Man müßte eine Geschichte des Geschmacks nach der jeweiligen Anerkennung oder Verballhornung der Eigennamen schreiben. Das zwanzigste Jahrhundert würde keine schlechte Figur abgeben mit Arezzo, Todi, Cagliari, Lecce, Comacchio, Chioggia, Piero della Francesca, Piero di Cosimo, Cosmè Tura, Ercole dei Roberti, Monsù Desiderio.

Was die Städtenamen betrifft, so sagte ich mir auch, daß ich sie in diesem Buch in der weiblichen Form lassen und der (absoluten) Regel der italienischen Sprache folgen müsse, die sich in diesem Punkte vom Französischen unterscheidet. Die Städte in Italien sind Frauen, Schwestern, Gattinnen, Geliebte. Ich erinnere mich all derer, durch die wir auf dem Wege nach Neapel gekommen waren: Siena, dessen Campo, mitten in der dichtesten Besiedlung gelegen, tiefer als die Straßen, die selbstverständlich in diese, überdies noch muschelförmige Vertiefung hinabführen, deutlich den Schoß verbildlicht. Vol-

terra und Orvieto, deren Hauptplätze im Gegensatz
dazu auf der Höhe liegen und nach allen Seiten hin den
Andrang des Bluts beherrschen; kämpferische, etruski-
sche Städte, die sich nicht anbieten, die man erobern
muß. Pisa, das durch seinen Fluß Frau sein könnte, wie
Rouen, Nevers oder Tours, nur daß eine italienische
Stadt kein Gefängnis ist, aus dem man auf dem Wasser-
wege flieht: die Ruder, der Kahn, das kleine Dampf-
schiff sind typische Bestandteile französischer Mythologie. Die italienische Stadt: ein steinerner Traum, der den
Menschen befreit, indem er ihn einschließt. Wir fanden
den Focus, von dem die melancholische Weiblichkeit
Pisas ausstrahlt: ein unregelmäßiger, von flachen Palästen umgebener Platz, den ganzen Tag lang einsam und
leer, ohne eine lebende Seele, außer der Marmorstatue
eines Medici in der Mitte, die mit ihrem Schatten, dem
Stand der Sonne folgend, die gesamte unbelebte Aus-
dehnung durchmißt und so den Besitzanspruch des
Mannes über die jungfräuliche Fläche bestätigt, die er
erforscht. Lucca, klein und eng; und Rom, das weder
Gattin noch Geliebte, Rom, das Mutter ist, Mutter aller
Städte, so sehr Mutter für Freud, daß er sich jahrelang
nicht entschließen konnte, über den Trasimenischen See
hinauszufahren, von der gleichen Furcht ergriffen, die
zweitausend Jahre früher den siegreichen Hannibal ab-
gehalten hatte, seinen Erfolg ganz auszukosten: mütter-
liches, verbotenes Rom, der Gegenpol zu Paris, der
männlichen Stadt, die Balzac mit Vautrin identifiziert,
dem wahren Symbol des Vaters.

Ich dachte an alle diese Städte und Plätze – Piazza
Ducale in Vigevano, Piazza San Carlo in Turin, Piazza
del Popolo in Todi – die so gebaut sind, daß die Straßen,

die durch Arkaden in sie einmünden, nicht die dichte Front der Fassaden durchbrechen. Überall abgeschlossene Zufluchtsorte, in dem sich der Geist, zurückgeführt zu den Eindrücken der frühesten Kindheit, gleichzeitig gefangen und glücklich fühlt. Italien, und nur Italien hat auf diese Weise den ältesten Intimitätstraum des Menschen verwirklicht.

In Pozzuoli und in den meisten südlichen Orten, die zu arm sind, um nicht aufs Geratewohl und nach den Möglichkeiten des Augenblicks gebaut zu sein, hat der weibliche, mütterliche Einfluß sich nicht auf die Anordnung der Stadt übertragen. Doch ich brauchte nur das faule Kommen und Gehen der Männer am Meer zu beobachten, um zu wissen, daß sie nicht zählten und daß das Leben der Gemeinde allein von den Frauen bestimmt wurde, deren rauhe Stimme zuweilen einen von ihnen in ein Haus rief.

Die kleine Gruppe, die sich am Quai versammelt hatte, um bei der Abfahrt des Bootes dabei zu sein, wartete inmitten von Kisten und Kehricht, in dem kotigen, übelriechenden Schmutz, der das klebrige Pflaster überzieht. Die Männer in Pullovern, die Frauen in ihren ewigen schwarzen Hauskleidern, die größeren Kinder halb nackt, aber die Kleinen! Feierlich in hell glänzenden Wagen einhergeschoben, Dutzende von Säuglingen und zwei- oder dreijährigen Bübchen, von Kopf bis Fuß herausgeputzt, Könige inmitten des Elends.

Wieder einmal stieß ich auf die Riten der Kindesvergötterung, die in diesem armen, verlorenen Hafen einen absurden Grad erreicht hatte, und ich sagte mir, daß die uneingeschränkte Verehrung, mit der so viele Italiener während ihrer Kindheit behandelt werden und die sie als ein ihrem Geschlecht zustehendes Recht betrachten – ebenso wie die wunderbaren, unheimlichen Litaneien auf die Worte »povero figlio, figlio mio«, mit denen ihre Ammen sie gewiegt haben –, sie später, sie und die Frauen, die sie sich nehmen werden, ehelichen Mißverständnissen und Katastrophen ausliefern.

Neben denen des Dramas kamen mir die bekanntesten Züge der neapolitanischen und italienischen Komödie in den Sinn: die berühmte Kunst der ›combinazione‹ (unfähig, sich für etwas zu interessieren, das aus Prinzip geschieht, faul, wenn es sich einer Ordnung zu fügen gilt, widerspenstig jeder Disziplin gegenüber, hat der Mann des Südens eine Vorliebe für alle Schliche und Kniffe, die seine persönlichen Verführungskünste zur Geltung bringen; er bleibt für immer der kleine Junge, der seine Suppe nicht essen konnte, wenn er nicht für jeden Löffel mit einem besonderen Kosewort bedacht wurde); die kindliche Freundlichkeit der Diebe (sie verbergen sich kaum, und wenig fehlte, so bäten sie einen um das, was sie haben wollen; wenn sie entdeckt werden, verzichten sie gutwillig auf ihre Beute, denn das Ganze war ja nur ein kleiner Streich, den sie einem gespielt haben); der bizarre Charakter mancher Anekdoten (ein Bauer, der seinen Ochsen hinter sich herzieht, kommt nach Neapel; zwei Freunde sehen ihn vorbeigehen. »Gibst du mir deinen Ochsen?« fragt einer den Bauern, der verwirrt weitergeht, ohne zu antworten. »Aber bist du verrückt?« fragte der zweite den ersten, »warum sollte er dir denn seinen Ochsen geben?« – »Bah!« antwortet der andere, »man weiß ja nie . . .«) ist unverständlich für jemanden, der die Neigung des Neapolitaners nicht kennt, sich sein Leben lang in tatenloser Unterwerfung einer freundlichen Vorsehung zu überlassen, von der jederzeit wie von der ersten, wirklichen Mutter eine unvorhergesehene Wohltat ausgehen könnte; die Schwierigkeit, das Wort ›danke‹ auszusprechen, denn es gibt nichts, keine Höflichkeit, keine Gefälligkeit, keinen Gunstbeweis oder keine Freigebigkeit, bei der sie nicht in aller Harmlosigkeit überzeugt sind, sie stehe ihnen zu und habe ihnen seit jeher zugestanden.

Ich dachte auch an den Vorrat an Zuversicht, guter Laune und erfinderischer Kühnheit, den ihnen ihre glückliche Kindheit gegeben hat (später merkte ich jedoch, daß ich mich in diesem Punkte geirrt hatte); an das (fragwürdige) Glück, an einem freigebigen Busen liebkost, gewiegt und ernährt worden zu sein; an dieses bedenkenlose Vertrauen in ihren ›guten Stern‹, das ihnen ermöglicht, passiv Demütigungen, Hunger, Elend oder Diktatur zu ertragen; an die Gleichgültigkeit der Bürger gegenüber der Politik, die vom Vater ausgeht, und sie folglich nicht interessiert; an das unvermeidliche Scheitern des faschistischen Abenteuers, der faschistischen Rhetorik des Vaters, des faschistischen Versuchs, die väterliche Vorrangstellung wieder einzuführen; an die unerschütterliche Macht der Kirche über ein von der Mutter beherrschtes Volk.

Ich dachte ebenfalls daran, daß ein Mann, der in diesem Lande erzogen worden ist, sich eine Mutter als Gattin und eine Frau als Geliebte nimmt. Er findet diesen Kompromiß natürlich, und man würde ihn in die größte Verwirrung stürzen, wenn man ihm vorschlüge, mit der Scheidung eine Partnerin in sein tägliches Leben zu bringen. Damit war ich an dem dunkelsten Punkt des italienischen Dramas angelangt.

Auf der Reise von der Grenze bis Neapel hatten wir es schon bemerkt: in diesem Land begegnet man sehr selten einem Paar. Wenn wir in einem Restaurant einen Mann und eine Frau allein sahen, waren sie stumm, so als hätten sie einander nichts mehr zu sagen. Meistens saßen Männer und Frauen in Gruppen, Gesellschaften von zehn oder zwölf Personen, ein Schutz vor dem gefürchteten Tête-à-tête; nachts in den Bars waren ausschließlich Männer.

Das Paar ist keine Formel nach italienischem Geschmack. Das ›ja‹, mit dem man sich bindet, bezeichnet nicht den Beginn von etwas, das sich zwischen zwei Personen ereignen wird, sondern eine ein für alle Mal beglichene Rechnung, eine Sicherung der Zukunft, den Schlußstrich unter eine bestimmte Zeit des Lebens, in der man gefallen mußte, um etwas zu erhalten, und Mühen auf sich nehmen, um sich durchzusetzen. Fast alle Italiener (außer 2%) heiraten nur kirchlich (die Lateran-Verträge ermöglichen dies). Ihre religiösen Überzeugungen spielen bei dieser Entscheidung keine Rolle (Italien ist nicht christlicher als Frankreich). Das Sakrament der Ehe ist das einzige, das sie noch praktizieren, weil es sie nicht veranlaßt, über die eigentliche Natur der Beziehung zwischen Mann und Frau nachzudenken, über die Anstrengung, deren es jeden Tag bedarf, diese Beziehung lebendig zu erhalten.[1] Die Scheidung, die die Unmöglichkeit zweier Menschen sanktioniert, das gemeinsame Abenteuer fortzusetzen, wird in Italien nicht eingeführt werden, solange die Zivilehe nicht zur Sitte wird; und nichts ist unwahrscheinlicher als das, solange die Notwendigkeit, sich zu gefallen, um miteinander zu leben und sich zu vertragen, um sich zu behalten, nicht als Grundlage der ehelichen Verbindung empfunden wird; bevor das gegenseitige Einverständnis nicht auch im täglichen Leben wichtig bleibt, anstatt sich auf den Augenblick der Hochzeit zu beschränken.

Der überzeugendste Beweis der Gleichgültigkeit der Italiener gegenüber allem, was ein Leben zu zweit betrifft, ist die sofortige Veränderung der Frau nach der Hochzeit. Das schlanke, junge Mädchen wird dick und häßlich, wo es auch immer herkommt und über welche Mittel es auch verfügt; sie schlurft in wenig appetitlichem Aufzug durch das Haus; die Sorgfalt, die sie dem Nachwuchs zugute kommen läßt, beansprucht sie so, daß sie die Pflege, die sie ihrem Körper angedeihen lassen sollte, vergißt; bald geht keinerlei Reiz mehr von ihr aus, ohne daß jedoch der Ehemann Miene machte, darüber ungehalten zu sein. Das Tabu der Jungfräulichkeit, über das man so viel Unsinn geschrieben hat, drückt symbolisch die Resignation der Erwachsenen aus. Warum erzieht man Jungen und Mädchen mit der Vorstellung, daß die physische Unversehrtheit der Frau ein weit wichtigeres Gut sei als Charakter, Intelligenz und sogar Schönheit? Um sie fest davon zu überzeugen, daß die Ehefrau nur ein einziges Mal etwas zu bieten hat. Eine einzige Hochzeitsnacht lang, dann ist sie zu einem Nichts geworden. Sie wünscht sich nicht mehr, begehrenswert zu sein, der Ehemann verlangt nicht mehr, daß sie es ist. Der Austausch hat einzig darin bestanden, daß der Mann ihr seinen Stempel aufgedrückt hat.

Wenn es ihnen auch gleichgültig ist, ob sie sich gefallen, so mißfallen sie sich doch oft derartig, daß sie sich nicht mehr ertragen können. Dramen des Ehezwists beflecken Italien mit Blut. Im Süden neigt man zum

Verbrechen, im Norden zur Trennung. Sechzigtausend Paare trennen sich jedes Jahr, ein Fünftel auf gesetzlichem Wege, die anderen auf gemeinsamen Beschluß hin. In einem Zeitraum von zwanzig Jahren sind eine Million zweihunderttausend Ehen auseinandergegangen, zwei und eine halbe Million Personen haben ihre Fesseln abgeworfen, ohne ihre Freiheit wieder zu erlangen (das Gesetz verpflichtet sie sogar, enthaltsam zu bleiben).

Im Norden, auf der anderen Seite des Apennin, ist eine glückliche Ehe nicht außergewöhnlich; die Erfolgschancen sind geringer, je weiter man nach Süden kommt und je früher die Frauen aufhören, anziehend zu sein. Wahrscheinlich wünscht sich in der Industriegegend zwischen Turin und Venedig eine beachtliche Minderheit, ihr Leben als Paar leben zu können und folglich auch die Scheidung. Aber wegen des Südens, wegen der unzähligen jungen und bereits unförmigen Frauen, die durch die Einrichtung der Scheidung zu Einsamkeit und Elend verdammt wären – um so mehr als niemand ihnen einen Beruf beigebracht hat –, ist eine Reform des Eherechts im Augenblick unmöglich. Eine völlige Änderung der Unterhaltsbestimmungen müßte ihr in jedem Fall vorausgehen. Seit dem hundertjährigen Bestehen Italiens beutet der Norden den Süden aus und bereichert sich auf seine Kosten, dafür aber knechtet der Süden das sexuelle und moralische Leben der gesamten Halbinsel.

In Rom hatte ich einen bekannten Romancier gefragt, warum die Schriftsteller nicht eine Kampagne zugunsten der Scheidung führten. Sie würde nichts nützen, sagte er mir. Gar nichts? Nein, solange der Vatikan über Italien herrscht. Aber ihr habt doch trotz allem viel Einfluß, antwortete ich. Wir würden nicht unterstützt werden, sagte er mir, das Bürgertum ließe uns im Stich. Unterstützt oder nicht, warum es nicht versuchen? Wenn nicht unter dem Druck der Intellektuellen, wie sollten sich die Dinge sonst ändern? Nach und nach bemerkte ich, daß mein Freund, so sehr er auch Intellektueller und Anhänger eines liberalen Regimes war, doch nicht weniger in dem hintersten und verborgensten Winkel seines Gewissens dem Prinzip der Scheidung fremd gegenüberstand, so als habe ihn diese Frage nie berührt.

Tatsächlich kann man nicht verstehen, warum Italien als einziges zivilisiertes und modernes Land die Scheidung verbietet, wenn man nicht der besonderen Struktur der italienischen Ehe Rechnung trägt. Das Verbot der Scheidung ist ein tiefergreifendes Tabu als jede liberale Überzeugung; tiefergreifend als das Leid, das es verursacht; tiefergreifend als die traditionellen Gesetze der italienischen Gesellschaft. Es ist ein tiefergreifendes Tabu als die Religion, denn die zwangsläufig in wilder Ehe lebenden zweieinhalb Millionen Menschen, zusätzlich all derer, die es freiwillig tun, empören niemanden: Italien ist das einzige Land der Welt, das Ehebruch zum Rang einer offiziellen Einrichtung erhebt. Tiefergreifend als der Sinn für die Familie, denn das bürgerliche Gesetzbuch verbietet einem Mann, selbst wenn er gesetzlich getrennt lebt, die Kinder anzuerkennen, die er von seiner neuen Gefährtin hat. Daher eine zwischen drei oder vier Millionen schwankende Bevölkerung von unehelichen Kindern, die Außenseiter in der Gesellschaft bleiben. (Ihre Papiere trugen bis vor kurzem die entehrenden Buchstaben N. N., Abkürzung der Formel ›Nescio Nomen – Ich kenne den Namen nicht‹, die in der Phantasie des Volkes zu ›Niente Nome – kein Name‹

geworden ist; dort, wo die Namen von Vater und Mutter stehen müßten, ist nun auf ihrer Kennkarte eine leere Stelle; man putzt die Kinder mit einem Phantasienamen heraus, der jeden Verdacht über ihren Ursprung ausschließen soll; der Drangsal eines demütigenden Gesetzes ausgeliefert, den Ängsten einer zweifelhaften Abstammung, rühren sie nicht dein steinernes Herz, o Mutter Mittelmeer?) Tiefergreifend als die Revolution, denn nach dem Krieg, als die linken Parteien sich die Macht mit der Democrazia cristiana teilten und die zwischen Mussolini und Pius XI. geschlossenen Lateranverträge hätten geändert werden können, vor allem die Klausel über die unauflösliche Ehe, sprach sich der Kommunistenführer Togliatti für die feierliche Bestätigung des Konkordats innerhalb der neuen republikanischen Verfassung aus.

Die italienische Ehe schließt eine Auflösung aus dem einfachen Grunde aus, weil sie nicht zwei Partner bindet. Die jungen Mädchen sprechen in ihrer intimen Korrespondenz nicht von einem bestimmen Mann, sondern von dem Mann im allgemeinen, dem anonymen, abstrakten, absoluten ›uomo‹, der offenbar weniger ein Wesen ist, das man lieben und verstehen will, als eine Quelle des Schutzes und der Sicherheit. Die Frauen heiraten einen Vater, der ihnen und ihren Kindern als Tutor dient. Trotzdem bleibt er in ihrem Gefühlsleben ein Kind, um das sie sich mit den anderen Kindern kümmern. Niemals ist er ein Gleichgestellter, niemals kommt ihnen der Gedanke, daß er es sein könnte. Als Angela Merlin vorschlug, die Bordelle abzuschaffen, stieß sie auf mehr Gegner bei den Frauen als bei den Männern. Das Bordell war für sie eine Garantie, daß weder ihre Männer noch ihre Söhne in einem festen Verhältnis endeten. Die Familienmutter behielt die Herrschaft über ihre Männer, die durch ihre eingestandenen und von ihr gebilligten Eskapaden weiterhin unter ihrer Abhängigkeit standen. Sie verließen das eheliche Bett, aber blieben der Wohnung treu. Die Liebe, die ihnen so leicht erreichbar war, hielt sie von männlicheren und folgereicheren Eroberungen ab.

Was die Männer betrifft, so wollen auch sie keine Scheidung. Sie sind ebensowenig fähig wie begierig danach, eine Frau in einer zweiseitigen Beziehung zu lieben, und vergnügen sich damit, die mütterliche Gattin mit Gelegenheitsgeliebten zu betrügen. Ein Wiederaufleben der Streiche, die man der ersten und eigentlichen Mutter gespielt hat. Der Ehebruch würde ihnen weniger Spaß machen ohne die Bewunderung, die sie damit bei ihren Freunden hervorrufen. Eine Verbindung, die sie geheimhalten müßten, interessiert sie schon nicht mehr. Wie man weiß, gibt es sehr wenig wirkliche Leidenschaft in Italien. Wichtig ist nicht die Liebe, sondern häusliches Leben, Bequemlichkeit, Ruhe. Wenn der kindliche Ehemann gezeigt hat, was er kann, fände er es gräßlich, nicht nach Hause zurückkehren zu können.

Es gibt keine Paare in Italien, es hat sie nie gegeben, Mann und Frau haben nie versucht, einander gegenüberzustehen, sich zu vereinen, sich gegenseitig zu bereichern. Die Werke der Literatur bezeugen es. Die großen Paare sind Dante und Beatrice, ein Frommer und eine Tote, die Verlobten Manzonis, getrennt und keusch, Bube und Mara bei Cassola, die vierzehn Jahre warten müssen, bis sie zusammen leben dürfen. Dante hat aus seinem Kult für Beatrice den Archetyp der verbotenen Liebe gemacht, er hat aus der blitzhaften Vereinigung Paolos und Francescas in der kurzen Zeit nur eines Kusses den Archetyp der getrennten Liebe gemacht. Und diese beiden Archetypen haben nicht aufgehört, die italienische Empfindsamkeit zu formen. Entweder geträumte, entfleischlichte Liebe auf Distanz – die Beziehung des Mannes zu seiner Mutter, zu seiner Schwester, zu der Madonna; oder die flüchtige, heimliche Liebe – die Beziehungen zu den Mätressen, den Prostituierten. Eine keusche Exaltation oder eine eilige Hurerei.

Es gibt nicht mehr Paare in der Malerei, in der unerschöpflichen italienischen Malerei, außer bei einigen Esoterikern und Außenseitern der Tradition (Piero di Cosimo, die Schule von Ferrara). Kein Arnolfini auf dieser Seite der Berge. Zwar gab es in Venedig das ›Gewitter‹. Aber durch eine Röntgenuntersuchung wurde kürzlich festgestellt, daß Giorgione an Stelle des jungen Mannes ursprünglich einen nackten weiblichen Körper entworfen hatte. Die junge Mutter ist die Nymphe Io, sie hat ihr Kind von Jupiter, der als Blitz dargestellt ist; der junge Mann ist Merkur. Jupiter hat ihn beauftragt, Io vor dem Zorn Junos zu schützen. Was bleibt von diesem Mann und dieser Frau, von dem scheinbaren Liebespaar, von den Gatten? Zwei einander fremde Komparsen eines mythologischen Abenteuers, das im Himmel geschehen ist.

An diesem Punkte war ich mit meinen Gedanken angelangt, als aus der Juke-box vor der Bar die rauhe, schluchzende Stimme Rita Pavones erklang. »Warum, ach warum nimmst du mich nicht mit zum Fußballspiel?« Die rauhe Stimme beklagte sich darüber, am

Sonntag allein zu Hause herumzusitzen. Sie sagt ihrem Galan das Ende ihrer Liebe voraus, wenn er sich weiterhin eifersüchtig zeige und sie am Ausgehen hindere, und droht ihm, anderen Burschen zu folgen, wenn er sie vernachlässige. Vor fünf Jahren noch hieß der beliebteste Schlager in Italien ›Der Efeu‹. Eine klebrige Stimme schwor ihrem Liebsten, was auch immer geschehe, sich um ihn zu schlingen wie der Efeu um den Baum. Nun sang eine Frau mit kriegerischer Stimme und verkündete kühn ihre Absicht, nicht auf sich herumtrampeln zu lassen; und obwohl man ihr oft mangelnde Weiblichkeit vorwarf, hatte diese Frau Millionen von Zuhörern und Bewunderern, auch in Pozzuoli und im rückständigsten Süden. Rührte sich etwas?

Rita Pavone ist die Tochter eines Turiner Arbeiters, aber ich brauchte nicht an ihr offenes, entschiedenes, nordisches, mit Sommersprossen bedecktes Gesicht zu denken, um zu wissen, daß Turin das moderne Italien geformt hat. Cavour hat dort seine Einheit geplant und verwirklicht, Gramsci die Arbeiter von Fiat organisiert; der Antifaschimus war dort beständiger, tatkräftiger als anderswo, der Widerstand dichter. In Turin hat das ›Wirtschaftswunder‹ der Jahre 1950-60 nicht die gleiche Vulgarität hervorgebracht wie in Rom oder Mailand, denn in der Hauptstadt Piemonts gehörte die Industrie bereits zur Zivilisation. Ich konnte auch nicht vergessen, daß die einzigen Italiener, die sich für die Einführung der Scheidung eingesetzt haben, Turiner waren oder sind: der berühmte Peretti-Griva, Präsident des Berufungsgerichtes, der einen Ausweg gefunden hatte, Ehen nichtig zu erklären, bis ein besonderes Gesetz ihn daran hinderte; heute der Staatsanwalt Mario Berutti.

Alle Arten des Fortschritts entwickeln sich Hand in Hand: Industrie, Politik, Sexualität und Moral. Und an diesem Abend, am Quai eines vergessenen Hafens, kam Turin Neapel zu Hilfe durch die Stimme eines kleinen, eigensinnigen Mädchens, das vielleicht einmal einen Schlager unters Volk bringen wird, der die Scheidung fordert.

Was tun? (Fortsetzung)

Inzwischen ist Antonio nach Mexiko gegangen. Er hat sich dort mit einer Italienerin verheiratet, die seit fünfzehn Jahren dort wohnt, die er im Krieg kennengelernt und seitdem nicht mehr wiedergesehen hat. Sieben Jahre lang lebte Antonio in Neapel mit der jungen, schönen Delfina zusammen, ohne sie heiraten zu wollen. Das ist der springende Punkt: er wollte sich in Neapel nicht mit der Frau verheiraten, die er liebte. Warum wollte er sie nicht heiraten? Weil er irgendwo im tiefsten Herzen wußte, daß Delfina nicht für ihn gemacht war? Wie viele Ehen scheitern nicht erst im achten Jahr! Weil ihm eine Bindung widerstrebte? Auch das nicht, da er sich anschließend verheiratete.

Antonio vereinte in sich, so extrem sein Fall auch war, die typischen Charaktereigenschaften des Neapolitaners. Klein, rundlich, dunkel, mit samtenen Augen, ständig eine Melodie auf den Lippen, war er das Klischee des neapolitanischen Verführers. Er besaß eine Bar an der Kreuzung des ›rettifilo‹ und der Via Duomo, eine andere, kleinere in Forcella. Um ihn herum gab es stets eine Menge untätiger Freunde und Frauen, denen er galante

Dinge ins Ohr flüsterte. Wie viele Abende habe ich mit ihm verbracht, während derer ich mich von der Lust unbestimmter Sensationen, von dem Wiegen unzusammenhängender Sätze und zeitloser Stunden sanft einlullen ließ!

Dieser Mann aber, auf dessen Flatterhaftigkeit man geschworen hätte, sehnte sich nach Treue, und was mehr gilt, er hatte die Kraft dazu. In einem solchen Grad, daß er keine gesetzliche Bindung eingehen wollte, die den Gegenstand seiner Liebe für ihn degradiert hätte.

Was bedeutet die Heirat tatsächlich im Süden? Zweifellos hatte Antonio nicht darüber nachgedacht, sondern nur geahnt mit der Erfahrung, die ihm sein Land gegeben hatte, mit seiner instinktiven Intelligenz und seiner volkstümlichen Intuition, daß die einmal verheiratete Italienerin des kleinen oder mittleren Bürgertums, vor allem die Italienerin, die im Süden geboren und verheiratet ist, 1. sich nicht mehr amüsieren kann oder kein Bedürfnis danach fühlt, 2. sich nicht unabhängig zu machen vermag, 3. immerzu Geschenke fordert, 4. sich weigert, einen Pfennig zu verdienen, 5. ihrem Gatten eine meist zahlreiche Familie aufbürdet, 6. sich in eine Hausfrau und Matrone verwandelt.

Er war spontan auf die alte Wahrheit gestoßen, daß das Risiko eines Bruchs unerläßlich ist, wenn man eine Beziehung zwischen zwei Menschen lebendig erhalten will; und daß es in einem Land ohne Scheidung außer Liebschaften keine sich ständig erneuernde Verbindung und keine dauerhafte Liebe in der Ehe gibt. Wenn Antonio Delfina nicht heiratete, so nicht, weil er sich eine Hintertür offen halten wollte, sondern weil er dachte, daß ihn die Ehe unwiederbringlich von Delfina getrennt hätte. Er heiratete sie nicht, weil er ihr treu bleiben, weil er sie behalten wollte (mit dem Risiko, sie zu verlieren), genau wie damals, als er sie zum erstenmal sah und begonnen hatte sie zu lieben.

Was tun in Neapel? Natürlich hindert das System Antonios den Mann daran, reif zu werden. Delfina, die ebenfalls eine recht beachtliche Person war, da sie sieben Jahre lang wartete, bevor sie dem Wunsch nach einer gesellschaftlichen Position und nach Kindern nachgab, verließ Antonio, die Stadt, die Bars von Antonio und die kleine, faule, reizende Kundschaft von Forcella. Plötzlich von Eifersucht gewarnt, stellte sich Antonio in einem einzigen Augenblick sein ganzes Leben vor Augen: den Zwang der Verhältnisse, der eine Existenz in Neapel unweigerlich verdirbt, und den unlösbaren Widerspruch zwischen den notwendigen Bedingungen für den Erfolg eines Ehepaars und den natürlichen und sozialen Folgen eines Verhältnisses.

Er ging also fort. Auch er ist dem Wunsch nach Stabilität und Nachwuchs erlegen. Er heiratete und hat jetzt Kinder von einer Frau, die er, dieser Tristan mit dem Gesicht eines Casanova, fünfzehn Jahre früher kennengelernt hatte. Nun ist er Gatte und Vater, aber fern, in einem Land, in dem die Gesetze die Heirat nicht zu einer tödlichen Katastrophe für die Liebe machen. In einem Land, das die eheliche Bindung als Wahl vorschlägt, anstatt sie als Strafe aufzuerlegen.

Aber wer vermag eine so heroische Entscheidung zu treffen? Die Männer des Südens verzichten meist sehr schnell auf ihre Frauen und beschäftigen sich nur noch mit ihren Kindern. Ich sah sie am Quai von Pozzuoli um die Jukebox herumstehen und den großen Schiffen, die

am Horizont entlangglitten, den Rücken kehren, so als
wollten sie den Zauber so vieler unmöglicher Mexikos
leugnen.

Nacht und Zittern

Sie hörten im Halbkreis vor der Bar zu, aber drehten
trotzdem den Kopf nach den vorübergehenden jungen
Frauen, und zwei lösten sich aus der Gruppe, um zwei
Ausländerinnen zu folgen. Die Riten der südlichen Galanterie spielten sich unveränderlich vor meinen Augen
ab. Ich fragte mich, wann endlich die Unzufriedenheit
und das Fieber dieser von ihrem Blut gequälten Männer
aufhören würden. Seit sechs oder sieben Jahren gibt es
keine Bordelle mehr. Fehlen sie ihnen? Ist es nicht eher
die Erziehung zum Bordell, die ihr Herz vergiftet? Die
Gewohnheit an käufliche Liebe haben sie sich bewahrt.
Aber wie soll man zu Selbstbestätigung kommen durch
Erfolge, die man nicht durch die eigenen Fähigkeiten
errungen hat? Unter der Prahlerei des Don Juan glimmt
oft die Angst, ein Ekel vor sich selbst. Sie sind schnell
befriedigt, schneller noch enttäuscht und haben noch
nicht einmal gelernt, ihrerseits zu befriedigen; die vor-
getäuschten Seufzer der sie einweihenden Frauen haben
sie bei ihren ersten Erfahrungen betrogen; ob Liebhaber
oder Ehemann, sie sind ungeschickt geblieben, sie wissen das und leiden darunter. Wäre es nicht anders, wenn
sie sich in ihrer Jugend ihre Liebe auf männliche Weise
hätten erobern müssen, je nach Gunst und Ungunst der
Jagd nach dem Glück?

Ich sah sie hinter den beiden Ausländerinnen herge-
hen, und die Fischer, die gerade ihre Taue lösen wollten,

richteten sich in ihren Barken auf, um die beiden Unbe-
kannten zu betrachten, vielleicht weil sie blond waren
und sie sie frei glaubten, aber es gibt noch einen anderen
Grund für diese Neugier: sie haben von der märchenhaften Existenz wirklicher Paare im Norden gehört und
von der Erfüllung der Liebe, die von der Plage des Sexus
befreit. Jeder sagt sich, daß eine Ausländerin ihn vielleicht als unverwechselbares Wesen ansehen und ihn
zum Partner eines Abenteuers machen könnte, das die
Italienerinnen, Gattinnen oder Prostituierte, sich weigern mit ihnen zu leben. Aber warum versuchen sie
nicht, ihre eigenen Frauen zu verändern, anstatt sich
in Träumen zu verzehren? Ich stellte mir diese Frage, auf
die ich erst später antworten konnte, denn ein unerwarte-
tes Ereignis fesselte plötzlich meine Aufmerksamkeit.
Ein leichter Stoß hatte soeben den Erdboden erschüttert.

Abgesehen von den pendelartigen Schwingungen der
Lampe am Eingang der Bar hatte sich nichts bewegt.
Aber dieses eine Zeichen wurde augenblicklich verstanden. Die Menge entfernte sich von den Mauern, ein
unruhiges Getöse stieg in die Dämmerung auf, schwoll
an, breitete sich im Hafen aus, drang durch die Fenster
in die hintersten Winkel der dunklen Zimmer.

Die Häuser begannen Kinder, Greise, Frauen, Männer auf den Quai auszuspucken. Viele Männer im Schlaf-
anzug, obwohl es sieben Uhr abends war. Die Kranken
wurden auf ihren Matratzen herausgetragen und am
Rand des Wassers niedergesetzt. Die Frauen wandten
sich gestikulierend den Fassaden zu und stießen laute
Schreie aus, obwohl die Häuser keinen Finger breit
geschwankt hatten und der schwache Stoß ohne Folgen
gewesen war.

Aber die Erde hatte gebebt, und im tiefsten Gedächtnis dieser Kinder Vulkans lebte noch die Erinnerung an die sechzigtausend Toten in Messina. »Terremoto! Terremoto!« brüllten die Frauen, indem sie hin- und herschaukelten, um nachzuahmen, was sie gesehen zu haben glaubten. Wir schlugen die Straße nach Neapel ein. Rechts und links dicht gedrängt die Bevölkerung mit ihren Ballen und Bündeln. Alle Augen waren auf die Häuser gerichtet, so als ob sie im nächsten Augenblick zusammenstürzen müßten. In der Nähe des Tunnels wurde das Fahren schwierig. Ich ließ meinen Wagen am Beginn der Via Chiaia, und wir wanderten zusammen mit der von Panik aufgescheuchten Herde, die aus den höher gelegenen Vierteln zum Meer floh.

Schon kampierten Tausende von Familien mit ihren Habseligkeiten auf den Plätzen inmitten von Betten, Matratzen, Möbeln, Autos.

In riesigen Buchstaben in der ersten Sonderausgabe der Zeitungen: schweres Erdbeben in Neapel, sechs Tote. Ich erfuhr beim Lesen des Artikels, daß fünf von den sechs Opfern alte Männer gewesen waren, die die Aufregung getötet hatte. Außerdem war ein Stück Geländer auf ein junges Mädchen gefallen und hatte ihm beide Beine gebrochen. Da kein Autofahrer sich die Zeit genommen hatte, sie aufzulesen und in ein Krankenhaus zu fahren, war die Arme, verlassen auf dem Bürgersteig, ihren inneren Blutungen erlegen. Aber wer gab sich damit ab, diese Einzelheiten zu lesen? Wer überhaupt konnte lesen? Die Menge wiederholte: sechs Tote! und die Familien ergossen sich auf die Plätze wie ein aufgehetztes Rudel Rehe. Würde man auf dem Marktplatz, in dem ältesten Viertel Neapels, das Halali blasen? Auf dieser großen, unwirklichen Fläche, deren Stille in anderen Nächten nur den Mond und die Katzen anzieht, war jetzt eine brodelnde Menge, ein unsinniger Wust von Dingen und erregten Menschen; die im Halbkreis stehenden Pfeiler, an die man früher die Pferde band, dienten als Aufhänger für eilig aus den Häusern mitgenommene Kleidungsstücke; und die kraftlos daliegenden Frauenkörper ließen nicht einen Daumenbreit Erde frei.

Die ganze Nacht lang wanderte ich umher. Von einem gewissen Zeitpunkt an schien es mir, als habe die Tatsache, auf der Erde zu liegen, nichts mehr mit dem ursprünglichen Anlaß zu tun; die Leute hatten die im Erdboden versteckten Drohungen vergessen; ihr Auszug hatte sie in einen Ausnahmezustand versetzt, aus dem sie sich nicht mehr zu lösen gedachten, weil er ihrer eigentlichen Natur entsprach. Und unzählige Fragen kamen mir in den Sinn. Zeigte das Verlassen der Häuser und die Versammlung auf den Plätzen wirklich nur, daß sie Angst hatten, unter Trümmern zu sterben? War nicht in der Hast, mit der sie von zu Hause flohen, und in ihrem Wunsch, bei den anderen zu sein, die unbestimmte Sehnsucht nach einem Leben, in dem ein getrenntes Wohnen unbekannt wäre, in dem die Gesellschaft nicht jeden, nicht jede Familie zwänge, sich hinter den Mauern einer Wohnung einzuschließen, in dem sogar der Begriff des Einzelnen, des Privatmenschen, des Individuums keine Gültigkeit mehr hätte? Schoben die Neapolitaner, durch die eben gefühlte Angst aus dem eigenen Ich vertrieben, nicht absichtlich den Augenblick des Wiederzusichkommens hinaus?

Ich wanderte in der völlig ruhigen Nacht zwischen

diesen im Halbschlaf ruhenden Körpern einher. Wenn ich hier und dort in den schweigenden Hof eines Wohnhauses eintrat, verblüfften mich die gigantischen Ausmaße der Treppenhäuser, die Anordnung der Galerien und Balkone, die Schattenblöcke, die leeren Räume, die Lücken in den Fassadenreihen, alle Einzelheiten einer Architektur, die nicht gemacht ist, um zu halten und einzuschließen. Als ich zu den Schläfern, zu den nächtlichen Träumern zurückkehrte, hörte ich ihr friedliches Atmen. Genossen sie es nicht im geheimen, mit dem Bewußtsein des Ortes, an dem sie sich befanden, auch das Bewußtsein dessen verloren zu haben, was jeder von ihnen auf der Welt darstellte, das Bewußtsein ihres Körpers, ihrer Funktion, ihrer Identität?

Wie alle Bürger einer modernen Großstadt wünschen sich die Neapolitaner zweifellos, anständig untergebracht zu sein. Und ich glaube sogar, daß sie öfter und intensiver als andere von dem Tag träumen, an dem sie es nicht mehr nötig haben werden, der Straße den Vorzug vor ihrer armseligen Wohnung zu geben. Aber gleichzeitig bin ich davon überzeugt, daß sie auf einer anderen Ebene als der ihrer bewußten Forderungen wünschten, in eine Welt zurückzukehren, in der es keine Häuser, keine Wohnungen und Riegel mehr gäbe, ebensowenig wie die Pflicht, sich eine eigene Identität zu erwerben.

Diese Nacht des Schreckens war für sie dennoch eine Nacht der Befreiung. Sie lagen so eng beieinander, daß das individuelle Bewußtsein aufgehoben wurde und gleichzeitig die lange, schmerzhafte Anstrengung, deren es bedurft hatte, um dieses Bewußtsein im Laufe von Jahrhunderten, von Jahrtausenden aufzubauen, während derer sie sich von ihren Nachbarn gelöst, sich jeder für sich in gehaßter Einsamkeit isoliert und eine psychologische Form angenommen hatten, die sie ohne den Druck des Fortschritts und der Zivilisation niemals gewollt hätten. Alle Grenzen zwischen ihnen, Grenzen der Persönlichkeit, des Charakters oder Willens, mühsam errichtet im Laufe der Zeitalter, waren durchbrochen durch den Zauber dieser Nacht. Und wenn ich noch Verwirrung auf den Gesichtern sah, so war es nicht mehr nur Todesangst, sondern die süße, unvorhergesehene, wunderbare Euphorie, nichts mehr von sich selbst zu wissen, frei zu sein von der Last der Identität und des Bewußtseins.

Am nächsten Morgen kehrte jeder nach Hause zurück und erlangte seine Persönlichkeit wieder. Die Nacht des Erdbebens, des improvisierten Kampierens auf den Plätzen, der Massenflucht aus den Einzelwohnungen, der Aufhebung der individuellen Grenzen konnte nur eine Ausnahme sein, die ungewöhnliche Gelegenheit, tausend Jahre rückwärts zu gehen und den zurückgelegten Weg zu verleugnen. Eine der Eigenheiten Neapels ist es, zwischen zwei Welten zu stehen: der Welt, in der man zu arm und zu unglücklich ist, um es zu wagen, sich selbst ins Gesicht zu sehen, und der Welt, in der man zu sehr in das Licht verliebt ist, um nicht zu wünschen, es doch zu tun.

Magisches Leben im Urzustand gibt es nur noch in manchen Höhlen der Troglodyten; es wird von der allgemeinen Bewegung der ›Vernunft‹ bekämpft, die sogar auf dieses kleine Volk abgefärbt hat. Neben denen, die weiterhin in einer chronischen Verworrenheit leben, haben andere gelernt, sich mutig ins Gesicht zu blicken, sich selbst zu leben und sich nur auf sich selbst zu verlassen, selbst wenn eine so schreckliche Nacht alle unterschiedslos in eine wirre Dämmerung zurückgeworfen hat.

Als ich mir zwei Tage nach diesem Ereignis recht und schlecht einen Weg durch die zahllosen Autos suche, die Rad bei Rad stehen, sage ich mir: gewiß ist dies hier der Beweis, daß es weniger Elend in Neapel gibt; hier zeigt sich, wie man sich abzusondern und einzuschließen lernt. Jeder für sich in seinem Stahlgehäuse! Wie brutal sie fahren! Die Fußgänger haben kaum Zeit, hierhin und dorthin zu springen, um ihnen den Weg freizugeben. Beim Lenken ihrer winzigen Maschinen entdecken sie die Macht des Individuums und fordern diese Macht mit der Heftigkeit und Wut derer, die zu spät kommen. In Form dieser kleinen arroganten Wagen stürzt sich Europa in die Straßen Neapels und erdrückt an den Mauern das kleine Leben der Stadtviertel, Afrika und den Orient. Aber ein Mann, welcher Mann auch immer, ist im Vollgefühl seiner Person nur, wenn er einer Frau gegenübersteht. Der Mann des Südens, der unterschiedslos alle Frauen verfolgt und Kinder am laufenden Band zeugt, der die Ausländerinnen in den Straßen in der Hoffnung jagt, der Besessenheit seines Geschlechtes zu entgehen, ohne aber von der Italienerin zu verlangen, ihn davon zu befreien, der Mann des Südens bewegt sich noch heute nur tastend in der unpersönlichen Nacht des Instinkts, weil er sich dadurch sicherer fühlt. Der Kampf der Geschlechter hat in diesem Teil der Welt noch nicht begonnen, weil es keine Gegner gibt, die sich mit offenem Visier und nackten Händen gegenübertreten. Eine einzige Frau und eine vernünftige Zahl von Vaterschaften wollen diese Männer nicht, weil sie

sonst zu einem Bild ihrer selbst erstarrten, das sie ebenso fürchten, wie sie es sich wünschen. Obwohl sie wissen, daß sie die Verworrenheit der Höhlen aufgeben müssen, um modern, zivilisiert und europäisch zu sein, verfluchen sie diese Notwendigkeit. Die erotische Raserei des Neapolitaners ist seine Art, sich gegen eine allzu starre Identität zu wehren. Er verharrt durch sein Sexualleben in einem austauschbaren, undifferenzierten Dasein, in einem ewigen Erdbeben infantiler Impulse, in der mythischen Erinnerung an seine gesichtslose Vergangenheit.

Vergebliche Geschichte

Salerno, das wir über die neue, die amalfitanische Halbinsel durchquerende Autobahn erreichen, ist die letzte bedeutende Stadt vor dem großen Süden. Die Alliierten, die bereits Sizilien erobert hatten, landeten am 9. September 1943 in diesem Hafen und an den benachbarten Ufern. Mussolini war fünfundvierzig Tage zuvor abgesetzt worden, und Marschall Badoglio, der vom König zum Regierungschef ernannt worden war, hatte kurz vorher den Waffenstillstand mit General Eisenhower unterzeichnet. Kalabrien, Lukanien, Apulien und Kampanien waren bald in der Macht der anglo-amerikanischen Truppen. Neapel hatte sie nicht erwartet; im Kampf gegen die deutsche Garnison waren die Patrioten nach viertägigem Gefecht siegreich gewesen. Abgesehen von dieser Episode und einigen anderen, weniger wichtigen, wechselten die südlichen Provinzen direkt von den Händen Mussolinis in die der Alliierten über, von einer Diktatur zu einer Besetzung. Ihre Bewohner hatten weder Zeit noch Gelegenheit, sich zu Partisanengruppen zusammenzuschließen. Nachdem der Süden so oft im Laufe der Geschichte geplündert worden war, kam er nun auch um die Erfahrung, die das ganze übrige Italien zu einem Umsturz führte: die Resistenza, die Erlernung militärischen Mutes und politischer Verantwortung.

Die Alliierten stießen mit den Deutschen zwischen Neapel und Rom in der Nähe der Abtei Monte Cassino zusammen. Die Linien wurden erst im Frühling 1944 durchbrochen, Rom im Mai, Florenz im August befreit. Dann ein neuer Aufenthalt am Apennin, den ganzen folgenden Winter hindurch. Die Po-Ebene, Bologna, Mailand, Turin und Genua blieben bis April 1945 in deutschen Händen.

Es gab also vom September 1943 bis zum April 1945 drei Italien. Ein Italien im Süden, das den Herrn wechselte, ohne seine Gewohnheiten zu ändern; ein Italien der Mitte, in dem der Widerstand acht bis zwölf Monate lang in Aktion treten konnte; ein Italien im Norden, in dem sich das Partisanentum mit allen seinen wichtigen Folgen zwanzig Monate lang entfaltete. Zwanzig Monate lang hielten die Aufständischen in den Tälern Piemonts und der Lombardei die deutschen Streitkräfte und die wieder von Mussolini eingesetzten faschistischen Brigaden in Schach. Im Oktober 1944 wurden von den sechsundzwanzig deutschen Divisionen, die man auf die Halbinsel geschickt hatte, um den Vormarsch der Alliierten aufzuhalten, bis zu acht gegen die Truppen des Maquis eingesetzt. Zweiundsiebzigtausend Patrioten fielen in diesem Befreiungskrieg, vierzigtausend blieben verletzt oder invalide. Mehrere Orte wurden von den

Nazis verwüstet und in Brand gesteckt. Diese Oradours heißen Boves, Cumiana, Sant'Anna di Versilia. In Marzabotto in der Provinz Bologna wurden zweitausend Frauen und Kinder vor den rauchenden Trümmern ihrer Häuser erschossen.

Trotzdem verhalf diese Zeit der Massaker und Schrecken den Männern des Nordens zu dem demokratischen Bewußtsein, das Italien immer gefehlt hat. Das nationale Befreiungskomitee, das aus Vertretern der verschiedenen antifaschistischen Parteien bestand, die sich im verborgenen gehalten hatten oder heimlich gegründet worden waren, und das Kommunisten wie Katholiken umfaßte, begnügte sich nicht damit, militärische Operationen durchzuführen. Es gab den Partisanen auch eine politische Erziehung, und nach der siegreichen Erhebung in Genua, Turin, Mailand und Bologna stellten die Partisanen die Kader für die neue Verwaltung.

Die Erfahrungen der Männer des Widerstandes während ihrer beiden Kampfjahre waren entscheidend für die Geschichte des modernen Italien. Von der Einigung Italiens bis zum Sturz des Faschismus hatte ein allgemeines Übel den Staat geschwächt: die politische Gleichgültigkeit der Massen und der Wucher, den die Kamarilla der Politiker mit den Ämtern trieb. Eine Untersuchung der sozialen Zusammensetzung des Widerstandes macht deutlich, in welchem Umfang das öffentliche Bewußtsein erwacht war. Chabod, der beste Historiker dieser Zeit, gibt folgende Ziffern für Piemont: 30,51% Arbeiter, 29,83% Mittelstand, 20,39% Handwerker, 5,64% wohlhabende Schichten. Statistik ohne absoluten Wert allerdings, da man sie mit anderen über die allgemeine Aufteilung der Bevölkerung in Arbeiter, Mittelstand,

Bauern, Handwerker usw. vergleichen müßte. Dennoch zeigt sie die Teilnahme aller Klassen am Befreiungskampf. Zum erstenmal in der Geschichte des modernen Italien nahm die Masse aktiv und persönlich am politischen Leben teil. Italien hörte auf, ein abstraktes Gebilde zu sein, der Staat, der zu Gehorsam und damit zu Haß zwingt. Es wurde wirklich zur res publica, zur öffentlichen Sache, die denen gehört, die sie machen und die bereit sind, für sie zu sterben.

Zweifellos gelang es den konservativen Kräften, gleich nach dem Ende der Feindseligkeiten der neuen führenden Klasse, die sich im Maquis gebildet hatte, die Macht zu stehlen: während der Krieg im Norden weiterging, hatte das alte Räderwerk des Staates sich wieder zu drehen begonnen, waren der römischen Bürokratie ihre Privilegien zurückgegeben worden. Der Widerstand war in Rom nur acht Monate lang aktiv gewesen, und überdies hatte der Papst, indem er sich als Retter der Ewigen Stadt zujubeln ließ, den Partisanen die Früchte ihrer Bemühungen vor der Nase weggeschnappt. Die Restauration des kapitalistischen, bürgerlichen Staates war also eine Niederlage für die Kämpfer des Maquis. Aber das Interesse daran, die öffentlichen Angelegenheiten zu kontrollieren und der Demokratie Achtung zu verschaffen, bleibt in den nördlichen Großstädten lebendig genug, um jeden Versuch einer neofaschistischen Vergeltung mit einer Volkserhebung zu verhindern, und die einander folgenden Regierungen müssen sich wohl oder übel zu sozialistischen Reformen verpflichten, die nicht wieder rückgängig zu machen sind.

Der Süden lernte die Schrecken des Krieges nicht kennen (außer Neapel, Foggia, Tarent, Palermo und anderen bombardierten Städten), erhielt aber auch nicht seinen starken Ansporn. Es ist bedauerlich, daß die nationalen Befreiungskomitees nicht die Zeit hatten, sich in Neapel, in Kalabrien und Apulien festzusetzen: die Alliierten siegten zu schnell, und die Menschen des Südens sahen wieder einmal ihr Geschick besiegelt, ohne irgendwelchen Anteil daran nehmen zu können. Die Befreiung war nicht ihre Befreiung, sie spielten keine andere Rolle dabei, als Opfer der Bomben zu sein und auf ihren Straßen Uniformen vorbeiziehen zu sehen, die bald die eine, bald die andere Farbe hatten. Das Verschwinden des Faschismus zerstörte keine ihrer alten Abhängigkeiten: da die erste aller Freiheiten, die darin besteht, sich selbst zu regieren, ihnen versagt war, behielten sie auch alle anderen Sklavendienste bei, den der Arbeit und den des Geschlechtes, und ihren alten Fatalismus und ihr Mißtrauen und ihre Isolierung.

Immer ein Regime zu spät, waren die Bourbonen gegen den König von Piemont gewesen, sind sie heute Monarchisten gegen die Republik. Mehr denn je ist der Staat ihr Feind. Das Mißverständnis ist nicht neu und geht auf die Zeit zurück, als Piemont nach den ruhmreichen Feldzügen des Risorgimento zweifelhaftere unternahm, um die Provinzen des aufbegehrenden Südens zu unterwerfen. Die Kriege gegen Österreich hatten Italien sechstausend Tote gekostet, die Opfer des Brigantentums und der Unterdrückung zwischen 1860 und 1865 beliefen sich auf Zehntausende. Und wer waren diese Banditen? Bauern, die danach lechzten, sich für ihr Elend zu rächen, Priester, die erbittert waren über die Einziehung der kirchlichen Güter (war nicht auch Cavour exkommuniziert worden, brauchte die Kirche

nicht sechzig Jahre, bis sie den italienischen Staat aner-
kannte, und die Katholiken vierunddreißig, bevor sie
am politischen Leben teilzunehmen geruhten?), Kriegs-
dienstverweigerer, Deserteure. Sie fanden Unterstützung bei den Reichen, die immer noch die Hoffnung auf
eine Rückkehr von Franz II., dem letzten, nach Rom
geflohenen König von Neapel, nicht aufgegeben hatten,
wie auch bei den Armen, denen man die Vorteile einer
bourbonischen Restauration vor Augen hielt. Der Vatikan ermutigte sie. Man schickte aus Rom einen spanischen General, der ihre Aktionen koordinieren sollte.
Einer der wildesten Banditenführer, Carmine Crocco,
gleichgültig aller Politik gegenüber und zynisch, gab als
Hauptmotiv der Rebellion an, er wollte den kriegstüch-
tigen Soldaten der piemontesischen Armee beweisen,
daß die dreckigen Süditaliener in der Lage seien, ihnen
Widerstand zu leisten. Das Gefühl, nicht in seinem Wert
erkannt zu werden, läßt den Süden weiterhin zwischen
zwei anarchischen Versuchungen hin und her schwanken; der, die Arme zu verschränken und nichts zu tun,
und der, ein todbringendes Gewehr in die Hand zu
nehmen.

Wir fahren an Salerno vorüber, an den wiederaufgebau-
ten Häusern, dem Hafen, dem Strand, an dem sich eines
der großartigsten Ereignisse der Geschichte abgespielt
hat, ohne die Bewohner der Gegend in die Geschichte
einzubeziehen. Sie sind außerhalb der Zeit geblieben,
gefesselt an ihre reglosen Felder und an ihre ferne Vergangenheit, ausgeschlossen von der vernunftbedingten
Sprache der Demokratie. Wie werden sie lernen, sich
wie Menschen auszudrücken, anstatt zwischen passiver

Unterwerfung und blindem Aufruhr hin und her zu schwanken?

Revolte und Gewalt, wir werden sie in Sardinien wiederfinden, in Sizilien. Fürs erste dringen wir in die Tiefebene des Sele ein, in die graue Einsamkeit der Tempel von Paestum. Die Hirten rufen ihre Büffel mit melancholischen, resignierten Schreien. Jedes Tier hat einen ganzen Satz als Namen, den es von ferne erkennt, einen von Ochsentreibern erfundenen Satz, den sie in langen Stunden der Sammlung erdacht haben. »Auch die Hunde sind traurig.« – »Auf dem Stroh müssen wir sterben.« – »Der Kern steckt dir in der Kehle.« – »Weine, du hast Grund dazu.« – »Der Herr tut, was er will.« – »Faß ihr an die Brust, sie erlaubt es.«

Ein junger Mann, der Büffelhirte war, gestand bei einer Umfrage, daß er niemals in Neapel oder Salerno gewesen sei; er ging einmal im Jahr nach Eboli, wo er Radio gehört und einige Filme gesehen hatte, an deren Inhalt er sich nicht mehr erinnern konnte; er vermochte in einer Zeitung das Bild Coppis zu erkennen, hatte aber keinerlei Vorstellung vom Gebrauch der Gillette-Rasierklingen, die auf einem Werbeplakat abgebildet waren. Keine anderen Freunde in dieser Wüste, keine anderen Gesprächspartner als seine Tiere; und wenn er die Namen der jungen Büffel nacheinander rief, so klang es wie ein Gedicht, das er morgens aufsagte, um sie zum Hinausgehen aufzufordern, abends, um sie von der Weide zurückzuholen.

Zwischen der Ebene von Paestum und dem Beginn der kalabrischen Küste liegt der Gebirgsvorsprung des Cilento, mit dem Kampanien endet. Ein trockenes, aber großartiges Gelände, von wo man zwischen zwei Steilhängen wie eine grausame Gottheit das Meer aufblitzen sieht. Durch das ausgetrocknete Bett eines Flusses, der am Ende eines felsigen Tales hinter dem Kap Palinuro in das Meer fließt, kommen wir an seine breite Mündung – graue Sandstreifen unter dem Rosa der Felsen. Schweigend flicken Fischer ihre Netze; ihre bunten Boote haben sie neben sich auf den Kies gezogen; ein Vogel schreit, und der Wind murmelt im Schilf. Diese Männer sind über das Meer gekommen, und das Meer wird sie wieder forttragen. Möwe, Welle und Mensch gegen Himmel und Felsen.

Später in den Bergen: in den Olivenhainen knistern die Grillen. Auf halber Höhe zusammengedrängt bleichen die Weiler in der Sonne wie zurückgelassene Knochen. Eine Frau sieht uns auf einem Saumpfad zu einem Kastanienwald über ihrem Dorf hinaufsteigen.

Wir bleiben eine Stunde lang in dem Kastanienwald und atmen den starken, kräftigen Geruch der Erde ein. Die Frau, die uns hat fortgehen sehen, erwartet uns auf dem kleinen Platz oberhalb des Dorfes. Vor diesem Paar, das da für eine ganze Stunde in dem Wald verschwunden war, richtet sie sich zu voller Höhe auf und macht ein entsprechendes Gesicht. Sie hat eben mit reichlich Wasser zwei junge Schweine gewaschen, die sich um den Brunnen herum nachjagen. Ernsthaft, majestätisch, mit der unvergleichlichen Haltung von Frauen, die Krüge oder Bündel auf dem Kopf zu tragen gewohnt sind, schaut sie uns streng an. »Hier ist die Kirche«, sagt sie uns und zeigt uns eine Kapelle am Ende des Platzes. »Die Kirche der Madonna.« Wir tun so, als verstünden wir nicht die Aufforderung, uns für die offensichtlich im Wald begangene Sünde zu reinigen.[2] Wir beglückwünschen sie zu der Ausgelassenheit und der rosigen Haut ihrer Schweine. Sie springen herum, ganz glatt und ganz nackt. Daraufhin sagt sie, ein nachsichtiges Lächeln auf ihrem strengen Gesicht: »Auch sie amüsieren sich.« Sie ist froh, uns mit den Schweinen verglichen zu haben, mit den unschuldigen Tieren: sie hat diesen Ausweg gefunden, um uns das unterstellte Vergehen zu verzeihen, uns die Gewissensbisse zu nehmen. Und wir lächeln unsererseits, das Herz in Frieden, wie sie es möchte. Wenn wir schon nicht in die Kirche gehen, um die Schweine kommen wir nicht herum. Wir kommen nicht um das Lächeln herum, das das Gesicht dieser Frau erhellt, der Hüterin der Moral in diesem Dorf, die aber keineswegs so unversöhnlich ist, daß sie sich nicht darüber freute, uns entschuldigt zu haben.

Acciaroli. Eine Nacht wie bei Caravaggio. Das kleine Hotel geht auf das Meer hinaus. Bis übers Knie im Wasser stehend, fischen die Männer im orangenen Schein ihrer Lampen. Ein gravierter Stein in der Mauer, den man zu Ehren eines gewissen Dottore Pantieri (1840-1872) angebracht hat, verewigt auch an diesen Ufern die Erinnerung an den Bürgerkrieg.

CAREZZATO NELLA CULLA DALLO STESSO SPIRITO DIVINO
CHE INFIAMMÒ IL GENIO
GIAMBATTISTA VICO
COMPOSE VERSI ALLA LODE DELLE SUE TERRE
E RICONDUSSE I SUOI CONTERRANEI
SMARRITI NELLE NEBULOSE CONCEZIONI NORDICHE
A QUELLE PRECISE CHRISTIANE DEL SUD[3]

Der Süden

Die Südfrage

Nun muß ich wohl, wenn ich überhaupt noch etwas auf dieser Reise verstehen will, die berühmte ›Südfrage‹ anschneiden; das heißt, die Suche nach Gründen dafür, daß der Süden nicht nur ärmer als Norditalien ist, sondern auch immer noch ärmer und rückständiger wird. 1950, neunzig Jahre nach der Einigung Italiens, war das Einkommen pro Kopf im Norden doppelt so hoch wie im Süden; heute, nach mehr als zehn Jahren ›Wirtschaftswunder‹, übersteigt das Einkommen des Mailänders das des Kalabresen und Sizilianers um das Vierfache. Man müßte lange vor 1860 anfangen: daran erinnern, daß von der griechischen Invasion bis zur Herrschaft der Bourbonen die südlichen Provinzen von einer fremden Hand in die andere wechselten; daß Einfälle, Plünderungen, Unterdrückung einander fast unaufhörlich folgten; daß es vom zehnten bis zum zwölften Jahrhundert eine glückliche Ausnahme gab, als die Normannenkönige und die Republik von Amalfi herrschten (Amalfi war damals die blühendste Stadt der Halbinsel) und als der große Friedrich, der Dichterkaiser und Freund des Islam und der Architektur, die Macht des Adels herabsetzte und die Befugnisse des Klerus einschränkte; dagegen eine Verschlechterung während der dreihundertjährigen spanischen Hegemonie, die das Land der Präpotenz der großen Feudalherren auslieferte – ich wage das Wort Präpotenz, da es allein das Gemisch von Brutalität, Stolz, Verachtung und Unwissenheit ausdrückt, das seit jeher die Reichen und Mächtigen des Südens aufgebläht hat. Man müßte die Unfruchtbarkeit des Bodens und der tieferen Erdschichten beschreiben, die Stärke der Sonneneinstrahlung im Sommer, die Verwüstungen durch die winterlichen Regen in tonhaltigen Gebieten, die Plage der Malaria und der Abholzung, den zweifelhaften Gewinn der Auswanderung, die Abgeschiedenheit der auf einem Hügel zusammengedrängten Dörfer, die Kommunikationsschwierigkeiten, die Korruption der Verwaltung, die unendliche Menge armer, analphabetischer Bauern, die Stimmvieh sind, die Faulheit und Unfähigkeit der Mittelschicht, die Machtlosigkeit der Intellektuellen, die Mutlosigkeit aller vor dem Schicksal.

Inmitten dieses trostlosen Bildes müßte man mit dunkleren Farben das Jahr 1860 und die Folgen der Einigung malen. Die Angliederung des Königreiches von Neapel an die Monarchie von Savoyen löste nicht nur keines der südlichen Probleme, sondern fügte dem besonderen Unglück des Südens auch noch Mißverständnisse und Reibereien mit den Beamten des Nordens hinzu und das Gefühl, nicht geliebt und verstanden zu werden. Die Piemontesen, die man als Befreier hätte empfangen können, wußten nur die Rolle einer Besatzungsmacht zu spielen. Cavour und die nachfolgenden Präsidenten hielten es nicht für nötig, in eigener Person in die südlichen Provinzen zu kommen. Getäuscht von der Erinnerung an die Antike, die das Bild eines fruchtbaren und blühenden Großgriechenland überliefert, waren sie überzeugt davon, daß es kein Gebiet gäbe, in dem die Natur freigebiger sei. Wenn Elend dort herrschte, so lag der Fehler bei der Trägheit und Unfähigkeit der Bewohner. Malaria? Eine polemische Erfindung. Einige Jahre guter parlamentarischer Regierung hätten genügt, um die Ordnung wieder herzustellen, ohne daß es nötig gewesen wäre, eine wissenschaftliche Untersuchung über die Bedingungen des Südens in Auftrag zu geben und eine besondere Gesetzgebung auszuarbeiten. Für viele Piemontesen und Lombarden ist Rom auch heute noch die äußerste Grenze ihrer Reise in den Süden; jenseits davon beginnt nach dem immer noch fest verankerten Mythos ein vom Himmel begünstigtes, aber durch die Unfähigkeit seiner Bewohner verdammtes Land.

Das Verdienst, die ›Südfrage‹ aufgeworfen zu haben, kommt einigen Südländern zu. Als sie die negativen Ergebnisse der Einigung und die Vergrößerung der Kluft zwischen den beiden Hälften der Nation sahen, waren sie so enttäuscht und verbittert, daß sie sowohl ihre eigenen Fehler wie auch die Irrtümer der piemontesischen Politik, die Struktur des neuen Staates und selbst das Prinzip der Einheit einer schonungslosen Kritik unterzogen. Während man in der Welt die Dichter und Romanciers kennt, die Neapel und Sizilien seit einem Jahrhundert ständig hervorbringen, fand das Werk dieser Historiker oder Essayisten, die meist aus kleinen, im Süden der Halbinsel verlorenen Dörfern stammen, nur im Inland Gehör. Kampanien hat Pasquale Villari und Guido Dorso hervorgebracht, Lukanien Giustino Fortunato und Francesco Saverio Nitti. Apulien Gaetano Salvemini und Tommaso Fiore, Sizilien Napoleone Colajanni, Sardinien Antonio Gramsci. Zwei Toskaner, Franchetti und Sonnino, ergriffen 1870 die Initiative zu einer Untersuchung über Sizilien. Heute ist der leidenschaftlichste Meridionalist der Neapolitaner Francesco Compagna, während der Turiner Carlo Levi, ein Zufallsmeridionalist, in diese zuweilen trockene, literarische Gattung eine neue Dimension eingeführt hat: die Poesie.[4] Aber, man braucht es kaum zu sagen, diese Schriftsteller, die die ›Südfrage‹ aufwarfen und jedem Italiener als Gewissensfrage vorlegten, luden sie gleichzeitig mit ihren Leidenschaften und ihrem Groll auf, so daß es nicht immer leicht ist, sich zurechtzufinden.

Wer ist verantwortlich für das materielle und moralische Elend des Südens? Die Natur, die Geschichte, die Gesellschaft? Fortunato vertrat die These der ›naturbedingten Unterlegenheit‹ des Südens: in die Länge gezogen oder in Inseln aufgelöst, ohne bequeme Kommunikationsmittel, Regengüssen im Winter ausgesetzt, tropischer Trockenheit im Sommer, ohne Rohstoffe und Energiequellen, sei der Süden zwangsläufig dazu bestimmt, »sehr wenig zu gelten«. Eine heute nicht mehr gültige These, der jedoch das Verdienst zukommt, die Aufmerksamkeit auf die tatsächliche Armut des angeblichen ›Gartens der Hesperiden‹ gelenkt zu haben.

Die anderen Meridionalisten folgten Fortunato in einem Punkte: auch sie griffen die Finanz- und Wirtschaftspolitik des neuen Einheitsstaates an. Piemont hatte sich mindestens fünf Fehler zuschulden kommen lassen. 1. Es stützte sich auf die alte Führungsschicht der Bourbonenzeit in der illusorischen Annahme, sie könne die Aufgaben übernehmen, die das Bürgertum in Norditalien erfüllte (Franchetti, Colajanni). 2. Es dehnte sein Steuersystem, das für ein bereits industrialisiertes, reiches Land berechnet war, auf arme, rückständige Provinzen aus (Salvemini, Dorso). Die Erhöhung der Weizensteuer trieb die Ungerechtigkeit auf die Spitze: das arme Sizilien mußte dem Fiskus ebensoviel zahlen wie die steinreiche Lombardei. Weit vor Salvatore Giuliano und den Separatisten von 1943 vertrat Franchetti den Standpunkt: wenn die Zentralregierung die Gerechtigkeit derartig mit Füßen trete, müsse man der Insel ihre Unabhängigkeit zurückgeben. 3. Es zwang die südlichen Provinzen, die 1860 keine Schulden hatten, die Zinsen der eigenen Schulden zu zahlen (Salvemini). 4. Indem es zugunsten der nationalen Finanzen die Kirchengüter im Königreich Neapel und in Sizilien konfiszierte, brachte es den Süden um ganz erhebliches Kapital (Salvemini). 5. Sein schlimmster Fehler schließlich: es baute zum Schutz seiner entstehenden Industrien Zollschranken zwischen Frankreich und Italien auf, ohne darauf zu achten, daß die Wein und Südfrüchte exportierenden Bauern des Südens durch diesen Protektionismus ruiniert wurden (Fortunato, Salvemini, Dorso).

Trotzdem hütete sich Fortunato davor, die Einheit als solche anzugreifen. »Wer vom Verfall des Südens spricht, hat nicht die geringste Ahnung davon, was der Süden vor einem halben Jahrhundert tatsächlich war . . . Warum nicht anerkennen, daß wir in nur einem halben Jahrhundert freier, parlamentarischer Regierung einen großartigen Weg zurückgelegt haben?« (1908). »Ich habe immer laut gegen diejenigen meiner Landsleute protestiert, die behaupten, daß der Süden während des Einheitsregimes vom Norden ausgesaugt, ja geradezu bestohlen worden sei« (1909).

Dagegen Gaetano Salvemini: »Die Einigung Italiens

war für den Süden eine wirkliche Katastrophe, und der letzte der Bourbonen hatte recht, als er bei seiner Flucht von Neapel nach Gaeta seinen ehemaligen Untertanen sagte, er verliere den Thron, ihnen aber würden die Piemontesen nur die Augen zum Weinen lassen« (1898). »Wenn der Süden durch die Einigung ruiniert wurde, so ist Neapel geradezu ermordet worden: es hat seinen Rang als Hauptstadt verloren, es ist in eine Krise geraten, die Tausenden und aber Tausenden das Brot genommen hat« (1900). Tommaso Fiore: »Man muß es offen sagen, die Zwangsherrschaft der Bourbonen war aufgrund ihrer Machtlosigkeit weniger verhängnisvoll als die der Einheitsregierung« (1925). Guido Dorso, der schärfste, den man (zu Unrecht) den Machiavell von Avellino genannt hat, schreibt: »Nach der piemontesischen Eroberung wurde unser Land zu einer Kolonie der Ausbeutung für die Kapitalbildung des Nordens, der nicht nur nichts tat, um dem Süden seine jahrhundertealte Krise überwinden zu helfen, sondern daran interessiert war, jeden wirtschaftlichen und sozialen Fortschritt zu verhindern, da er die dringende Notwendigkeit erkannte, sich einen Absatzmarkt zu erhalten« (1925).

Dorso schloß, der Staat, der sich aus der ›königlichen Eroberung‹ entwickelt habe, könne nicht umhin, ein Werkzeug gewisser Privilegien zu sein, oder genauer gesagt, einer von Banken und Privatindustrien ausgeübten antisüdlichen Diktatur, während Salvemini am Ende seines Lebens beteuert, so als bereue er, die Einheit und den Staat geschmäht zu haben: »Solange Süditalien nicht selbst eine Führungsklasse hervorbringt, die der Führungsklasse des Nordens die Stirn zu bieten vermag,

werden sich die Dinge nicht ändern. Die Süditaliener sollten die Schuld nicht beim ›Staat‹, der Regierung suchen, sie sollten sie bei sich selbst suchen« (1951).

Was glauben? Zu welcher Partei sich schlagen inmitten so offensichtlicher Widersprüche? Doch die Angelegenheit wird noch dunkler, geht man vom Studium der Gründe zu dem der Heilmittel über. Alle Welt spricht seit einem halben Jahrhundert von der Wiedergeburt des Südens, aber jeder betrachtet oder wünscht sie sich von einem anderen Gesichtspunkt aus. Die einen glauben an den Staat, die anderen glauben nicht an ihn. Franchetti: »Wenn der italienische Staat die Wunden Siziliens heilen will, so muß er sich, um es zu regieren, der Elemente bedienen, die ihm die Nation bietet, und die Sizilianer ausschließen.« – »Um Sizilien zu retten, muß der Staat es ohne die Mitarbeit der Sizilianer regieren« (1876). Fortunato: »Frieden und Regeneration kann der Süden nicht ausschließlich von sich selbst erwarten . . . Je mehr der Staat an Macht, an Zusammenhalt, an Verantwortung verliert, um so schlimmer wird es« (1896).

Dagegen Fiore: »Jedes System der Selbstkontrolle im Gemeindeleben, auch wenn es durch Unerfahrenheit, durch Klassenblindheit oder Korruption noch so schlecht funktioniert, wird den Gemeinden und dem gesamten ländlichen Leben weit kleinere Schäden zufügen als Interventionen von oben . . . Die leidvolle Erfahrung der Vergangenheit hat uns nichts gelehrt, wenn wir immer noch auf die staatliche Fürsorge hoffen« (1925). Dorso: »Die italienische Revolution wird eine Revolution des Südens sein, oder sie wird gar nicht stattfinden« (1925).

Diejenigen, die an den Staat, an die ›Cassa del Mezzogiorno‹, an die Agrarreform glauben, fragen sich unaufhörlich, wem sie die Ländereien zuteilen sollen und nach welchem Eigentumsanspruch. Unter denen, die nicht an den Staat glauben, herrschen unüberwindliche Meinungsverschiedenheiten. Salvemini war der Ansicht, daß die Probleme des Südens sich nur mit dem Heranwachsen einer geschulten, aktiven, verantwortungsbewußten Mittelklasse lösen ließen. Gramsci predigte eine Verbindung des Industrieproletariats im Norden mit dem Landproletariat im Süden, ein Gedanke, den die Kommunisten zu ihrer Doktrin machten. Was Carlo Levi betrifft, so setzt er ein uneingeschränktes Vertrauen in die bäuerliche Welt und glaubt an ihr Erwachen zum Bewußtsein und zur Geschichte. Die Rettung des Südens sieht er in der Verwirklichung der bäuerlichen Autonomie.

In diesem Labyrinth von Meinungen ist es trotz allem möglich, eine gewisse Evolution der meridionalistischen Denkweise zu verfolgen. Bis zum letzten Krieg war der Süden für alle Autoren Anlaß zu tiefem Pessimismus, und die Analyse meridionalistischer Probleme endete unweigerlich in Jammern, in Klagen über die Starrheit der Gesellschaft, über das Fehlen von Führungskräften, über die Mutlosigkeit des Volkes und die Unabwendbarkeit des Schicksals. Man erzählt, daß Salvemini, als er nach Kriegsende von Amerika zurückkehrte, vor Verzweiflung gestorben sei. Heute würde niemand mehr zu schreiben wagen, daß der Süden sich nicht verändere, daß die Befreiung des Südens nicht im Gange sei. Und doch liegt dieser Meinung ein sehr großes Mißverständnis zugrunde. Denn wenn der Süden tatsächlich in einer Wandlung begriffen ist, wenn die Städte sich überall entwickeln und das Elend zurückgeht, geschieht dies wirklich aufgrund der südlichen Initiative, weil die Bauern nach dem Traum Carlo Levis gelernt haben, sich selbst von ihrer uralten Knechtschaft zu befreien? Wird diese Veränderung nicht eher hervorgerufen durch ein neues, unvorhergesehenes Ereignis, das die Voraussetzungen der ›Südfrage‹ über den Haufen geworfen hat? Ein Ereignis, das ›von oben‹ gekommen ist, entgegen den Wünschen von Salvemini und Dorso und Fiore? Eine Revolution, aber vom Norden heruntergekommen, anstatt aus dem südlichen Willen hervorzubrechen: die Industrierevolution?

Der zeitlich letzte der Meridionalisten, Francesco Compagna, lehnt den Pessimismus Giustino Fortunatos entschieden ab, aber aus Gründen, die nichts mit dem Optimismus Carlo Levis zu tun haben. Die durch Unfruchtbarkeit, Klima und Kommunikationsschwierigkeiten begründete Mutlosigkeit war nur gerechtfertigt, sagt Compagna, solange die Landwirtschaft die südliche Wirtschaft beherrschte. Der besondere Charakter gewisser Industrien und eine vernünftigere Nutzung der einst einsamen Küsten berechtigen heute zu den größten Hoffnungen. Die wachsende Bedeutung der Elektrizität und der Kohlenwasserstoffvorkommen in Sizilien, Lukanien und in den Abruzzen hat die Fabriken von der Notwendigkeit befreit, sich in der Nachbarschaft von Bergwerken oder in der Nähe von Flüssen oder Eisenbahnlinien niederzulassen. Ist es nicht bezeichnend, daß die ersten beiden italienischen Atomzentren südlich von Rom eingerichtet worden sind, eines in Latina, das andere an der Mündung des Garigliano, sechzig Kilometer von Neapel entfernt? Und haben sich staatliche wie auch private chemische und petrochemische Industrien nicht erfolgreich im Süden festgesetzt – E. N. I. in Gela in Sizilien, Edison bei Syracus (die größte italienische Petroleumraffinerie), Montecatini und Shell in Brindisi? Und besser noch: hat nicht sogar die Schwerindustrie von der geographischen Befreiung des Südens profitiert? Von den vier großen italienischen Stahlwerken liegen zwei im Norden (in Cornigliano bei Genua und in Piombino gegenüber der Insel Elba) und zwei im Süden (in Bagnoli bei Neapel und in Tarent in Apulien); sie produzieren etwa neun Millionen Tonnen Stahl (an achter Stelle der Weltproduktion nach Frankreich) und wollen es 1965 auf zwölf Millionen Tonnen bringen.

Da Compagna davon überzeugt ist, daß nur die Industrie den Süden wieder zum Leben erwecken kann, fordert er Investitionen der Regierung, ein Einfließen des nördlichen Kapitals und neue Maßnahmen analog zu der, die seit 1950 alle staatlichen Industrien zwingt, 40% ihrer allgemeinen Investionen und 60% ihrer neuen in den Süden zu legen. Kurz, er bittet den Staat, den Dorso beschuldigte, das Instrument einer antisüdlichen Kaste zu sein, den Staat, den nicht nur die über den Süden Schreibenden, sondern die meisten der Südländer selbst weiterhin als ihren größten Feind ansehen. Die Industrialisierung, so sagen sie, wird wieder einmal nur dem Norden zugute kommen, den Unternehmen und dem Geld des Nordens. In dem Maße also, in dem sich der Süden im Kontakt mit einer industrialisierten Zivilisation verändert, taucht die ›Südfrage‹ wieder auf und schürt neuen Streit.

Gewiß kommt es mir nicht zu, eine Meinung zu

äußern. Ich habe nur mit größtem Interesse die Literatur über die Südfrage gelesen, die ein bemerkenswertes Zeugnis der südlichen Intelligenz, Ernsthaftigkeit und Streitbarkeit darstellt. Bemerkenswert in mehrfacher Hinsicht: ich war ebenso verwundert über die Genauigkeit, Strenge und Leidenschaftlichkeit der Beweisführung gegen den Staat und die brennende Forderung nach Anarchismus wie über die unverständlichen Lücken, monumentalen Auslassungen und unerklärlichen Weigerungen. Wie kann es dem Süden je gelingen, sich ein neues Selbstbewußtsein zu erobern und sich in das moderne Leben einzufügen, wenn er die Frauen in dem alten Zustand der Unterwerfung und Unterlegenheit läßt? Es gibt keine freie Gesellschaft, die nicht von Frauen in Zusammenarbeit mit Männern gemacht ist. Und doch, die Meridionalisten, die erbittert den Staat anklagen, die Bauern auszunutzen, übergehen die Ausnutzung der Frauen durch die Männer mit völligem Schweigen (ich habe eine einzige, ach so diskrete Anspielung bei Tommaso Fiore gefunden), so als ob die Frau ein von Natur aus untergeordnetes Wesen sei, das einzig seinem Herrn gut zu dienen habe.

In dem sechshundertsechzig Seiten starken Buch von Salvemini über die ›Südfrage‹ muß man sich bis auf Seite sechshundertfünfzig durchlesen, um auf folgenden schüchternen, zögernden Ratschlag zu stoßen: »Es genügte, wenn die Frauen weniger Kinder hätten.« Tommaso Fiore beschreibt die grausigen alten Viertel von Tarent und das entsetzliche Schauspiel sechs rachitischer, skrofulöser und trachomatischer Kinder, die in dem einzigen Raum einer elenden Hütte zusammengepfercht sind; aber sich darüber zu wundern, daß die

Eltern unter diesen Bedingungen sechs Kinder in die Welt gesetzt haben, kommt ihm nicht in den Sinn. In Italien ist das Kind heilig! Niemals wird man dem Ideal einer neuen, sauberen, geordneten und rationellen Gesellschaft den Kult des Lebens opfern, die Liebe zu gestaltlosem Gewimmel! Eine sozialistische Abgeordnete, gebürtige Florentinerin, die entschlossen war, den juristischen Status der unehelichen Kinder zu verbessern, veröffentlichte 1950 ein Büchlein, in dem sie zeigte, zu welchen absurden Fällen eine Gesetzgebung führt, die unverheirateten Vätern erlaubt, ihre Kinder nicht anzuerkennen. Sie zitierte den Fall einer Kalabresin aus Catanzaro, die zehn Kinder von demselben Mann bekommen hatte, ohne daß dieser sie anerkennen wollte. Und die Autorin verhüllt das Gesicht und protestiert laut! Aber so sehr sie auch den Vater schmähte, sie hielt es für natürlich, daß die Mutter freiwillig zehn Kinder von einem Mann bekommen hatte, der ihnen weder seinen Namen geben wollte, noch einen Pfennig, um sie großzuziehen.

Die größte Lücke, die ich bei den Meridionalisten bemerke, betrifft die Erziehung. Sie erklären einstimmig, daß es dem Süden an einer gebildeten und mutigen Führungsschicht fehle; sie geißeln die freien Berufe; sie verspotten die vielen Rechtsanwälte, Lehrer und ›Dottori‹, die ihren Tag im Klub verbringen, ohne eine andere Freiheit zu fordern als die, Karten zu spielen. Um das Scheitern des intellektuellen Bürgertums zu erklären, führen sie das Klima ins Feld, die Spanier, die Bourbonen, den Einheitsstaat, aber nie den wichtigsten Grund, das Übel aller italienischen Übel, jene schreckliche Erziehung, die die Knaben von Kindheit an verdirbt.

Kommen wir nicht noch einmal auf die Mädchen zurück, die in dem Gedanken erzogen werden, daß es nichts Wichtigeres gäbe als die Jungfräulichkeit; kein Wunder, daß sie sich nicht bemühen, ihren Geist zu entwickeln und ihren Charakter zu stärken. Sie wissen, daß ihr wertvollstes Gut ihnen nicht wirklich gehört, daß ihr Ehemann es ihnen ein für allemal nehmen wird und sie dann nichts mehr wert sind. Ihr Leben wird in wenigen Minuten für immer verspielt sein, und oft sogar, bevor sie noch die Kindheit verlassen haben. Die Hälfte der Bevölkerung ist also verhindert, auch nur den geringsten Einfluß auf die intellektuelle und moralische Entwicklung des Südens auszuüben.

Für die Jungen stehen die Dinge nicht besser. Von der Wiege an wie Götter behandelt, von einem Schwarm Frauen umgeben, die sich bemühen, ihre Launen zu befriedigen, nie allein in einem Zimmer, nie auf Widerspruch stoßend, nie einem Stundenplan unterworfen, nie nach irgendeinem System betraft oder belohnt, sondern ganz ihren Launen überlassen, mit zwölf Jahren zu ihren ersten Liebschaften mit den kleinen Mädchen der Nachbarschaft ermutigt, so weit wie möglich von schulischem Zwang befreit, der in anderen Ländern für unerläßlich, hier aber für demütigend und schädlich gehalten wird, werden sie Männer und sind doch ahnungslos wie Neugeborene. Die Begegnung mit der Realität im Alter von zwanzig, fünfundzwanzig Jahren, auf die die Eltern aller anderen Länder ihre Kinder vorbereiten oder vorzubereiten glauben, wird für sie zu einer schrecklichen Katastrophe. Zu einem entscheidenden Trauma, von dem sich die meisten von ihnen nie wieder erholen. Wenn sie sich plötzlich einer Welt gegenübergestellt sehen, die sich nicht mehr, wie sie gemeint hatten, nur um ihre Person dreht, wenn Notwendigkeit und Verantwortung an sie herantreten, die sie wie eine Beleidigung auf sich nehmen, dann verlieren sie mit ihren Illusionen auch die Lebensfreude und die Zuversicht. Überzeugt, daß sie zu nichts mehr gut sind und nichts mehr irgendeine Mühe lohne, geschlagen mit der unheilbaren Wunde der Enttäuschten, betrachten sie sich als erledigt und sind nun bereit, sich mit dem bitteren Vergnügen des Kartenspielens zu begnügen, sich über sich selbst lustig zu machen und alles auf der Welt ins Lächerliche zu ziehen. Und dieses Volk hält man für optimistisch!

Das Unglück

Obschon Carlo Levi so schön gesagt hat: »Wir haben von dieser unbeweglichen Welt gesprochen, damit sie in Bewegung gerät«, und obschon man diesen Satz im Gedächtnis behalten muß, um den Fallen zu entgehen, die Ästheten und Kontemplativen gestellt sind, so glaube ich doch nicht, daß der Süden auf bestimmte Menschen eine solche Faszination ausübte, wenn sie nicht wüßten, daß Melancholie, Skeptizismus, Selbstunzufriedenheit und ohnmächtige Ironie immer im Herzen der Südländer herrschen werden, welche materiellen Verbesserungen, Fabriken, Staudämme, Krankenhäuser und Schulen es auch hier und dort geben mag. Der obligate Optimismus desjenigen, der heute über Dinge und Menschen des Südens nachdenkt und schreibt, ist ein tröstliches Zeichen unserer Zeit. Aber dieser Optimismus hat nur die Techniker gewonnen, die Spezialisten für Bewässerung und Industrialisierung, die Beobachter und Freunde aus dem Norden, die gekommen sind, um sich über einige Fortschritte zu freuen. Die Bevölkerung selbst ist mißtrauisch geblieben und hat es vielleicht auch weniger eilig, dieses Mißtrauen aufzugeben. Wollte man ein Symbol für die ›Südfrage‹ finden, so würde ich Leben und Werk der Isabella Morra vorschlagen. Es veranschaulicht nicht nur das Unglück, das für den Süden immer auf dem Sprung liegt, sondern auch den Gefallen am Unglück.

Isabella Morra wurde 1521, zwei Jahre vor Louise Labé, auf dem Schloß von Favale als Kind einer adligen, mächtigen Familie geboren. Um zu dem Ort zu gelangen, den die Tragödie mit Blut befleckte, hatten wir die tyrrhenische Küste bei Sapri verlassen, das am hintersten Ende des Golfes von Policastro zwischen dem Kap Palinuro und der Uferstraße von Maratea liegt; und den Ufern und dem Rauschen und der ewigen griechischen Illusion den Rücken kehrend, waren wir auf der Straße, die den Norden Kalabriens horizontal durchschneidet, zu den Quellen des Sinni gekommen und den Fluß entlanggefahren bis zu seinem Eintritt in die Basilicata. Donnernd fließt er am Fuß der alten, niedergerissenen Festung vorüber. Favale heißt heute Valsinni. Schwarze Eichen bedecken die steilen Hänge, das Tal ist eng, der Horizont tief und undurchdringlich, der Sturzbach wild, die Einsamkeit unendlich. Man muß auf den Monte Coppolo steigen, auf neunhundert Meter Höhe, um in der Ferne das Blitzen des Ionischen Meeres zu sehen.

Der Vater Isabellas, Giovanni Michele Morra, Baron

von Favale, war aufgeschlossen für neue Ideen, Franko-
phile und Dichter, und nannte seine acht Kinder Marc-
Anton, Scipio, Isabella, Decius, Caesar, Fabius, Camillus
und Porzia. Benedetto Croce, den die junge Dichterin zu
einem seiner besten wissenschaftlichen Werke inspi-
rierte, bemerkt, daß unter all diesen dem römischen
Kalender entnommenen Vornamen Isabella der einzige
ist, der sich durch einen romantischen Wohlklang pro-
phetisch unterscheidet.

Mit ihrem Vater und ihrem Bruder Scipio begann
Isabella schon als Mädchen mit literarischen Studien.
Aber es war die Zeit der Rivalität zwischen Karl V. und
Franz I. in Italien, und der Baron, der die Franzosen
unterstützt hatte, mußte nach Paris in die Verbannung
gehen, als die Spanier die Oberhand gewannen. Er nahm
Scipio mit sich. Isabella, die mit ihrer Mutter und ihren
anderen ungebildeten Brüdern in dem einsamen Schloß
zurückblieb, verzehrte sich in der vergeblichen Erwar-
tung einer Botschaft ihres Vaters, die sie nach Frankreich
rufen und an dem prächtigen Königshof einführen
würde.

> D'un alto monte onde si scorge il mare
> miro sovente io, tua figlia Isabella
> s'alcun legno spalmato in quello appare,
> che di te, padre, a me doni novella.

Wenigstens, seufzt sie, sei

> Degno il sepolcro, se fu vil la cuna.

(Sie will sagen, daß sie lieber tot und in Paris begraben
wäre, in der Nähe der Herren und italienischen Dichter,
die wie Insekten um Franz I. summen, als weiter in der

Gesellschaft ihrer groben Brüder zu leben, aufgeopfert der unmenschlichen Einsamkeit Favales.)

> Me che 'n si vili ed orride contrate
> spendo il mio tempo senza loda alcuna.
>
> Ecco ch'un'altra volta, o valle inferna,
> o fiume alpestre, o ruinati sassi,
> o spirti ignudi di virtute e cassi,
> udrete il pianto e la mia doglia eterna.
>
> Quella ch'è detta la fiorita etade,
> secca ed oscura, solitaria ed erma
> tutta ho passato qui cieca ed inferma,
> senza saper mai pregio di beltade.[5]

Eine Hoffnung blieb ihr jedoch. In dem nahe gelegenen Schloß von Bolita (heute Nova Siri) lebte ein spanischer Edelmann, Don Diego Sandoval de Castro, Gouverneur von Cosenza, der ebenfalls Dichter war. Es ist anzunehmen, daß zwischen Isabella und Don Diego nur Verse ausgetauscht wurden. Wahrscheinlich sahen sich die jungen Leute nie, selbst wenn ein zärtliches Gefühl ihren literarischen Austausch belebte. Jedenfalls unterscheidet sich Isabella von allen anderen Dichterinnen – und vor allem von der, mit der man sie spontan vergleicht, Louise Labé – durch das merkwürdige Fehlen von Liebesgedichten. Die junge Gefangene scheint einzig unter ihrer Isolierung und Verbannung gelitten zu haben. Doch eines Tages, als Don Diego ihr durch den Hauslehrer der Morras eine Epistel (oder wieder Gedichte, der Punkt bleibt im Dunklen) geschickt hatte, fingen die

Brüder Isabellas den Brief ab, töteten den Boten, erdolchten die Schwester, und lauerten zudem noch dem spanischen Edelmann auf, den sie ebenfalls umbrachten.

In dem Drama dieser mit fünfundzwanzig Jahren ermordeten Dichterin sehe ich das Drama des ganzen Südens. Nichts fehlt: nicht die Qual, in einem kargen, sterilen Land zu leben; nicht die Sehnsucht nach einer weniger rustikalen Gesellschaft, in der man glänzen kann; nicht die außergewöhnliche Begabung; nicht das blutige Lösegeld der Originalität; nicht die Zufluchtnahme bei einem vom Zufall herbeigeführten Fremden; nicht das Wunder der Auswanderung (samt seiner Kehrseite, da Scipio, der nach dem Tod Franz' I. Sekretär Katharinas von Medici geworden war, von der Hand rivalisierender Höflinge vergiftet wurde); nicht die männliche Grausamkeit, die über die Tugend der Schwester wacht; nicht das ›Verbrechen aus Ehre‹, das heißt, blutschänderische Eifersucht getarnt als Verteidigung der Familie; nicht die heimliche Wollust grenzenloser Erniedrigung.

Isabella (drei Lieder, zehn Sonette) erinnert mich an Louise Labé (drei Elegien, vierundzwanzig Sonette), obwohl die Lyoneserin nur von Liebe gesungen hat und Isabella nur von Einsamkeit. Wenn aber wirklich die größte Offenbarung der Liebe die Entdeckung ist, daß wir in Mangel und Verbannung leben, dann wird dieser Vergleich nicht willkürlich erscheinen. Isabella Morra benutzt, um von der Gefangenschaft zu sprechen, dieselben Worte und dieselbe Ausdrucksweise wie Louise Labé, um die Trennung zu beschreiben. Die Verse Isabellas sind zweifellos weniger gekonnt, aber für ein junges Mädchen, das nur durch die Erinnerung an seinen Vater (der es mit neun Jahren sozusagen als Waise hinterließ) mit der Renaissance in Berührung gekommen ist und ohne Rat und Unterstützung war (die Verse des Spaniers folgen den petrarkistischen Konventionen der Zeit), von wilden Abgründen und blutdürstigen Grobianen umgeben, sind sie erstaunlich und können den Vergleich mit der gebildetsten Dichterin der gebildetsten Gesellschaft Europas durchaus aushalten.

Lyon, 1555:

> Je vis, je meurs; je me brûle et me noie;
> J'ai chaud extrême en endurant froidure . . .
> . . . Mon bien s'en va, et à jamais il dure;
> Tout en un coup je sèche et je verdoie.

Kalabrien, 1526:

> Ma, pensando a quel dí, ardo ed agghiaccio,
> ché 'l timore e 'l desio son le mie scorte;
> a questo or chiudo, or apro a quel le porte,
> e, in forse, di dolor mi struggo e sfaccio.

Und um

> che, nel più bel sperar, poi mi dispero,

zu übersetzen, finde ich nichts Besseres als aus dem achten Sonett der ›Belle Cordière‹ die Terzine über die Illusionen, die Liebe so freigebig hervorbringt:

> Puis, quand je crois ma joie être certaine
> Et être au haut de mon désiré heur,
> Il me remet en mon premier malheur.[6]

Rückkehr zum Tyrrhenischen Meer. Praia a Mare, Cirella, Diamante. Von so vielen wunderbaren Orten, aufgereiht zu Füßen der Berge an der westlichen Küste Kalabriens, von so vielen anderen, weiter im Süden, die wir nicht kennenlernen werden, rissen wir uns los, um im Innern des Landes das zwar nicht einzige, aber wichtigste ›Zentrum der Volksbildung‹ aufzusuchen. Die Straße, die uns nach Roggiano Gravina führt, in eine der rückständigsten Gemeinden Kalabriens, folgt dem Lauf wüstenähnlicher Täler. Die Zentren für Volksbildung wurden nach dem Krieg von der Nationalen Union zur Bekämpfung des Analphabetimus gegründet. Es gibt sechsunddreißig in Kalabrien, fünfzehn in Sardinien, zehn in Lukanien, sieben in Kampanien, vier in Sizilien, eines in Latium, eines in den Abruzzen und sogar eines in Venetien. Die Volkszählung von 1951 ergab fünfeinhalb Millionen Analphabeten. Man zählt heute etwa zwei Millionen. Der Prozentsatz der Analphabeten im Süden schwankt zwischen einem Viertel und einem Drittel der Bevölkerung. Doch auch diese Statistiken sind anfechtbar. Viele, die weder lesen noch schreiben, aber wenigstens mit ihrem Namen unterzeichnen können, sind nicht mehr unter Analphabeten geführt. Viele andere, die in der Schule einige Anfangsgründe gelernt hatten, haben diese mittlerweile vergessen.

Das Bildungszentrum von Roggiano Gravina ist ein richtiges kleines Dorf am Eingang des Ortes. Ein junger Leiter empfängt uns in dem Hauptgebäude, das wie die anderen eingeschossig ist und dessen große Fenster auf die Bäume hinaussehen. Unser Gastgeber, ein schmaler, besonnener, wortkarger Mann von ausgesuchter Höflichkeit, erklärt sich bereit, uns alle gewünschten Auskünfte zu geben. Als erstes schauen wir uns den kleinen Versuchsgarten an, den Palmen beschatten und Beete mit roten Blumen schmücken. Er läßt uns einige Schritte dort tun, während er sich vielleicht fragt, ob wir die Errungenschaften von ein wenig Kühle und Farbe in dieser Dürre von Trostlosigkeit auch richtig zu würdigen wissen. Aus dem Gemeinschaftsraum dringen die Töne eines Blues herüber: junge Leute beiderlei Geschlechts, die sich in der Erwachsenenbildung vervollkommnen wollen, verbringen einen Teil des Sommers hier, und im Augenblick tanzen einige Paare in der Mittagspause. Auch das ist anzuerkennen (man tanzt nicht viel in Italien, besonders nicht im Süden), und auch das ist ein Sieg über den südlichen Puritanismus.

Das Bildungszentrum veranstaltet mehrere Arten von Kursen in den verschiedenen Gebäuden, die die Mitglieder selbst – sowohl Schüler wie Lehrer – auf dem von der Gemeinde zur Verfügung gestellten Gelände gebaut haben. Dieses hier ist die Abteilung für Analphabeten – Kunststofftische, eine Tafel, weiß gekalkte Wände. Diese Abteilung, die ursprünglich der Anlaß zur Gründung des Zentrums und sein Mittelpunkt war, hat nur noch eine beschränkte Aktivität. In Roggiano Gravina kann man lesen und schreiben. Aber die Erinnerung ist noch lebendig an die heroische Zeit, als erwachsene Männer und Greise kamen, um das Alphabet auf diesen Bänken zu lernen. Frauen, die den ganzen Tag lang auf dem Feld gearbeitet und abends für die Bedürfnisse ihres Haushalts gesorgt hatten, gingen noch mehrere Kilometer zu Fuß zum Zentrum. Die Kurse gefielen ihnen so gut, daß sie es manchmal ablehnten, sich zu den Prüfungen zu melden. »Aus Schüchternheit? Aus Angst durchzufallen?« – »Nein, aus Angst zu bestehen.« Sie fürchteten, sich wieder selbst überlassen zu sein und vielleicht wieder von Einsamkeit und Unwissenheit gepackt zu werden.

Wir gehen in ein anderes Gebäude. Dort lehrt man Bauern jeden Alters, durch welche rationellen Verfahren man Viehzucht und Landwirtschaft verbessern kann. Das Zentrum verfügt über dreiunddreißig Hektar Land mit einem Modellstall, einer Molkerei etc. Wir besichtigen einen Saal, an dessen Wänden Plastikmodelle schädlicher Insekten hängen; in der Mitte steht, ebenfalls aus Plastik, eine Kuh mit demontierbaren Organen. Ein Modellhühnerhof vervollständigt die Abteilung. In dem weitläufigen, gemauerten Hühnerstall, der sauber und gut gehalten ist, sitzt ein Junge mit einer Eule, der sich bei unserem Kommen erhebt und uns durch sein Reich führt. Es gibt dort weiße, sogenannte livornesische Hühner (Livorno ist in der englischen Aussprache ›Leghorn‹ geworden), die nur zum Eierlegen gut sind, und rote Hühner, Hampshire, wie ich zu verstehen glaube, nachdem ich mir den Namen mehrmals habe wiederholen lassen, die man sowohl wegen ihrer Eier wie ihres Fleisches aufzieht. Der Lehrling schiebt uns in einen überheizten Raum und zeigt uns stolz die siebentausend Eier, die in der künstlichen Brutmaschine liegen. Nach elf Tagen schaut er nach, ob das Ei ein Küken enthält, nach achtzehn Tagen, ob das Küken noch lebendig ist. Das Ausbrüten dauert einundzwanzig Tage. Die Küken werden anschließend in einen anderen Raum gebracht und auf Gitter gesetzt. Er hebt vor unseren Augen zwei

oder drei in die Höhe, die tot sind. Für den, der die mageren Hühner des Südens mit ihrem Magen voller Steine gegessen hat, scheint diese Einrichtung keineswegs überflüssig.

Wir durchlaufen nun die verschiedenen Abteilungen der Berufsschule, des originellsten und für die Zukunft wichtigsten Teils des Zentrums. Ich erblicke prächtige Schreibmaschinen in dem Raum für Dactylographie, tadellose elektische Apparate in der Maschinenhalle, Modelle blitzender Motoren in den Mechanikwerkstätten. Maurerlehrlinge üben sich auf einer Wiese an Liliputhäusern. Aber die jungen Leute wenden sich immer mehr von dieser traditonellen Tätigkeit des Südens ab. Sie ziehen die Mechanik vor. Das Zentrum ist sehr erfolgreich. Es hat insgesamt zwölfhundert Schüler von fünfzehn bis zu fünfzig Jahren. Zahlreiche Bitten um Einschreibung liegen vor. Das macht die Legende von der südlichen Faulheit zweifelhaft. Faul war nur der Staat, der in hundert Jahren nicht Schulen für die notwendige Ausbildung schaffen konnte. Die Süditaliener taten nichts, weil sie noch nie die Möglichkeit gehabt hatten, etwas zu tun. Kaum hat man sie jedoch vor Werkbänke und Maschinen gestellt, so beweisen sie ihren Eifer und ihre Fähigkeiten.

Die Volksuniversität wäre nicht vollständig ohne Abendkurse. Sie liegen dem jungen Leiter besonders am Herzen. Die Bauern, die bereits über Hygiene informiert werden, wenn sie durch die hellen, luftigen, mit Waschbecken und Duschräumen versehenen Gebäude gehen (fließendes Wasser und sanitäre Bequemlichkeiten fehlen in zwei Dritteln der Häuser von Roggiano Gravina), kommen, um sich eine gewisse Allgemeinbildung zu verschaffen, sie wollen zum Staatsbürger erzogen werden oder auch nur diskutieren lernen. Wie lange wird es dauern, bis man Einsamkeit und Stummheit, diese beiden großen Feinde des Fortschritts, besiegt haben wird? Es fällt mir auf, daß die Bibliothek klein ist – tausend Bände, und nicht die besten.

Die Bewunderung und – warum sollte ich es nicht sagen? – die Ergriffenheit angesichts dieses erstaunlichen Unternehmens haben mich nicht so gefangen genommen, daß ich nicht zwei wichtige Probleme hervorheben möchte: das der Finanzierung und das des Absatzmarktes. Es gab auch noch ein drittes Problem, an das ich jedoch erst dachte, als ich mich wieder an die in jedem Raum hängenden Kruzifixe erinnerte. Mußte man zur Democrazia Cristiana gehören, um beim Zentrum zugelassen zu werden?

»Das Geld«, sagt unser Gastgeber mit dem Seufzen desjenigen, dem die Frage unangenehm vertraut ist, »das Geld kommt von mehreren Seiten. Teilweise finanziert uns die *Cassa del Mezzogiorno*. Die Lehrer der Berufsschule werden vom Arbeitsministerium bezahlt, die der Landwirtschaftsschule vom Landwirtschaftsministerium. Für die Abendkurse haben wir freiwillige Lehrer. Sehen Sie diese drei Busse. Sie sammeln die Schüler aus dreizehn Gemeinden in der Nähe Roggianos. Aber die Cassa del Mezzogiorno will weder von den Fahrzeugen etwas wissen noch von dem Benzin, das man hineinfüllen muß. Amerika hat uns einen der Busse gegeben, wir sind dabei, den anderen abzuzahlen. Die Unesco hilft uns ebenfalls, die Schweiz . . .«

Er zeigt uns die Akten, die für jeden Schüler eine einzelne Karteikarte enthalten, mit seiner Fotografie,

seinem Lebenslauf, seinen Noten, seinen Examens-
ergebnissen, seinem Werdegang, nachdem er das Zentrum verlassen hat. Diejenigen, die unterwegs aufgeben,
besiegt von ererbter Mutlosigkeit, können auf diese
Weise herausgefunden und wieder aufgefischt werden.
Mit ihrem Berufsdiplom wandern die ehemaligen Schüler in den Norden aus, nach Turin, nach Mailand, in die
Schweiz, nach Deutschland. Alle? Alle. Von achttausend, die in Roggiano geboren sind, haben zweitausend
das Dorf verlassen, das ist fast die ganze aktive männliche Bevölkerung. Es bleiben nur Frauen, Greise und
Kinder. Die Olivenhaine verkommen, weil es keine Ar-
beitskräfte gibt. Dieser massive Exodus, so sage ich mir,
ist gleichzeitig der Sieg und die Niederlage des Zentrums und aller ähnlichen Institutionen. Sein Sieg, da die
Männer des Landes, die einst durch mangelnde berufli-
che Ausbildung behindert und zu elendem Müßiggang
verurteilt waren, nun mit der gleichen Qualifikation auf
die nördlichen Absatzmärkte kommen wie die anderen
europäischen Arbeiter auch. Aber auch seine Niederlage, da diese Männer gezwungen sind, den heimischen
Herd, Frauen und Kinder zu verlassen, um sich Arbeit
zu beschaffen, und das größte Problem, nämlich die
lokale Beschäftigung des spezialisierten Arbeiters, noch
nicht einmal berührt wird – und auch nicht berührt
werden kann.

Sieg und Niederlage: die gleiche Widersprüchlichkeit
zeigt sich in der Institution, die teilweise das Zentrum
finanziert: in der berühmten *Cassa del Mezzogiorno*. Geschaffen, um den wirtschaftlichen Unterbau des Südens
zu fördern, beteiligt bei allen großen Baustellen, Stau-
mauern, Straßen, Fabriken, hat sie nicht aufgehört, Ge-

genstand der heftigsten Vorwürfe zu sein. Die Kommunisten sehen in ihr ein Werkzeug des Kapitalismus und klagen sie an, die soziale Rangordnung unberührt zu lassen und eine Großprojekt-Politik zu betreiben, die nur den Monopolen Nutzen bringt. So ungerecht diese Angriffe auch sein mögen, ich kann doch nicht umhin zu denken, daß das Geld für die Volksbildungszentren dazu dient, die für die nördlichen Industrien notwendigen Arbeiter auszubilden, und daß letzten Endes diese einen größeren Vorteil davon haben als jene.

Sind die Auswanderer wenigstens glücklich? Ich habe nicht mehr die Zeit, diese Frage bei unserem Gastgeber anzuschneiden, der uns unsere Namen in ein Goldenes Buch voller Unterschriften und lobender Bemerkungen aus der ganzen Welt schreiben läßt. Er übergibt uns zwei hübsche kupferne Aschenbecher, die seine Schüler verfertigt haben, und einige Nummern der Zeitschrift, die von der Nationalen Union gegen den Analphabetismus veröffentlicht wird. Die Bedingungen der Auswanderer sind nicht glänzend, wenn ich den Untersuchungen Giovanni Russos Glauben schenke. Sie haben gute Löhne, aber sparen die Hälfte des Geldes, um es an ihre Familien zu schicken oder sich einen Notgroschen anzulegen. Wer hunderttausend Lire in Mailand verdient, gibt nur fünfzigtausend aus, doch er kommt nur damit zurecht, wenn er Entbehrungen auf sich nimmt. Wer hundertsiebzig Mark pro Woche in Köln verdient, legt hundert beiseite. Im Ausland finden sie die Isolierung wieder, der sie mit ihrer Abreise entflohen waren, und ihr einziges Sonntagsvergnügen besteht darin, kilometerweit bis zum nächsten Bahnhof zu laufen, wo sie sich umsonst auf die Bänke setzen und mit ihren Landsleuten plaudern können, wie sie es auf dem Platz ihres Dorfes getan hätten. Sie bleiben zwei oder drei Jahre in der Fremde, so lange, bis sie die nötige Summe für den Kauf eines Hauses oder eines Feldes in ihrem Heimatort beisammen haben. Die Invasion italienischer Arbeiter nach Deutschland und vor allem in die Schweiz (550 000 auf eine eingeborene Bevölkerung von fünf Millionen) hat die Behörden zu entwürdigenden Maßnahmen gezwungen: mit Stacheldraht umgebene Baracken; Verbot, mit seiner Frau in der Schweiz zu leben – jeder Ehegatte muß in einem anderen Kanton arbeiten; Verbot für eine Mutter, ihr Neugeborenes bei sich zu behalten, das sie entweder in die Heimat zurückschicken oder heimlich aufziehen muß. Fünftausend heimliche Kinder in Helvetien. Welch ein Schicksal für die Italiener! Sie lieben ihre Kinder über alles, und immer müssen sie, aus dem einen oder dem anderen Grund, sie verstecken oder den Gesetzen entziehen, die ihre Legitimität bestreiten.

In der Zeitschrift der Nationalen Union gegen den Analphabetismus findet sich keine Spur jener Euphorie, jenes guten Pfadfindergewissens, die ich dort zu finden gefürchtet hatte. Die Autoren verweisen mit Nachdruck auf die Schwierigkeiten und Widersprüchlichkeiten der zu bewältigenden Aufgabe, auf die dunklen Seiten der Alphabetisierung. Mehrere Zentren mußten nach einem völligen Fiasko schließen. Ich bringe folgenden merkwürdigen Absatz aus einer Analyse über das Verhalten erwachsener Schüler. »Eine negative Erfahrung (fehlgeschlagene Initiative zum Beispiel) wird als endgültig angesehen und schließt jeden neuen Versuch in demselben Bereich aus. Die Basis für diese Haltung ist eine zu optimistische Lebensauffassung, die sich nach den unvermeidlichen Enttäuschungen in den schwärzesten Pessimismus verwandelt.« Und ferner über die Schwierigkeiten der Erziehung (die also die gleiche bei Bauern und Bürgertum wäre): »Geliebt, respektiert, umsorgt zu werden, ist für sie etwas Selbstverständliches. Sie glauben, daß ihnen dies zusteht, und empfinden den leisesten Tadel als ein unverzeihliches Unrecht, an dem die menschliche Bosheit schuld ist.«

Ein besiegter General, ein siegreicher Badender,
aber der heilige Joseph?

Der beste Weg für den, der eine gewisse Kenntnis des Italienischen hat, mit den kleinen, zuerst wenig anziehend wirkenden Städten im Innern Kalabriens oder Lukaniens Bekanntschaft zu schließen, ist der, die oft einzige Buchhandlung aufzusuchen, die in jeder von ihnen vorhanden ist. Eine Buchhandlung, die nicht nur Bücher verkauft, sondern auch welche herausgibt, alte, ebenso seltene wie wertvolle Texte oder köstliche Sammlungen über das lokale Leben, die lokalen Ereignisse und die großen Männer. Es handelt sich nicht um leichte Monographien zum Gebrauch von Touristen, sondern um gelehrte Abhandlungen voller Hingabe und Genauigkeit, die um so rührender sind, als sie außerhalb der Stadt, die sie inspiriert, und der Buchhandlung, die sie in oft archaischer Form gedruckt hat, keine Chance haben, die Aufmerksamkeit zu wecken.

Bei Montemurro in Matera (Lukanien) fand ich die Gedichte der Isabella Morra in der einzigen Ausgabe, die nicht seit geraumer Zeit vergriffen ist; bei Lacaita in

Manduria (Apulien) die Autobiographie des Briganten Carmine Crocco; bei Marchesiello in Potenza (Lukanien) die immer angenehm zu lesenden Bändchen von Sergio De Pilato (und ich erinnere mich, daß der Buchhändler aus dem Stapel Bücher, den ich gerade gekauft hatte, ein Paket machen wollte; doch da ich gerne auf der Straße blättere, sagte ich ihm, daß es nicht nötig sei; seine Miene verfinsterte sich: ich hatte ihn beleidigt. Nicht eingepackte Bücher sehen nicht aus wie richtige Ware. Ich wäre aus seinem Laden, der zwischen modernisierten Kolonialwarengeschäften herrlich altmodisch wirkte, herausgegangen, als hätte ich nur Zeitungen gekauft, dieses vulgäre Produkt, das er, um leben zu können, zwangsläufig auch verkaufen mußte).

In Cosenza (Kalabrien), das wir von Roggiano Gravina aus erreichten, nachdem wir das grünende Tal des Crathis heraufgefahren waren, entdeckte ich bei dem Buchhändler und Verleger Brenner das fundamentale Werk François Lenormants über Großgriechenland, das in drei Bänden von 1881 bis 1884 bei A. Lévy, 13, rue Lafayette in Paris erschien und in Frankreich einfach nicht zu finden ist und das hier durch fotomechanische Wiedergabe nach der französischen Ausgabe neu gedruckt ist. François Lenormant, der den Süden der italienischen Halbinsel von oben bis unten durchfuhr, von Tarent bis Reggio, von Reggio bis Pizzo, begnügte sich nicht damit, die bereits bekannten Tatsachen über Griechenland so vollständig wie möglich wiederzugeben. Er beschrieb nicht weniger ausführlich die zweite Hellenisierung Süditaliens unter der Herrschaft der Kaiser von Konstantinopel, die Zeit der Normannenkönige und die ganze folgende Geschichte bis zum 19. Jahrhundert samt der napoleonischen Kriege und der Feldzüge des Risorgimento. Dieses Buch, das merkwürdigerweise in Frankreich in Vergessenheit geraten ist, war der Begleiter der früheren Reisenden und Archäologen – der italienischen Archäologen und der englischen Reisenden. George Gissing und Norman Douglas haben es ausgiebig benutzt. Aber auch ›By the Ionian Sea‹ von Gissing (1897) und ›Old Calabria‹ von Norman Douglas (1915) sind unbekannt bei uns geblieben. Dabei findet sich in wenigen Büchern über Italien neben den Eindrücken von Museen, Ruinen, Schlössern und Kirchen eine so genaue Kenntnis des Landes selbst und eine so intelligente Neugier für die Leute, die dort wohnen. Wenige Autoren lassen einen, nach den Worten Larbauds (der sie neben Stendhal und Butler hätte zitieren sollen), so intensiv an dem italienischen Leben teilnehmen, an dem Leben, das sie selbst in Italien führten.

Es wäre vergeblich, Cosenza beschreiben zu wollen. Wenn ich gesagt hätte, daß der Ort sich in eine alte, steile, von engen Straßen und asymmetrischen Plätzen durchzogene und in eine moderne, weitläufige und rechteckige Stadt aufteilt, so hätte ich nichts gesagt. Wenn ich auch eine Beschreibung des Crathis hinzugefügt hätte und des in ihn mündenden Busento, der zwischen hohen Mauern einherfließt, die das Hochwasser auffangen sollen, so wäre dies ungenügend. Es ist mit Cosenza wie mit vielen anderen mittelgroßen Städten des Südens, mit Catanzaro, Potenza, Benevent, Caltanissetta: man ist empfänglich für ihren Zauber, oder man ist es nicht, und in beiden Fällen weiß man nicht warum. Sie sind weder schön noch häßlich, weder fröhlich noch traurig, weder reich noch arm. Doch Cosenza hat mehr

Charakter. Man braucht sich nicht daran zu erinnern, daß Coszenza die Hauptstadt der Bruzzi war, dieses Bergvolks, mit dem Rom nie fertig wurde. Man braucht nicht an das geheimnisvolle Grab König Alarichs zu denken, der von seinen Soldaten unter den Wassern des umgeleiteten Busento begraben wurde; der König der Westgoten hatte gerade Rom geplündert und schickte sich an, Sizilien zu erobern, als ihn die Malaria in Cosenza überfiel; sein Grab und die ungeheuren Schätze, die seine Soldaten mit seinem Körper begruben, sind niemals wiedergefunden worden. In Cosenza wurde Bernadino Telesio geboren, der erste Philosoph, der die Beobachtung der Natur empfahl; die Kirche griff ihn an; Galilei und Campanella fußen auf ihm; der Petit Larousse kennt ihn nicht. Immer noch benommen von dem Lärm und der Vertraulichkeit der Neapolitaner, genießen wir die Stille von Cosenza und die Diskretion seiner Bewohner. Welcher Unterschied zwischen dem ehemaligen Königreich Neapel und seiner Hauptstadt! Die Kalabresen lassen den Fremden in Ruhe, die Männer drehen sich nicht nach den Frauen um.

Ein Gebirgsvolk natürlich. Die Kette der Sila steigt hinter der Stadt auf. Berühmte Sila, ebenso enttäuschend wie berühmt! Ich erkläre mir die Begeisterung der früheren Reisenden nur durch den damals beunruhigenden Charakter dieser Berge. Wölfe, Räuber, keine Straßen, mangelnde Versorgung und Unterkunft – wer sich dorthin wagte, ging ein wirkliches Abenteuer ein und empfand die ganze, zu Kopf steigende Trunkenheit des Abenteuers. Norman Douglas mußte die Sila, um sie kennenzulernen, zu Fuß durchqueren. Er fühlte gewiß diese Trunkenheit, die physische Freude des Eroberns, die Euphorie, heil angekommen zu sein – starke Emotionen, die das Urteil günstig beeinflussen. Heute durchziehen bequeme Straßen die Sila, die nichts Wildes mehr an sich hat: ihre Höhe ist mittelmäßig, mittelmäßig die Pinien- und Buchenwälder, eher häßlich die wenigen Häuser aus Holz und Blech. Vielleicht liebte man dieses düstere Gebirge auch, weil die Küsten so ungesund waren. Auch dieser Grund ist entfallen. Die Süditaliener halten viel auf ihre Sila. Man muß sie verstehen. Für Leute, die ans Meer gewöhnt sind, ist die Sila der Mythos der Tausendmeter, der Wiesen, Kühe und Seen. Sie kommen herauf, um in Familienpensionen die gute Luft zu atmen. Die Öldrucke an den Wänden der Barbierläden zeigen zwangsläufig Schweizer Alpenlandschaften. Man könnte sich ebenso gut und ebenso unbegründet darüber lustig machen, daß sich die Pariser sonntags aufmachen, um das Meer bei Le Touquet zu sehen.

Kalabrien ist nur an den Küsten schön. Mehr im Süden der Sila überragt ein anderes berühmtes Massiv die beiden Meere am Ende der Halbinsel: der Aspromonte. Auf diesem mittelhohen Plateau mit seinen Säugetieren und Sennhütten ist nichts ›Rauhes‹ zu finden, wie das Wort ›aspro‹ vermuten lassen könnte. Da der Name zu schön für die Sache ist, verleitet der Aspromonte natürlich zur Emphase. Garibaldi, der sich in den Kopf gesetzt hatte, Rom unter Umgehung der diplomatischen Beziehungen zu befreien, wurde 1862 auf diesem Gebirge von einem piemontesischen Obersten gefangen und (leicht) an einem Bein verletzt. Dieses recht groteske Ereignis geschah auf einer Lichtung, auf der nun ein Denkmal steht, mit vielen Inschriften und Kränzen. Ist es ein Zufall, daß der einzige Schriftsteller des Südens, der nur ein Wortkünstler war – ich bedaure dies sagen zu müssen –, Corrado Alvaro nämlich, in San Luca auf dem Aspromonte geboren ist?

Doch die Küsten! Alles, was man davon schreiben könnte, reichte nicht an die Wahrheit heran. Wir hatten den Bergen Paola und Amantea geopfert. Wir kamen wieder an die tyrrhenische Seite der Berge bei Pizzo, einer Herde weißer Häuser in der Sonne. Doch an Pizzo, das fast zu malerisch für unseren Geschmack war, fuhren wir vorüber, angelockt von einer unbestimmten Süßigkeit und Fülle, die vor uns in der Mittagshitze rauschte. Olivenbäume, die schönsten Olivenbäume der Welt, hoch und breit wie Eichen, rote Erde unter den gespaltenen Stämmen. Rechts von der Straße, hinter den Oliven, verbargen uns zahllose Felder das Meer. Wir schlüpften unter die zarten Blätter des Eukalyptus; der Geruch des reifen Johannisbrotbaumes begleitete uns bis zu den Tomaten- und Zwiebelfeldern. Etwas weiter fort breiteten Orangenhaine ihren nicht greifbaren Schatten aus. Eine Kuh tauchte im Schilf auf. Dort war der Strand, eingeschlossen zwischen einem spanischen Turm und einigen ans Ufer gezogenen Booten.

Wir ruhten aus, völlig unbeweglich. Ein halbes Dutzend Buben hatten ihre Spiele im Stich gelassen und einen Halbkreis um uns gebildet. Sie störten die Stille nicht. Eine Bäuerin kam laufend vom Dorf herunter: von weitem, sagte sie uns, habe sie uns für tot gehalten. Man sieht hier nie Frauen am Stand, schon gar keine liegenden und überdies halbnackten. Wir setzten uns also auf, und die Unterhaltung kam in Gang.

Die Jungen schienen mir aufgeweckt. Sie mißbilligten, daß eine Familie ein Kind nach dem anderen hätte. Drei oder vier schienen ihnen eine gute Zahl.

»Eine Frau aus dem Dorf ist beim zwölften gestorben.«

Der, der sprach, der Älteste der Bande, war sehr braun (man erriet, daß er sich extra in die Sonne legte, obschon die anderen sich darüber lustig machten), seine Haare kräuselten sich im Nacken, er hatte eine gebogene Nase, sehr tief liegende, ironische Augen, eine elegante Badehose (während die anderen nur einen Wollfetzen trugen). Ich fragte ihn, was er mache (er war sicher schon achtzehn Jahre alt). »Nichts.« Und seiner Schönheit, aber auch seiner Trägheit bewußt, die er um so mehr zur Schau stellte, als er sie selbst verurteilte, fügte er hinzu: »Wir Kalabresen sind schlecht!« Was verstand er unter schlecht? »Schlecht.« Welch ungeheure Befriedigung, welch ein Jubel in seiner Stimme. Nachdem er erklärt hatte, daß er sich schlecht finde, daß er zu nichts nütze sei und kein anderes Ziel im Leben habe, als dies immer wieder zu sagen, konnte er die Kinder, die ihren Glauben an das Leben und ihr Verantwortungsgefühl bekundet hatten, von oben herab betrachten und sich für einen großen Zyniker und tiefsinnigen Philosophen halten. Die Leidenschaft, sich selbst herabzusetzen, die dem jungen Italiener erlaubt, seine Zeit mit Nichtstun zu vergeuden und sich gleichzeitig für einen großen Geist zu halten, fand ich bei diesem gelockten Bauernjungen Kalabriens ebenso ausgeprägt und mit der gleichen stolzen Selbstsicherheit gepaart wie bei den Studenten, die ich in Neapel oder Pisa kennengelernt hatte. Wie die Helden russischer Romane, war er bereit, sich aller Fehler zu bezichtigen, denn er glaubte fest, wenn er sich nur für den verachtenswertesten aller Menschen halte, erspare er sich das, was er auf der Welt am meisten fürchtete, nämlich sein Leben so zu verändern, daß es ihm nicht mehr verächtlich erschiene. »Wir sind schlecht«, wiederholte er. Mutwilliger Stolz blitzte in seinen Augen, so als habe er den Weg gefunden, seine Tage müßig am Strand zu verbringen, während sich die anderen in komischer Anstrengung abrackerten.

Zwanzig Jahre: woanders ist man am Ende des Flegelalters, in Italien beginnt man damit.

Diese Szene hatte sich am Strand von Briatico abgespielt. Wir waren durch die Orangenhaine, durch die Zwiebel- und Tomatenfelder wieder hinaufgestiegen und nach Tropea gekommen, dessen auf Klippen gebaute Häuser aus Schaum und Tuff entstanden zu sein scheinen; Tropea, das einen weißen, über dem Meer hängenden Platz hat, aufgereihte Boote unten auf dem Sand, einen ausgeblichenen Fahrplan für die Schiffe nach den beiden Amerika, geschniegelte alte Männer vor dem Eingang des Klubs Pasquale Galuppi, Schwärme von Schwalben und Düfte von Magnolien. Tropea, eine der verführerischsten Städte Italiens, an der ich leider zu schnell vorbeifuhr.

Die Straße führt bis zum Kap Vaticano zwischen terrassenförmig auf den Abhängen wachsenden Oliven und flachen, von Steilküsten unterbrochenen Feldern entlang. Der Tag ging zu Ende. Auf einem erdigen Weg, der zum Strand hinabführte, sahen wir eine Prozession von Frauen; zwei Priester schritten ihnen voran. Der Abstieg dauerte lange; die Frauen waren nicht übermäßig dick. Von allen umliegenden Dörfern kamen sie herbei, um das Fest der heiligen Lucia vorzubereiten.

Aus Zweigen und Steinen wollten sie einen Altar am Strand bauen, auf dem die Priester die Monstranz niederstellen würden. Die Monstranz, die in den schrägen Strahlen der Sonne funkelte. Die Frauen riefen die heilige Lucia an oder beteten zum heiligen Joseph. Lucia schützt die Augen, die armen, kranken Augen des Südens, aber der heilige Joseph ist der eigentliche, der wirkliche Schutzherr der Italiener. Der Tag des heiligen Joseph ist ein Feiertag. Jeder zehnte Mann heißt Giuseppe, Beppe, Peppino. Ist es nicht merkwürdig, daß ein Land, in dem sich die ›Ehre‹ eines Mannes nach seiner physischen Potenz mißt, den heiligen Joseph als Schutzherrn gewählt hat? Er ist ihm von den Frauen aufgezwungen worden. Aus Respekt für ihre Männer singen sie in manchen Prozessionen: »Non è vero che sei stato cornuto, poiché è stato lo Spirito Santo« – es ist nicht wahr, daß dir Hörner aufgesetzt wurden, denn es war der Heilige Geist. Trotzdem ist der Schutzpatron, der Wohltäter Italiens, das genaue Gegenteil von dem Ideal des italienischen Mannes. *Er* arbeitete, der Mann des Südens arbeitet nicht. *Er* half seiner Frau bei ihren häuslichen Arbeiten, der Mann des Südens, der sich ein Paket auf der Straße zu tragen schämt, würde eher sterben als ihr helfen. *Er* war keusch, der Mann des Südens schindet seine Gattin. Die Frauen von Tropea, von Vibo Valentia und Briatico stiegen zum Strand hinunter, den die untergehende Sonne in Flammen setzte. Sie verglichen diese Flammen mit der Glut ihrer Männer und träumten von dem Glück, den heiligen Joseph als Mann zu haben. Als wir gerade um das Kap Vaticano herumfahren wollten, kündeten uns heftige Detonationen an, daß sie am Gestade angekommen waren. Wir sahen den Rauch der Raketen in die reine Luft steigen.

Magna Graecia

Es ist nichts davon geblieben. Von Reggio bis Locri, von Locri bis Crotone, von Crotone bis Sybaris, von Sybaris bis Metaponte, von Metaponte bis Tarent hat sich die ionische Küste, die in der Antike eine der bebautesten, der reichsten und zivilisiertesten Gegenden der Welt war, in ein ausgedörrtes Land verwandelt, von dem nicht nur die Spuren der wichtigsten Gebäude verschwunden sind, sondern oft auch die Erinnerung an den Ort, an dem sie einst standen. Natur und Geschichte haben einen Schiffbruch sondergleichen erlitten.

Ich hatte eigentlich nicht die Absicht gehabt, mich mit Großgriechenland aufzuhalten oder mehr als in Anspielungen davon zu sprechen. Ich habe die drei Heiligtümer in Paestum mit Schweigen übergangen, ebenso wie ich in Sizilien das Tal von Segesta, das Chaos der umgestürzten Säulen von Selinunt und das Tal der Tempel von Agrigent übergehen werde.

Das Licht, das von Griechenland kommt, hat noch einen solchen Zauber, daß das bloße Evozieren griechischer Orte und Namen die Wirklichkeit des Südens mit einer allzu trügerischen Legende umgibt. Man muß wählen: entweder sieht man die Bauern Kalabriens und Siziliens weiterhin als ›Griechen‹ und mißt diesen Sklaven des Hungers und Unglücks in den mythologischen Landschaften des Kap Palinuro und des Golfs von Tarent nicht mehr Bedeutung zu als den Gestalten Poussins unter dem weitgespannten, lichterfüllten Laub; oder aber man interessiert sich für diese Menschen, so wie sie sind, und findet sie fesselnd, aber nicht als Menschen, die irgendeine Beziehung zum antiken Griechenland haben.

Kein Strahl von Hellas darf das wirkliche Kalabrien, Lukanien und Sizilien in einen künstlichen Glanz hüllen! Man muß sogar darauf verzichten, die griechischen Mythen auszubeuten und in ihrer märchenhaften Nacht ferne Vorläufer für die Madre mediterranea zu suchen, Demeter zum Beispiel, die Göttin des Getreides und der Fruchtbarkeit, die in dem sizilianischen Heiligtum von Enna verehrt wurde; Persephone, ihre Tochter, die man in Locri anbetete; oder Hera Lacinia, der man in Crotone und an der Mündung des Sele nahe Paestum huldigte, in Erinnerung an den Tag, als sie die Argonauten landen ließ und den Frauen Lukaniens den fruchtbaren Apfel des Granatbaumes schenkte.

Welcher Zauber in diesen Namen! Wie leicht verführen sie einen! Je weniger Anspielungen auf Griechenland sich in einem Buch über den Süden finden, um so größer ist die Chance, daß dieses Buch der Wahrheit entspricht.

Ich hätte gewiß Großgriechenland, was man im engeren Sinne so nennt, das heißt, die ionische Küste, die zwischen Reggio und Tarent liegt und die von den Griechen im 8. Jahrhundert vor unserer Zeitrechnung kolonisiert wurde, nicht ausgenommen, wenn die Katastrophe, die jene reichen und mächtigen Städte verschlungen, jede Spur von ihnen ausgelöscht und die üppige Gegend in wüstenähnliches Heideland verwandelt hat, nicht die geheimnisvollste und fesselndste aller Niederlagen wäre, die dem Süden auferlegt sind, und ein Hinweis auf sein Schicksal.

Kaum hat man sich von Reggio in südlicher Richtung entfernt, so verändert sich die Landschaft. Die prächtigen Bäume und Felder der tyrrhenischen Küste machen der Wüste Platz. Kilometer um Kilometer abwechselnd Strände aus rotem Sand, nackte Mergelhügel, riesige, ausgetrocknete Flußbetten zu Füßen des Aspromonte. Nach dem Kap Spartivento (»das die Winde verteilt«), dem südlichsten Punkt der Halbinsel, kommt man nach Brancaleone, dem ersten Dorf auf der ionischen Seite. In der Umgegend sind die größten Jasminanpflanzungen Europas, versteckt jedoch hinter den staubigen Glaswänden von Gewächshäusern; unter der Sonne grünt nur der stachelige Dattelkaktus. Das Dorf, das aus ein paar baufälligen Häusern am Meer besteht, ist unvorstellbar schmutzig und trostlos; der Strand dient als Abfallplatz; einen höhnischen Fluchtweg bietet die eingleisige Eisenbahnlinie, die sich in der Ferne im Sand verliert.

Eine dieser Hütten beherbergte sechs Monate lang Cesare Pavese, der vom faschistischen Regime verbannt worden war. Im Kampf mit Einsamkeit, Kälte, Asthma, Küchenschaben und heimlichem Groll verbrachte er in Brancaleone den schaurigsten Winter seines Lebens. Er interessierte sich nicht für seine Bewohner, wußte nichts von der Bedeutung des Jasmin für die lokale Wirtschaft, haßte das Meer und verzehrte sich in destruktivem Trotz. Währenddessen verbrachte sein Freund Carlo Levi, Turiner auch er und aus den gleichen Gründen in den Süden verbannt, in einem kleinen Dorf im Inneren Lukaniens namens Gagliano, das nicht weniger armselig und finster ist wie Brancaleone, einen wunderbaren Winter, der sein Leben erneuerte. Pavese schrieb über seinen Aufenthalt einen fahlen, verzweifelten Roman, ›La Prigione‹, Carlo Levi machte aus dem seinen ›Cristo si è fermato a Eboli‹, das gelungenste Buch der zeitgenössischen italienischen Literatur. Die Erfahrung des Südens, die für beide gleich neu und unerwartet war, gab ihrer inneren Veranlagung eine endgültige Form und machte aus dem einen den Prototyp des Introvertierten, aus dem anderen den des Extrovertierten. Ja, die Verschiedenheit der Charaktere wird so deutlich, daß man an angeborene Neigungen glaubte, wenn man sich nicht sagte, daß es vielleicht leichter war, sich für ein Dorf wie Gagliano zu interessieren, das noch in magischen Riten verloren und noch niemals aus der Nacht der Zeiten erwacht war, als für ein Dorf wie Brancaleone, dessen Geschichte sich ein für alle Mal vor zweitausendfünfhundert Jahren abgespielt hatte.

In den Fragmenten von Ibicos, dem griechischen Dichter von Reggio, werden ›Äpfel‹ erwähnt, ›Flüsse‹, ein ›Garten der Nymphen‹, ›Perlen der Weinberge‹, ›schattige Reben‹, doch wenn man die trockenen Steine der vom Hochwasser verwüsteten Flußbetten sieht, die unfruchtbare Küste, die nur durch die Masten der Eisenbahn aufgeheitert wird, dann fragt man sich, was wohl geschehen sein mag, daß, abgesehen von den Siedlungen der Griechen, sich auch die Beschaffenheit des Bodens, die üppige Flora und der Wasserreichtum so grausam verändert haben.

Während wir die Küste nach Locri hinauffahren, zu der Stadt Persephones, deren Tempel, einst das drittwichtigste Heiligtum Griechenlands, noch nicht einmal lokalisiert werden konnte, fragen wir uns nach dem Geheimnis dieser Katastrophe. Und ich zähle die bekannten Gründe auf: die Einfälle der Sarazenen, die Malaria, der zur Zeit der Kreuzzüge beginnende Kahlschlag, die aus jenen Hügeln, deren Bäume den Regen anzogen, abgezehrte Berglein machten; und die weniger bekannten, wie die Erdbeben, die zweifellos die Verlagerung und das Verschwinden von Quellen und damit das Austrocknen der Wasserläufe erklären könnten.

Ausgrabungen in Locri haben einige Grundmauern zweitrangiger Tempel freigelegt. Die einzigen der Zerstörung entgangenen Säulen wurden schon im zehnten Jahrhundert nach Gerace gebracht, in diese merkwürdige befestigte Stadt in den Bergen; man sollte nicht versäumen, die finstere, prachtvolle Kathedrale anzusehen, die das bemerkenswerteste Bauwerk Kalabriens ist und deren drei romanische Schiffe auf griechischen Säulen ruhen. Von dem antiken Locri blieben außerdem drei schöne Statuen, die unglücklicherweise am Ende des vorigen Jahrhunderts ausgegraben wurden, als es Sitte war, die archäologischen Funde in die Museen der Provinzhauptstädte zu schicken, anstatt sie an Ort und Stelle zu lassen, wie man es bei den jüngsten Grabungen in Paestum getan hat. Neapel hat sich die beiden Dioskuren von Locri angeeignet, Reggio den jungen, nackten Reiter. Eine unnütze Beraubung nach all denen, die man beklagt.

Nach drei Stunden roten Staubs in den Augen, nach kilometerlangen, unfruchtbaren, von großen, unheimlichen Schluchten durchschnittenen Ufern gelangen wir nach Crotone, Crotone, das wir sofort wieder verlassen hätten, so häßlich und traurig ist diese moderne Stadt, wenn nicht abermals die Erinnerung an das, was sie einst war, ihrer heutigen Banalität einen finsteren Glanz gäbe:

Crotone war berühmt wegen seines gesunden Klimas: Gissing glaubte dort an Malaria zu sterben. Crotone rühmte die Schönheit seiner Frauen: die Rasse ist jämmerlich verwelkt. Man kann sich kaum vorstellen, daß Zeuxis von hier seine Modelle nahm, um das Idealporträt von Helena, der schönsten antiken Heldin, zu entwerfen! Crotone verwirklichte den griechischen Traum vom Gleichgewicht zwischen Körper und Geist, als es in seinen Mauern den Mathematiker, Philosophen und geistigen Führer Pythagoras beherbergte und Milon, der sechsmal bei den Olympischen Spielen Sieger gewesen war. »Der Letzte der Crotoner ist immer noch der Erste der Griechen«, sagte man in der hellenistischen Welt. Eine Idylle Theokrits hat als Kulisse Crotone, diese gelbe, verbrannte Landschaft, in der kein Grashalm mehr wächst.

Das größte Heiligtum Großgriechenlands erhob sich elf Kilometer entfernt, am äußersten Ende des Kap Lacinium, das man in Kap Colonna umbenannt hat wegen der einzigen Säule, die von dem der Hera geweihten Tempel übriggeblieben ist. Hier wenigstens kennen wir die Gründe für die Zerstörung. Hannibal, der in Crotone die letzten drei Jahre seines Aufenthaltes in Italien verbrachte, plünderte vor seiner endgültigen Rückkehr nach Afrika die Schätze des Heiligtums und hinterließ dafür eine in Bronzetafeln gravierte Aufstellung seiner Siege.

Im 16. Jahrhundert ließ ein Bischof von Crotone, Antonio Lucifero, die Säulen fortschaffen, um sich einen Palast zu bauen. Zwei verschonte er. Die eine stürzte bei einem Erdbeben im Jahre 1638 zusammen. Nach den besonders schrecklichen Erdstößen vom 1783 dienten

die Steine des Sockels dazu, den Hafen wieder aufzubauen.

Als wir den Ort verlassen, kommen wir an dem riesigen chemischen Werk Montecatini vorbei. Crotone ist
die einzige Stadt in Kalabrien, die mit der Industrialisierung in Berührung gekommen ist, die einzige auch,
deren Bewohner nicht mehr auswandern.

Wieder fahren wir am Meer entlang, an dieser Küste,
die ebenso ausgedörrt ist, wie die tyrrhenische reich an
üppigem Grün war. Einige ärmliche Bahnhöfe an den
immer leeren Schienen. Die Landschaft ändert sich, als
wir uns Sybaris nähern oder besser der Ebene, auf der
Sybaris mutmaßlich lag, denn noch niemand konnte den
Ort ausfindig machen, an dem diese reichste und prunk-
vollste Stadt Großgriechenlands sich einst befand (nach
Strabon hatte sie dreihunderttausend Einwohner). Die
Erde kann dank der Bewässerungsarbeiten wieder be-
baut werden, aber das, was unter dem Boden liegt, bleibt
ein fast ebenso unerschlossenes Geheimnis wie die Sprache der Etrusker oder Atlantis.

Der Haß, der zwischen den Städten Großgriechenlands schwelte und ihren Untergang vorantrieb, war
verhängnisvoll für Sybaris. Die Bürger von Crotone,
eifersüchtig auf ihre mächtigen, eingebildeten Nachbarn, beschlossen, sie gründlich zu bestrafen, und selbst
Pythagoras drängte in seiner philosophischen Ableh-
nung der sybaritischen Verweichlichung zu einem Feldzug. Sybaris wurde erobert und dann, entgegen der
Meinung des Weisen, dem Erdboden gleichgemacht.
Man zerstörte die Dämme, die die wilden Wassermassen
des Crathis zurückhielten; der Fluß stürzte von den
Bergen herab und zerstreute die Ruinen im Meer. Kein

einziger Stein der großen achäischen Kolonie konnte wiedergefunden werden. Man sucht mit radarähnlichen Geräten, die unter der Erde Wellen ausstrahlen. Von den wenigen Mauern, die man auf diese Weise entdeckt hat, kann man nicht genau sagen, ob sie zu Sybaris oder zu dem römischen Copia gehören, das lange nach Sybaris an einem Ort gebaut wurde, der vielleicht nicht der von Sybaris war. Die unter den Anschwemmungen des Crathis neben oder über der griechischen Siedlung begrabene römische Stadt gibt im übrigen nicht weniger schwierige Rätsel auf.[7]

Der lukanische Teil der ionischen Küste, das Gebiet des alten Metaponte also, war so fruchtbar, daß die Münzen dort mit dem Symbol einer prächtigen, strotzenden, bärtigen Ähre geschmückt wurden. Weizenfelder bedecken auch heute wieder die Ebene, die mit weißen Bauernhöfen gepunktet ist; und auf einer kleinen Anhöhe stehen die fünfzehn Säulen, die von dem Tempel der Hera übriggeblieben sind, dem einzigen Gebäudekomplex Großgriechenlands, der der Zerstörung entgangen ist. (Ziemlich häßlich im übrigen, diese Ruinen: zehn Säulen sind auf der Nordseite aufgereiht, fünf gegenüber auf der Südseite, ohne daß sie einen Winkel bilden; wie gut versteht man bei ihrem Anblick, daß die Schönheit eines Tempels von der Anordnung der Linien abhängt!)

Warum haben die Plünderer diese Säulen verschont? Sie tragen den merkwürdigen Namen ›Tavole dei Paladini‹. Die Bewohner hatten schon damit begonnen, die Steine des Sockels und der Cella fortzuschaffen, und zweifellos hätten sie, wie es üblich war, den ganzen Tempel zerstört, wenn der Anblick der großen Säulen in der Ebene sie nicht an Karl den Großen und seine Ritter und an die Legende ihrer Taten erinnert hätte, die im Süden einen unglaublichen Widerhall fand. Der Volksglaube machte die Säulen des dorischen Peripteros zu den Beinen eines riesigen Tisches, an dem Kaiser, Ritter, Riesen und Zauberer gefeiert hatten: auf diese Weise wurden sie verschont.

Metaponte bleibt uns im Gedächtnis als der Ort der ersten Begegnung mit den Paladinen Frankreichs. Die Paladine, die den Tempel vor dem Nichts retteten, die Paladine, die mühelos die Spuren der Griechen auslöschten, die Paladine, die so oft mitten im zwanzigsten Jahrhundert die sizilianischen Nächte mit ihren wunderbaren Heldentaten beleben.

Tarent, das bereits aus zwei Städten bestand, einer mittelalterlichen, unendlich armen, die auf den Ruinen der griechischen, von den Sarazenen zerstörten Stadt gebaut ist, und einer modernen mit geraden, ehrbaren Straßen, zählt nun noch eine dritte, deren Oberfläche dreimal so groß ist wie die ersten beiden zusammen: das Eisenhüttenwerk von Italsider, das vor zwei oder drei Jahren aus der Erde geschossen ist, an Stelle von zwanzigtausend Olivenbäumen, die man fällen mußte.[8]

Ein Segen für Tarent, das seit zweihundert Jahren besonders viel Pech gehabt hat. Es lebte von Kleinhandel und Seegeschäften, als die Regierung des geeinten Italien beschloß, es zu seinem Militärarsenal und zum Ausschiffungshafen für die afrikanischen Expeditionen zu machen. Die kleinen Industrien gingen ein, die privaten Schiffswerften verschwanden. Dann kam der letzte Krieg, und das Arsenal wurde zertrümmert. Die Alliierten entschieden, daß man es nicht wieder aufbauen werde. Tarent lag also im Sterben. Man war im übrigen geneigt, es für faul zu halten aufgrund dessen, was es zu Zeiten der Griechen und Römer gewesen war: die Stadt der Freuden und des Müßiggangs, ›molle Tarentum‹, wie man sagte. Wetten wir, daß diese Verweichlichung im Kontakt mit Dampfhämmern, Hochöfen und Walzwerken verschwinden wird.

Wirklich raffiniert habe ich in Tarent nur die Küche gefunden. Es gibt mindestens zwei Restaurants, wie ich sie in ganz Süditalien nirgends gesehen habe, ausgenommen in Syrakus. Fisch mit Oliven, Krevetten mit drei Soßen, das sind die einzigen Spuren jener legendären Genüßlichkeit, die noch einen Erzbischof des 18. Jahrhunderts veranlaßte, über seine Tür zu schreiben: *Si Adam hic peccavisset, Deus ignovisset* (Wenn Adam hier gesündigt hätte, so hätte ihm Gott vergeben).

Tarent schien mir eher rauh, mit seinen finsteren alten Vierteln und dem geschäftigen Bürgertum seiner neuen Viertel. Der Autoverkehr gehorcht strengen, absurden Regeln; und man bemerkt auf den Gesichtern die besondere Unruhe, die Hoffnung auf Wohlstand hervorbringt. Aber Tarent ist bereits Apulien, die erste, die einzige Provinz, die sich vom Süden zu befreien beginnt.

Um mit Großgriechenland zu Ende zu kommen, fehlte uns noch die klassische Pilgerfahrt zur Mündung des Galesus auf der anderen Seite des Golfes von Tarent, berühmt wegen der Austern. Die Ufer des Galesus dienten Vergil als Kulisse für seine Bucolica. Seine Schatten seien süß wie der Honig des Hymetos, berauschend wie Falernerwein, sagte Horaz. Was bleibt davon? Wo wuchs die dichte Buche, deren Schutz Tityrus suchte, um seine

Schalmeien zu blasen? Der Galesus – wenn er es wirklich ist, denn es gibt Zweifel über die Identifizierung; vielleicht ist er einfach verschwunden, in Nichts aufgelöst von der völligen geologischen Veränderung – ist nur noch ein armseliger Bach. Wie lang mag er sein? Vierhundert Meter höchstens. Er entspringt zwischen dem Schilf eines Sumpfes und fließt träge durch den Sand. Hier wie anderswo ist die idyllische Landschaft der Antike auf unerklärliche Weise untergegangen.

Der Adler, das Auge

Werden wir das fruchtbare Apulien wiedersehen?

Die barocken Städte Lecce und Gallipoli, prunkvoll in goldfarbenen Sandstein geschnitten; Gallipoli, weniger auffällig, aber mir lieber, Lecce berühmter, das Florenz des Barock nach Gregorovius, das Salzburg des Südens nach Mandiargues, das Athen Apuliens schließlich, das gebildete Lecci, in dem sich die Buchhandlungen von ferne durch Schilder ankündigen, das elegante Lecce, in dem die Barbierläden nicht wie sonst ›Salone‹ oder ›Barbiere‹, sondern ›Sala di Toiletta‹ heißen, das wollüstige Lecce, in dem ich mich erinnere, die einzigen hübschen Mädchen des Südens gesehen zu haben, die einzigen gut gekleideten?

Die Schlösser Friedrichs, Castel del Monte, dieses vollendete Oktogon, das an seinen acht Ecken von acht oktogonalen Türmen flankiert wird, einsam und großartig wie ein Theorem auf der Spitze eines Hügels über den Weinbergen. Lucera mit seinen riesigen roten Stadtmauern, in dem der Freund des Islam sechzigtausend

Sarazenen ansiedelte, die Karl II. von Anjou, der Neffe des heiligen Ludwig, auf höchst christliche Weise in einem grausamen Massaker umbrachte?

Die romanischen Kathedralen von Bari, Trani, Bitonto, Troia, die schönsten, die es vielleicht auf der Welt gibt?

Die Fresken der basilianischen Mönche, die illustrierten ›exultet‹ der Kathedralen, die um so wertvoller sind, als der Süden sonst mit Malerei geizt?

Das wunderbare Molfetta, den zweitwichtigsten Fischereihafen Italiens nach Chioggia? Seine Kathedrale, die ganz dicht am Meer steht wie die von Trani, weniger groß, weniger ruhmreich, grau, nicht rosa, aber mit einem Kuppelgewölbe, das nach meiner Kenntnis nur in der schwerelosen, geheimnisvollen Kirche von Fontevrault ein Gegenstück hat? Von Feuchtigkeit zerfressen, stürzen die Häuser ins Meer. Welche Traurigkeit! Welche Schönheit! Werden wir mit dem Freund Enrico wieder auf die Schiffswerft gehen, zwischen die Schiffsrümpfe, die Zimmerleute, die Kalfaterer und die Gerüste, werden wir das Kind wiederfinden, das die Spanten vorbereitete und wie zu Zeiten Homers das zu biegende Brett über ein Feuer aus Sägespänen hielt? Werden wir ziellos zwischen den Fischern einherschlendern, deren Vereinigung ›Die Arbeiter des Meeres‹ heißt, als Huldigung für Victor Hugo, der Molfetta in seinem Roman erwähnt? Werden wir den fast blinden Handwerker im hintersten Winkel seiner fensterlosen Höhle besuchen, der aus Blechstücken und Stoffresten die gewappneten und behelmten Paladine Frankreichs herstellt? Molfetta, vermodert, doch kraftvoll, *miele facta*, ›aus Honig gemacht‹, nach der Etymologie der Optimisten, *male facta*, ›schlecht gemacht‹, nach den Pessimisten, den unheilbaren, erbarmungwürdigen und faszinierenden Pessimisten des Südens?

Die zierlichen ›trulli‹, diese uralten kleinen, komischen, weißen Häuser mit dem braunen Dach, die, hier und dort in den Weinbergen verstreut, so hübsch anzusehen sind und deren spätere Anhäufung in Alberobello ein Widersinn ist, da ihr Ursprung auf den Erlaß eines spanischen Tyrannen zurückgeht, der seinen Untertanen verbot, anders als in verstreut liegenden Häusern zu wohnen, was die Bauern dazu veranlaßte, ihre Häuschen zu vervollkommnen und zu verschönen, da sie sich nicht in Dörfern zusammenschließen konnten?

Die petrochemischen Fabriken von Brindisi[9], die ein Gebiet bedecken, viermal so groß wie die Oberfläche der Stadt, ehemals ein Artischockenfeld? Die große Ebene des Tavoliere, auf der das Wasser jetzt reichlich sprudelt und die ein neues Kalifornien zu werden verspricht? Werden wir wieder in die Hauptstadt Bari kommen, um uns über den ungeheuren wirtschaftlichen Fortschritt zu freuen, der die Provinz wachrüttelt und uns im rechten Augenblick daran erinnert, daß es nichts weniger Verlaustes gibt als Apulien[10], dessen Name von dem antiken Apulia herkommt?

Ach! Es gibt zu viel in Apulien zu sehen, und wir haben keine Lust, toskanisiert zu werden! Wir begnügen uns damit, in den gebirgigen, kahlen Teil zurückzukehren, in das Gebiet, das an Lukanien grenzt und noch ziemlich trostlos und öde ist, voller Risse und Höhlen, zurück in die kreidehaltige Murge, wo die Agrarreform erfolglos geblieben ist. Die Cassa del Mezzogiorno hat den Bauern wohl einige Hektar Land zugewiesen, aber unbebautes

Land, das dazu verdammt ist, es zu bleiben; sie hat ihnen wohl Maschinen, Werkzeug, Saat und manchmal sogar Häuser gegeben, aber Häuser ohne Wasser und ohne Licht. Je mehr man sich von der grünenden Küste entfernt, um so wüstenähnlicher wird das Land, und man bemerkt hier und dort auf den Flanken der Hügel die leeren Hürden verlassener Schäfereien.

Altamura: wieder eine Kathedrale. Ich gehe nicht hinein, sondern schreibe folgendes von einem Zettel ab, der draußen befestigt ist:

VIVA SAN GIUSEPPE DA COPERTINO
PROTETTORE DEGLI ESAMINANDI
PROTETTORE DEI PARACADUTISTI DELLA NATO
PROTETTORE DELL'AVIAZIONE ANGLOSASSONE
SANTO, SII IL BENVENUTO TRA DI NOI[11]

In Gravina di Puglia (Schlucht Apuliens), welche Überraschung! Am anderen Ende des Bahnübergangs, halb verdeckt von dem gegenüberliegenden Bahnhof, ein Monument, das zweifellos einzigartig in Europa ist, so gut versteckt, daß ich es nirgends, weder in den üblichen Führern noch von Amateuren habe erwähnen hören. Eine Kirche ohne Kampanile, deren hohe, massive Fassade auf der ganzen Länge des Frontispiz das Relief eines königlichen Adlers mit ausgebreiteten Schwingen trägt. Auf beiden Seiten der Rosette, die ihm als Brust dient, streckt er seine roten Flügel aus, die Feder für Feder in den Tuffstein gehauen sind, der Kopf ist nach der Seite hin abgeplattet, als wolle er für seine Beute unsichtbar bleiben. Ein geschliffener Malachit glänzt in der Höhlung des Auges.

Dieser Adler gehört zu dem Wappen des Bischofs, der, wie uns der Sakristan sagt, die Kirche 1602 bauen ließ. Auf der Spitze des Gebäudes sieht man, scharf gegen den Himmel geschnitten, die Tiara, ebenfalls mit grünen und roten Steinen eingelegt. 1602: das goldene Jahrhundert der spanischen Besetzung. Der Vogel, der eher mexikanisch wirkt als spanisch, breitete seine Fittiche nicht nur über die Kirche Santa-Maria-delle-Grazie (ein süßer Name, mit Absicht gewählt, um den Horst des Raubgierigen zu tarnen), sondern auch über die Schlucht und die Ebene und Apulien bis zum Meer und über den ganzen Süden, der unter diesem Schatten zitterte.

Ist es ein Zufall, daß man den Bahnhof genau vor den Adler gebaut hat, um so den unheilbringenden Einfluß zu hemmen? Der Vogel regierte nicht nur durch seine Flügelweite, er herrschte durch sein Auge. Und das Malachitauge des Adlers hält weiterhin Apulien und den Süden unter seinem magischen Blick. Das kalte Licht dieses grünen Auges – wie oft haben wir davor geschaudert in den schweigsamen, wilden Dörfern, in denen es keine andere Form des sozialen Austauschs und Lebens gibt als das stumme Zusammentreffen der Blicke! Wir haben es in der neidischen Pupille der einen, in der siegreichen Pupille der anderen leuchten sehen, inmitten jener tiefen Stille, die alle Mißverständnisse und allen Haß nährt.

Ein Auge, das lange verweilt, ist der für ewig in die steinerne Augenhöhle eingelassene Malachit des Adlers, der über den Bahnhof hinweg das gefurchte, verbrannte Land betrachtet, nicht das Auge schlechthin, ist er nicht in diesem ständig erniedrigten Land der böse Blick? Ist nicht dieser Vogel der Vogel schlechthin, der Vogel des bösen Schicksals, der Adler des Unglücks? Ach, da das Leben in den Murge und im ganzen benachbarten Lukanien eine Folge von Mißerfolgen und eitlen Hoffnungen ist, will ich gerne glauben, daß die Schuld den Zauberkünsten dieses Blicks zukommt. Und nachdem ich der eisigen Macht des Despoten von Gravina ausgeliefert gewesen bin, wird es mich nicht mehr wundern, daß Lukanien die Gegend Europas geblieben ist, in der die Hexerei und die Magie, die Angst vor der Faszination der Augen und der Zauber des bösen Blicks trotz aller Argumente des gesunden Menschenverstandes und der Technik überlebt haben.

Matera, die Hauptstadt Lukaniens, hat sich seit der berühmten Beschreibung Carlo Levis nicht verändert. Die Altstadt bröckelt immer noch in einen wilden Abgrund hinab, der auf der anderen Seite von einer kahlen, kalkhaltigen Hochebene begrenzt wird. Die Häuser stehen immer noch in zwei Halbkratern über dem Abgrund, man steigt wie in der Hölle Dantes auf immer enger werdenden Kreisen zum Grunde hinab. Häuser? Eher Höhlen, direkt in den Tuffstein gegraben; manchmal hat man vor Jahrhunderten eine Fassade hinzugefügt, und unter anderen bizarren Einzelheiten kann man zuweilen die Reste eines eleganten Gesimses erblicken. Das Dach der unteren Wohnung dient der darüber als Fußboden, so wenig Platz gibt es. Eine einzige Öffnung ersetzt Tür und Fenster. Von unten hat man den Eindruck eines riesigen Käses voller Löcher. Aber der schreckliche Anblick der Promiskuität, der Krankheit, der Fliegen, der gelben, fiebrigen Kinder ist verschwunden. Geändert in zwanzig Jahren hat sich, daß die Behörden endlich beschlossen haben, außerhalb von Matera soziale Wohnungen zu bauen, um die Höhlenbewohner dort unterzubringen. Und wenn Carlo Levi, als er im Halbdunkel skelettartige Frauen und Kinder liegen sah, glauben konnte, er sei in einer von der Pest heimgesuchten Stadt, so ähnelt Matera heute einer toten Stadt, die man kürzlich unter der Asche hervorgeholt hat. Von den zwanzigtausend Einwohnern sind etwa zwei Dutzend Familien übriggeblieben. Kinder laufen uns nach: »Amerikanerin, gibst du mir zehn Lire?«

Wir irrten lange durch dieses Labyrinth von Gäßchen und kleinen Höfen, die still und unheimlich geworden sind. Hier, dachte ich, war die einzige Stadt, in der es nicht nur moralische, sondern auch physische Höhlen gab. Ich hatte oft bemerkt, daß die Männer des Südens – zweifellos, weil sie sich von der Zeit und Geschichte ausgeschlossen fühlen – vergraben in sich selbst leben, so als wollten sie nicht geboren werden. In Matera hatten sie sich Zufluchtsorte gebaut, die ihrem unterirdischen Tropismus entsprachen. Tatsächlich warf die Unterbringung der zwanzigtausend Höhlenbewohner Probleme auf, die nicht nur materieller Natur waren. In moderne Wohnungen evakuiert, kamen sie nachts mit ihrer Habe zurück, um ihre Löcher wieder in Besitz zu nehmen. Man mußte die Öffnungen vermauern.

Was wird mit diesen leeren Häusern, die keine Ruinen sind, geschehen? Sie bezeugen, was vor nicht allzulanger Zeit das schreckliche Elend des Südens war und was weiterhin die Angst vor dem Licht, die Ernüchterung ist, sie zeigen den Wunsch, wieder unter die Erde zurückzukehren, die Furcht, sich als andere, als neue Menschen akzeptieren zu müssen, das Gefühl ewiger Kleinheit und ewiger Unterlegenheit, die Angst, an der Schwelle der versprochenen Freiheit zu straucheln, die Scham und das Grauen vor der Reife, alle diese inneren Hindernisse, die die Bauernbewegung hemmen und die zu den äußeren Hindernissen hinzukommen: zu dem Widerstand der Grundbesitzer und des konservativen Staates. Der Kampf um die Emanzipation des Bodens und um die Freiheit bringt vergebens Helden hervor: er bleibt ein ängstliches und ständig bedrohtes Abenteuer.

Lukanien, wer kennt es? Von Kalabrien weiß man ungefähr, daß es den Rist des Stiefels einnimmt, Apulien seine Ferse. Aber Lukanien? Wer könnte sagen, wo es liegt? Die kleinste der italienischen Regionen, die dunkelste, die blasseste, hat mehrmals ihren Namen geändert, so als bezweifle man ihre Identität. Sie hieß früher Lukanien. Nach dem Licht (lux) der Morgenröte, das die Volksstämme Mittelitaliens auf der Suche nach neuem Land dorthin zog, sagen die Optimisten; nach den Wölfen (griechisch lukos), die sie verwüsteten, sagen die Pessimisten; nach den Wäldern (lateinisch lucus), die sie ganz bedeckten und von denen nichts geblieben ist, versichern die Sehnsüchtigen. Da sie unter der byzantinischen Herrschaft von einem Basilikos regiert wurde, nannte sie sich Basilicata. Mussolini gab ihr den Namen Lukanien zurück, um sie wieder römisch zu machen.

Außer der Ebene von Metaponte und einem schmalen Küstenstreifen gibt es nur Berge dort. Kahle, verbrannte, zerfressene, durchfurchte Berge. Fünf parallele Flüsse fließen von ihnen herab und stürzen sich ins Ionische Meer, aber der Grund der Täler ist Wüste. Die Straßen schlängeln sich in ermüdenden Kurven auf den

Kämmen entlang. Auf beiden Höhen, über lehmige Abgründe und Kiesfelder hinweg, liegen sich die Dörfer gegenüber, endlos weit voneinander entfernt, abgeschnitten. Wir fuhren von Metaponte nach Monalbano hinauf, nach Pisticci, nach Craco, nach Stigliano; zur Linken ganz unten das Tal des Agri; ganz unten zur Rechten das Tal des Cavone; von Stigliano aus erreichten wir die Sohle des Cavonetals und schraubten uns auf der anderen Seite nach Ferrandina hinauf, von wo wir wieder hinunter in das Tal des Basento fuhren, das reich ist an Metanvorkommen. Abermals auf der Höhe in Miglionico, folgten wir dem Gebirgsrücken zwischen dem Basento und dem Bradano, besuchten die schönen Dörfer Grottola, Grassano und Tricarico, verzichteten auf Irsina, das uns auf der anderen Seite des Bradano wie eine uneinnehmbare Zitadelle erschien. Von dieser aufreibenden, aber wunderbaren Fahrt sind mir die wilden, tonhaltigen Heiden in Erinnerung geblieben, das weiße Chaos einer Mondlandschaft, das riesige Bett der Flüsse, die Schönheit der weißen und blauen Dörfer, die Einsamkeit und Verlassenheit, die auf dieser weiten, trostlosen Landschaft lasten.

Ist es verwunderlich, wenn jedes Zeichen in dieser Wüste, in dieser Stille einen symbolischen Wert erhält, wenn die unruhige Verliebte um Mitternacht das Fenster öffnet, um sich von den reglosen Feldern weissagen zu lassen, wenn das Gebell eines Hundes sie beruhigt wie ein Treueversprechen, wenn ein Windstoß sie in Verzweiflung stürzt wie ein Vorbote der Trennung, wenn das Rauschen von Wasser sich anhört wie Tränen und Blut? Aberglauben und magische Riten haben in diesen Dörfern ihre Macht bewahrt. Ich kenne keinen besseren

Reiseführer durch Lukanien als die Bücher des Ethnologen Ernesto De Martino. Die Dörfer unterscheiden sich nicht durch ihre Kirchen, ihre Architektur, ihre Lage, sondern durch ihre einfallsreichen, magischen Vorstellungen. Um in der Hochzeitsnacht, diesem kritischsten aller Augenblicke, die bösen Geister zu entmutigen, legt man in Grottole unter das Bett der Neuvermählten eine offene Schere und eine Hippe, die den Bösewicht bei der Kehle packen; in Colobraro ein Stück Glockenseil, das ihn zwingt zu zählen, wie oft das Seil die Glocke gezogen hat, um sie zum Läuten zu bringen; in Viggiano einen Besen, dessen Haare er zählen muß; in Valsinni außer der Hippe und der Schere eine Zeitung, die seinen Geist völlig verwirren wird, da sie ihn zwingt, die Buchstaben zu entziffern, was für einen Analphabeten ein fast unüberwindliches Hindernis ist. Währenddessen versuchen die Vermählten im Kampf mit dem inneren Feind, dem uralten Verbot, über die Nacht und die Angst zu siegen und bereit zu sein für die Besichtigung, die die Schwiegermutter der Braut für den nächsten Morgen angekündigt hat.

Ich übergehe die anderen magischen Bräuche, die eine Verwandtschaft der Lukanier mit den archaischsten Völkern deutlich machen. Zum Beispiel die Riten, die während der Schwangerschaft eingehalten werden. Die künftige Mutter vermeidet, in Wasser zu treten, in dem ein Fisch gewaschen worden ist, vor allem ein Stockfisch! Der Stockfisch ist das Zeichen für einen ausgetrockneten Körper, den schmalen Körper eines blutarmen Kindes. Es ist wichtig, daß das Neugeborene kräftig und männlichen Geschlechts wird. Die künftige Mutter fragt unvermutet eine ihrer Freundinnen:

»Warum hast du schmutzige Hände?« Die Freundin betrachtet ihre Handrücken: es wird ein Junge geboren. Wenn sie die Handflächen ansieht: ein Mädchen. Der Handrücken deckt, die Handfläche empfängt. Es wird auch ein Mädchen werden, wenn sich die Nudeln im kochenden Wasser legen. Wenn sie aufrecht bleiben, ein Junge. Um die Geburt zu beschleunigen, ist es gut, die Matratze etwas aufzutrennen, auf der die Gebärende liegt. Die gleiche Vorsorge trifft man bei einem Sterbenden. Das Leben beginnt und endet mit einem schwierigen Schritt: man muß dem Kind helfen, sich von der Mutter zu lösen, der Seele, aus dem Körper zu entfliehen.

Die furchtbare Angst um die Muttermilch, der Schrecken vor den bösen Geistern, die die Brüste austrocknen könnten, brachten mir den großen Adler Apuliens und sein magisches Auge ins Gedächtnis zurück. Die Mütter beobachten das Schwellen ihrer Brust und schützen sie vor dem in der Luft wogenden Neid und der Drohung, sie auszutrocknen. Die Muttermilch ist die einzige Lebensquelle für das Kind. Man kann sie auf viele Arten stehlen, von dem vorsätzlich angezettelten Hexenkomplott bis zum einfachen Blick, der versehentlich auf den Busen geworfen wird. Der neidische Blick kommt meist von einer anderen Mutter, aber erotische Lust kann auch dem Blick eines Mannes dieselbe verhängnisvolle Macht geben. Ein Bauer, der nach der Ernte nach Potenza zurückkehrte, kam in einem Dorf an einer jungen, stillenden Frau vorüber. Obwohl er sich bemühte, nicht darauf zu achten, hatte der Anblick des weißen Busens die Begierde in ihm entzündet. Als er in Potenza angelangt war, fühlte er ein Kribbeln in seiner Brust und bemerkte darin einen Überfluß an Milch. Er verstand, machte sich wieder auf den Weg, kehrte in das Dorf zurück und fand die junge Frau, deren Brust versiegt war, in Tränen aufgelöst. Ohne weitere Erklärung schickten sie sich an, den Ritus der Milchrückgabe zu vollziehen. Der Bauer sagte folgende Verse:

> Ho il tuo latte
> Dammi una fetta di pane
> Ora ci do un morso
> E tu me lo strappi dicendo
> »Dammi il pane mio«.[12]

Währenddessen machten sie die vorgeschriebenen Gesten: die Frau reichte dem Bauern schweigend ein Stück Brot, der Mann grub seine Zähne hinein, und die Frau riß es ihm aus dem Mund, indem sie wiederholte: »Gib mir mein Brot!« Nach Beendigung der Zeremonie trennten sie sich, ohne ein Wort hinzuzufügen. Befreit von der unerwünschten Schwellung, ging der Bauer für immer aus dem Dorf, während der Busen der Amme sich wieder füllte.

Um das entgegengesetzte Übel wiedergutzumachen, die Verstopfung der Milchdrüsen nämlich, hat die Volksmagie die Gestalt eines bärtigen Zwerges erfunden, der so komisch ist, daß man unweigerlich bei seinem Vorübergehen lachen muß. Gekränkt rächt sich der Gnom, indem er ein Haar seines langen Bartes in die Brust der Frauen steckt. Diese sagen darauf ein kleines Gedicht auf, um dem Zwerg zu erklären, daß sie sich nicht über ihn lustig machen wollten. Versöhnt hebt das Männchen den Zauber auf: er nimmt sein Barthaar zurück und befreit die Milch.

Tricarico. Ein weiß und blau gekalktes Dorf, wie die anderen, und doch ein wenig anders. Auf der Fassade eines kleinen Hauses hängt eine Gedenktafel an Rocco Scotellaro, ›den Dichter der bäuerlichen Freiheit‹. Scotellaro ist das Gegengift der Magie. Als Bauer leitete er nach Beendigung des Krieges die Verteilung der Felder. Als Bürgermeister seines Dorfes gründete er ein Krankenhaus. Auf die verleumderische Anklage der Erpressung hin verhaftet, entdeckte er im Gefängnis die Neigung und das Bedürfnis zu schreiben. Als Schriftsteller verfaßte er die erste Autobiographie eines Bauern. Als Soziologe bediente er sich zum erstenmal der Methode der Umfrage, die Danilo Dolci weiter ausgebaut hat; er brachte die Bauern des Südens dazu, durch Wort und Mitteilung ein Bewußtsein ihrer selbst zu erlangen, er stellte Fragen und verhielt sich so, daß jeder durch den Bericht der eigenen Geschichte seine eigene Persönlichkeit entdeckte. Als Dichter kopierte er nicht mit alten Worten die alte Welt: Er schaffte die Dinge, die noch nie genannt worden waren, die Olivenhaine, den Tuffstein, die Höhlen, indem er ihnen zum erstenmal einen Namen gab. Erschöpft von so vielen Berufen starb er 1953 mit dreißig Jahren. Er war der erste Mann des Südens, der seine Befreiung vom Süden einzig sich selbst verdankte. Aber hat er Nachfolger? Alles, einschließlich seinem literarischen Ruhm, hat das wankelmütige Italien sofort vergessen.

Weiter im Norden: Lagopesole, Melfi. Zwei Schlösser Friedrichs, gedrungen, quadratisch, geometrisch, jeweils auf der Spitze eines Hügels gelegen, von der aus der große König (auch er ein Dichter) auf der Jagd nach seinen Falken in die Ebene hinabritt. Friedrich ist stets gegenwärtig in Apulien, Lukanien und Sizilien, aber als Klage über all das, was hätte geschehen können, wenn er nicht vorzeitig gestorben wäre, wenn der Papst nicht gegen seinen Sohn Manfredi den Bruder des heiligen Ludwig, Karl von Anjou, aufgehetzt, wenn die christlichen französischen Fürsten, Karl von Anjou und sein Sohn Karl II., nicht die Rasse der Hohenstaufen, Manfredi und die Söhne Manfredis, ausgerottet hätten, wenn der erste weltliche Staat der Moderne, der Wissenschaften und Künste schützte, nicht unbarmherzig zerstört worden wäre, was die bekannten Folgen gehabt hat: die Spaltung zwischen Christentum und Islam, die mit jahrhundertelangen Sarazeneneinfällen bezahlt wurde, die Einsetzung des Feudalsystems, das Wüten des katholischen Obskurantismus, die Erniedrigung der Frauen.

Letzte Etappe in Lukanien: Venosa. Wir wollten die Heimat von Horaz sehen. Welch seltsame Idee. Wir mögen Horaz nicht. Er ist der Prototyp des bürgerlichen, selbstzufriedenen Schriftstellers: ein Literat. Der lokale Maler De Chirico (Pasquale) hat ihn an seinem Arbeitstisch dargestellt, die Feder in der Hand, mit heiterer Miene, so als sage er: tut wie ich, verlangt nicht zuviel, und ihr werdet genug haben. Die goldene Mitte, *Carpe diem*. Die Rosen des Lebens. Der ganze gezierte, sanfte Humanismus des Gymnasiums.

Dennoch trieben uns Gewissensbisse, das sogenannte Haus des Horaz zu besichtigen, einen halbkreisförmigen Raum mit Balken, leer, uninteressant, noch nicht einmal authentisch. Anschließend bestellten wir eine Mahlzeit in dem einzigen Gasthaus des Ortes. Wir stiegen eine große, weiße Treppe hinauf bis zu einem Absatz, von dem aus wir durch halboffene Türen ungemachte Betten sahen. Im Speiseraum saß mit dem Rücken zu uns ein ungeheures Mannweib, eine wahre Riesin, die einen Teller Spaghetti aß oder vielmehr in sich einsaugte. Ihr Hinterteil hatte nur zu einem kleinen Teil auf dem Stuhl Platz. Rundherum hing das Fleisch herunter. Das kurz geschnittene Haar ließ den roten Nacken frei. Sie erhob sich stöhnend, brachte den Fußboden zum Ächzen und stellte sich ans Fenster. Wie jung ihr Gesicht war! Sie schaute einige Augenblicke lang auf die Straße und ließ sich dann auf ihren Stuhl zurückfallen. Wieder begannen die Spaghetti mit dem Geräusch von Wasser, das von einem Erdloch aufgeschluckt wird, in ihren Schlund hinabzurutschen. Sie fuhr fort zu stöhnen, vielleicht dachte sie an die Sitzung, die der Mahlzeit vorangegangen war, und an die, die ihr folgen würde, in dem Zimmer mit den schmutzigen Laken, mit dem Mann, dem sie auf der Straße zugeblinzelt hatte. Vielleicht wurden vor ihrem Geiste alle anderen Zimmer ihres Wanderlebens wieder deutlich, alle anderen Männer, denen sie sich von Dorf zu Dorf hingegeben hatte. Wenn sie durch ihren Beruf so frühzeitig gealtert ist, dachte ich mir, so darf sie die Schuld nicht ihm allein zuschieben. Wie viele völlig aufgelöste Körper beiderlei Geschlechts hatten wir seit sechs Wochen schon gesehen! Tausende und aber Tausende. Horaz und sein *carpe diem* schienen mir plötzlich weniger töricht. Man muß sich beeilen hier: das ist nicht die Ermahnung eines vorsichtigen Egoismus, sondern Notwendigkeit. In keinem Land ist die erste Jugend so schön, in keinem Land vergeht sie so rasch. Das Leben geht zu schnell dahin, Horaz wußte es. Er hat als Mann des Südens einen Rat gegeben, er hat ihn den Kindern des Südens gegeben, und er tat gut daran.

In diesem Buch kommt Religion wenig vor, aber so ist es nun einmal: ich habe nicht festgestellt, daß die Religion eine wichtige Rolle spielte. Die Democrazia Cristiana zählt. Es zählen die Magie, der Aberglauben, die Riten, aber nicht die Religion. Die Jungfrau Maria und die Heiligen werden reichlich angerufen: Gott aber bleibt abseits, unbekannt.

Und die Priester? Verehrt, verhöhnt? Als Scotellaro im Gefängnis war, bekam er einiges über die Priester zu hören. Es war einmal ein Küster, der niemals eine Sünde bekannte. Nichts, er hatte nie etwas verbrochen. »Wieso nichts?« fragte ihn der Priester. »Wer hat den Käse aus der Speisekammer gestohlen? Und die Wurst?« Der Küster antwortete nicht. Er sagte: »Don Rocco, man hört nichts, man hört nichts.« – »Was heißt, man hört nichts?« rief Don Rocco aus. Der Küster antwortete: »Willst du's wissen, komm her, wir tauschen die Plätze, ich setze mich auf deinen im Beichtstuhl.« Sie tauschten die Plätze. »Don Rocco, ist es wahr, daß du es mit meiner Frau hast? Sag die Wahrheit.« Der Priester antwortete: »Was? Was?« – »Hab' ich dir nicht gesagt, daß man nichts hört«, erwiderte der Küster.

In Neapel kam ich aus dem Nationalmuseum, wo ich in den schwarzen Bronzen von Herculanum, in den Malereien von Pompeji jene der griechischen Kunst fremde Leichtigkeit wiedergefunden hatte, jene flüchtigen Linien, die schon von neapolitanischem Geist durchdrungen sind. Ein junger Mann näherte sich einem Betpult auf der anderen Seite der Straße, das unter einem großen rotgekleideten Christus auf die Gläubigen wartete. In der Linken hielt er einen gefalteten Tausendlireschein. Er kniete nieder, näherte die Hand mit dem

Schein dem Schlitz, der in dem Betpult angebracht war, und ließ ihn hineingleiten. Gleichzeitig packte die rechte Hand blitzschnell die linke, nahm die tausend Lire und steckte sie in die Tasche. Nachdem der junge Mann sein Gebet beendet hatte, ging er fort. Gewiß war seine Linke ebenso aufrichtig im Geben gewesen, wie seine Rechte aufrichtig in der Habgier war.

Nach der tauben Buße die einhändige Frömmigkeit.

Sardinien

Engel

Der Dampfer entfernte sich von Genua, das wir ohne Bedauern verließen. Da ich erfahren wollte, warum diese Stadt – die englischste in Italien, klug in Geschäften, gierig nach Gewinn, arbeitsam, sparsam, prüde, konservativ, über sich selbst aufgetürmt, erstickend, von Industrierauch verpestet – warum dieser Hafen, dessen Zugangsstraßen zum Meer von Polizisten bewacht werden und für jeden nicht Handelnden verboten sind, den französischen Reisenden so sehr gefällt und immer gefiel, hatte ich in den Erinnerungen Julien Greens den Bericht über seine Begegnung mit Genua nachgelesen. Als sechzehnjähriger, puritanisch erzogener Junge entdeckte er in den kühlen, dunklen Straßen Genuas bunt durcheinandergemengt Italien, Sinnlichkeit, Frauen, Lachen, Olivenöl, Knoblauch und Wollust. »Ein diffuses Rauschen füllte mir den Kopf wie eine Muschel. Das Leben, die Erde, das Glück . . . Wie fern schien mir Paris mit seinen Frauen in Schwarz und seinen Krankenhäusern! Und auch die Rue Cortambert in ihrer ruhigen Banalität und Philippe und selbst Frédéric und das traurige Gymnasium.« Zweifellos wird der eben aus Paris gekommene Tourist genauso geblendet. »Diese großen Hügel wie die Schultern eines Riesen unter dem blauen Himmel zu sehen, verursachte mir eine ganz außerordentliche Emotion, ein wahres, inwendiges Delirium. Es ist wahr, daß ich in meinem Leben fast nichts anderes gesehen hatte als Paris und die Seine-et-Oise.«

Genua ist für den jungen Mann, der über Turin oder Mailand gekommen ist, der erste Hafen am Mittelmeer. Da ihm alles dort Spaß macht, schreibt er dieser Stadt seine eigene Fröhlichkeit zu und irgendeine geheimnisvolle Macht, ihn aus dem Jünglingsalter zu retten, das ihm unter der strahlenden Sonne, inmitten des Summens der Stimmen und des Wohlgeruchs des Meeres wie ein melancholischer Tunnel vorkommt. Sein ganzes Leben lang wird er unweigerlich mit Genua eine Reihe von Sensationen verbinden, die an sich banal sind, für ihn aber neu und wunderbar waren: die engen Straßen, die steilen Treppen, das Gewirr von Gäßchen und Gängen, die unvorhergesehenen Ausblicke auf das Meer, das Nebeneinander von prächtigen Palästen und finstren Sackgassen, das Treiben der Schmuggler, den duftenden Halbschatten der Bratstuben, die Farbe der Wäsche an den Fenstern, die angenehme Lebhaftigkeit der Menge. Das Genua der Franzosen ist immer eine sorglose, muntere, duftende, warmherzige Stadt gewesen, die ihnen hilft, ihre Hemmungen und Lebensängste, ihre Furcht vor den Frauen und ihre Einsamkeit zu besiegen. Ein mythisches Genua, geschaffen aus dem Bedürfnis nach Flucht und Befreiung.

Die Italiener mögen Genua nicht, aber das Genua der Italiener, das Genua, das die Italiener nicht mögen, ist nicht das der Franzosen. Die ligurische Hauptstadt ist für sie nur eine Stadt für Reeder, Kaufleute, Industrielle und Geschäftsleute[13], denen sie ungefähr die gleichen Fehler vorwerfen, die die Franzosen – ebenso wie Valéry – abschütteln wollen auf den

Odoriférantes
Sentes où l'on sent
Tant d'herbes et cent
Drogues différentes:[14]

nämlich Geiz, Konformismus, Dürre, mangelnde künstlerische Sensibilität, Unterordnung des Vergnügens unter die Arbeit, der Liebe unter die Gewinnsucht.

Auf dem allzu schmalen Küstenstreifen, auf dem sich Häuser, Lagerschuppen und Fabriken gegen die Berge pressen, mußte man jede Handbreit Erde ausnutzen und alle anderen Lebensziele der Mystik der Ertragsfähigkeit unterordnen. Die Genueser sind die einzigen Italiener, die weniger verbrauchen als sie verdienen: sie hüten sich jedoch, ihre Reichtümer zur Schau zu stellen; man sagt sogar, daß ihre übertriebene Vorsicht ihren Untergang verursachen wird. Um Stadt und Hafen vor dem Erstickungstod zu retten, sind große Bauunternehmen notwendig, kühne Zukunftspläne, die ihnen in ihrem engstirnigen Pragmatismus widerstreben.

Die Kultur hat, wenn nicht zu praktischen Zwecken, nie eine große Rolle in der Genueser Gesellschaft gespielt. Die Berichte über die Kreuzzüge waren kaufmännische Abhandlungen, die mittelalterlichen Chroniken eine Anhäufung genauer Fakten. Dieses Seefahrervolk hat die Meere durchschifft, ohne der Besinnlichkeit einen Augenblick zu gönnen. Kein Romancier, weder gelehrten noch volkstümlichen Ursprungs, in der ganzen Geschichte Genuas! Die gewundenen Eingeweide dieser Stadt, in denen die Franzosen märchenhaftes Leben vermuten, bergen keine andere Aktivität als den Handel. Die Maler, deren Bilder die Herren der vergangenen Jahrhunderte kauften, drücken den soliden Optimismus des handelnden Bürgertums aus: Rubens, Van Dyck, Holbein.

Das eigenwilligste genuesische Kunstwerk ist der Friedhof von Staglieno, der 1880 auf einer Anhöhe am Rande der Stadt erbaut wurde. Gekleidet in die Gewänder ihrer Zeit – Frack, steifer Kragen und Weste für die Männer, Kleid mit Schleppe, gesticktes Mieder und Umhang für die Frauen, im Sonntagsstaat die Kinder – stehen Hunderte von Personen in Lebensgröße neben den Grabmälern, die ausnahmslos die Inschrift tragen: X, lauterer Kaufmann und ehrlicher Christ. Es fehlt diesen prunkvollen und grauenhaft realistischen Statuen nicht ein Fingernagel, nicht eine Ader – kein Knopf, keine Nadel. Von ihrer utilitaristischen Besessenheit konnte der Tod die Genueser ebensowenig befreien wie das Meer.

Am Eingangsgitter eine Tafel: ›Es ist verboten, innerhalb des Friedhofs zu handeln‹.

Wir erlebten einige Überraschungen in diesem Greuelmuseum. Hier die Rundung eines zur Schau gestellten nackten Busens, dort ein Lippenkuß spärlich bekleideter Vermählter, weiter hinten eine völlig nackte Frau vor einem Schädel kauernd. Will man an diesem Ort der Frömmigkeit und Sammlung Empfindungen wecken, die das überaus kirchliche und verschämte Bürgertum Genuas sonst mißbilligt? Sollen die Toten eine Wollust erregen, die den Lebenden verboten ist? Die dick aufgetragene, schmierige Sinnlichkeit des nackten Frauenkörpers erschien uns ohne jeden Reiz. Aber mehr noch als die Ausführung war die Absicht vulgär. Erwartete der Mann, der diese Statue bestellte, denn nichts anderes vom Tod, als, mehr oder weniger schamhaft, die Gelegenheit, versteckte Erinnerungen wieder wachzurufen? Und lohnte es sich, ein ganzes Leben lang tugendsam und puritanisch zu leben, um sich dann zu spät einer so törichten Sehnsucht nach Vergnügen zu überlassen?

Was das Vergnügen in Genua betrifft: der Wahlspruch – in Kettenstich auf das Ehebett einer alten, mächtigen Familie gestickt – zeigt, welche Wichtigkeit ihm beigemessen wird: ›Non lo fo pel piacer mio – ma per dar dei figli a Dio.‹ Ich tue es nicht zu meinem Vergnügen, sondern um Gott Kinder zu geben. Bedarf es anderer Beweise, um den Eindruck der Sinnenfreude und des erotischen Glücks zu entkräften, den diese Stadt bei den Franzosen hervorruft?

Aber wahrscheinlich genügt es, eine Frau dort zu treffen, um allen anderen Frauen und den Straßen, in denen sie geht, und der Luft, die sie atmet, die Zauberkräfte zuzuschreiben, die man in ihren Augen gesehen hat. So ist es Valéry Larbaud gegangen, und so erklären sich seine herrlichen Seiten über Genua. Larbaud ist hier mit vierzig Jahren Maria Angela Nebbia begegnet, der Frau seines Lebens. Wie sollte man einer Stadt widerstehen, die in einer geliebten Frau Gestalt annimmt? Stendhal liebte Mailand wegen Angela Pietragrua. Die Angela Larbauds war nicht nur ein Engel, sie war Angela Nebbia, der Engel des Nebels. Und ist es nicht ein unerhörtes Glück für die Bewohnerin einer in das Empyreum von Petroleum und Masut gehüllten Stadt ›Nebel‹ zu heißen? Ihr Liebhaber sah in dem schwarzen, bittren Rauch Genuas »Musselin« und schrieb den finstren Bergkulissen den unerwarteten Zauber »nebelhafter Grenzen« zu. Angesichts dieser Stadt, die bekanntlich auf einem zu kleinen Küstenstreifen zusammengedrängt ist, wäre der Ausruf: »Welcher Sinn für Raum und Perspektive!« komisch, wenn wir nicht wüßten, daß durch die Augen der Frau und des Engels alles unendlich wird.

Wir sahen auf den Hafen und die Stadt zurück, die sich unter ihrem verpesteten Himmel entfernten, und dachten an das seltsame mythische Leben Genuas in der französischen Literatur und an die von den Literaten vernachlässigte Insel, zu der wir fuhren; eine Schiffsnacht weit entfernt, aber so anders als alles, was es in Italien gibt, wenn man nach dem Schweigen jener vierschrötigen, dunklen Männer schloß, die unbeweglich auf der Schiffsbrücke saßen: Sarden mit verschlossenen Gesichtern.

Niemand schien auf uns zu achten. Sie sahen, daß wir anders waren als sie und hierher aus einer Welt kamen, in der das Leben leichter sein mußte, aber dieser Gedanke erhielt sich rein in ihrem Geist, er gesellte sich nicht zu dem, uns zu gefallen, zu schmeicheln und irgendeinen Vorteil aus uns zu ziehen, wie es gewiß geschehen wäre, wenn wir nicht von einer sardischen, sondern von einer neapolitanischen oder sizilianischen Menge umgeben gewesen wären.

Ein junger Mann mit kohlschwarzen Augen murmelte, als wir vorbeigingen: *Pili brunda.* Der Klang dieser geheimnisvollen Worte war keineswegs italienisch. Gehörten sie zu seinem Dialekt? Meine Gefährtin nahm diese rauhen Laute der Huldigung wie einen Schatz mit sich fort und wollte, daß ich sie ihr immer wieder ins Ohr sagte: *Pili brunda, Pili brunda.* Bezeichneten sie vielleicht die Angela der Sarden, den gepanzerten, tönenden Engel der Felsen und Berge?

Von wo man auch nach Sardinien kommt, von Genua
oder Civitavecchia aus, über Porto Torres oder über
Olbia, immer landet man im Morgengrauen: der Tag
beginnt zusammen mit einem Land, das nie ein anderes
Zeitalter als das des Anfangs gekannt hat. Sardinien ist
ein absoluter Anfang, ist Kindheit: aber nicht Kindheit
in einem von der Geschichte abgenutzten Land wie an
anderen Orten Italiens. Sardinien hat außerhalb der Zeit
gelebt, es hat nicht geblüht und ist dann verwelkt wie
Apulien oder Sizilien, es hat seine kindlichen Dimensio-
nen und Verhaltensweisen beibehalten, mit seinen Eseln
und Schafen, die kleiner sind als die Europas, und mit
seiner flachen Küste im schwarzen Wasser des Morgens.
Ein ewiger Zauber liegt über diesen verlassenen Ufern.
Keine Häuser, so weit der Blick reicht: man muß anle-
gen, um zu entdecken, was Porto Torres ist: ein Durcheinander von quadratischen, offen stehenden, scheinbar
unvollendeten Gebäuden, deren Farbe zwischen Grau
und Rosa liegt. Andere würden sie häßlich finden. Mich
aber bewegen sie, und sie sprechen zu mir in einer
Sprache, die ich bald verstehen lernen möchte. Da Sardinien allen Kulturen und Zivilisationen entgangen ist,
hat es auch nicht die toten, die leeren Zeiten erlebt, ihre
Ansprüche und ihre Schrecken: wie viele abscheuliche
Villen mit farbigen bow-windows, wie viele Türmchen,
Zinnen, Girlanden kommen in Genua auf *einen* herrlichen Palast! Hier ist die Sache ganz einfach, es hat keine
Architektur gegeben: von einem Ende zum anderen der
Insel bieten die Häuser den gleichen Anblick. Die be-
scheideneren haben die Form eines Parallelepipeds mit

einer Tür und zwei Fenstern auf einer der Längsseiten und einem geneigten Dach, dessen Balkenwerk aus großen, knotigen, grün gestrichenen Stämmen oft auch noch im Inneren des einzigen Raumes zu sehen ist. Das Land ist übersät mit diesen niedrigen, einstöckigen Häusern, die kein Vordach haben, um sie vor der Sonne zu schützen, und nackt dem Wüten der Strahlen ausgesetzt sind. Es wäre so leicht, eine Loggia anzubauen, eine Pergola oder auch nur ein paar Weidenruten über zwei Pfähle zu breiten. Aber nein: der störrische Sarde will nichts von dem wissen, was das Leben angenehmer machen könnte.

Wenn die Häuser zwei oder mehr Stockwerke haben, sind die Dächer flach; es sieht so aus, als fehle es ganz und als öffneten sie sich unvollendet nach oben, ebenso wie sie nach der Straße hin mit ihren rechtwinkligen Fenstern und Türen offenstehen. Nichts hat mich in Sardinien mehr verwundert als das Fehlen des Bogens und der Vorhalle: nicht eine einzige Rundung, nicht ein einziger Portikus auf der Vorderseite der Häuser. Auch habe ich in den Dörfern und Städten keine runden Plätze gesehen.

Diesen primitiven Stand des sardischen Formgefühls muß man mit dem allgemeinen Fehlen von Architektur und Städtebau auf der Insel in Zusammenhang bringen; und dieses Fehlen wird nicht allzu sehr verwundern, wenn man daran denkt, daß es dort weder eine Aristokratie noch in neueren Zeiten ein Bürgertum gab, das mächtig und reich genug gewesen wäre, aus Italien Architekten und Städtebauer herbeizuholen. Aber wie erklärt sich, daß die Sarden nicht spontan, von sich aus den Bogen, das Gewölbe, die Kurve erfunden haben? Wie erklärt sich, daß sie im Gegensatz zu den Italienern, deren Formvorstellung von der Rundung bestimmt ist, jahrhundertelang unempfindlich für die Suggestion der Hüfte und des Busens geblieben sind? Wie erklärt sich, daß nicht nur die reizvollsten Linien des menschlichen Körpers, sondern auch das Bild ihrer Küsten mit ihren zahllosen runden Buchten nicht den Wunsch in ihnen erweckt hat, die mannigfaltigen weiblichen Anregungen der Natur in Stein nachzubilden? Ein männliches, ein mannhaftes Volk.

Die einzigen Italiener, die den Ruf militärischen Mutes haben, sind die Sarden. Das dekorierteste Regiment Italiens ist das Dritte Artillerie-Regiment von Cagliari. Die Brigade Sassari zeichnete sich in den letzten Kriegen aus. Wenn überhaupt jemand Bewunderung hervorruft – und das geschieht selten, der Italiener bewundert nicht allzu gern: die Bewunderung entzieht das bewunderte Objekt dem bewundernden Blick; Gefühle wie Sympathie, Frömmigkeit, Mitleid, die auf eine warme, feuchte, einschmeichelnde Art am Mißgeschick eines Schwächeren teilzunehmen erlauben, sind beliebter –, wenn also jemand in Italien zur Bewunderung zwingt (im wörtlichen Sinne), dann fragt man sofort: ist er nicht ein Sarde?

In einem Roman des Piemontesen Beppe Fenoglio, eines Schülers Cesare Paveses, genießt ein gewisser Oberst Vargiu »ein sehr hohes Ansehn bei seinen Schülern, da sein sardischer Ursprung ihm sowohl bei denen aus dem Norden wie bei denen aus dem Süden eine grenzenlose und vorurteilsfreie Bewunderung einbringt«.

Von Renzo Giua, einem Freiwilligen der Internationalen Brigade, der in einem Gefecht an der katalanischen Front fiel, berichtet sein Freund Aldo Garosci: »Er vereinte in sich Menschlichkeit, Jugend, gute Laune und eine eigenartige, hartnäckige Kraft, die vielleicht von seinem sardischen Ursprung kam.«

Gramsci, der sein ganzes Werk als kranker Mann im Gefängnis schrieb, war Sarde. Sarde auch Giaime Pintor, dieser durchdringende, wunderbar frühreife Geist. Als Partisanenführer kam er mit vierundzwanzig Jahren durch eine deutsche Mine um.

D. H. Lawrence stellt in seinem bekannten Buch ständig die »sanften Italiener« der »uralten Gewalttätigkeit« der sardischen Bauern gegenüber. Er glaubt, daß »die Rasse der Männer« und »die herrliche Unverfälschtheit«, die andernorts von frauenbesessenen Don Giovannis und gleichheitswütigen Mestizen erstickt werden, in Sardinien und Spanien die letzten Funken schlägt. Man mag lächeln über diese Verherrlichung des Wilden: die traurige, unterdrückte Kindheit von Lawrence prädisponierte ihn für den Kult des männlichen Heroismus. ›Sea and Sardinia‹ bleibt trotzdem eines der interessantesten Bücher, das von einem Ausländer über eine italienische Provinz geschrieben wurde. Die »uralte Gewalttätigkeit« hat sich zwar oft nur in passiven Widerstand, in reines Beharrungsvermögen und in eine fast schafshafte Resignation umgesetzt, aber es ist etwas Wahres in den zitierten Betrachtungen über die Härte der Sarden, die Weigerung, sich zu beugen, und den Widerwillen, eine Frau zu vergöttern.

Ich bleibe für heute bei der stolzen Mißachtung geschwungener Linien. Sie verdeutlicht nicht nur die fehlende künstlerische Tradition, sondern auch die dem

Sarden angeborene Haltung gegenüber den großen Problemen des Lebens. Beginnen wir auf der niedrigsten und wichtigsten Ebene: der der Nahrung. Die Nahrung besteht in Italien vor allem aus nicht geschnittenen Spaghetti und bezeugt den Traum eines jeden Italieners nach Zärtlichkeit, einer Zärtlichkeit, die Hindernisse zusammenrollt und schmeidigt und die zu weicher Intimität einlädt. Meter um Meter Spaghetti – Bild der eingeringelten Schlange, deren Verdauung ein tiefer Schlaf ist, ein Vergessen der Widerwärtigkeiten, eine liebevolle Zähmung des Todes. Wollte man erwidern, daß wirtschaftliche Gründe die Italiener dazu treiben, sich auf diese Weise zu ernähren, so würde damit nichts erklärt, denn die Sarden, die noch ärmer und noch mehr auf Teigwaren als Grundelement ihrer Ernährung angewiesen sind, haben nicht die lange, sich schlängelnde Form der Spaghetti gewählt, sondern die gedrungene der Gnocchetti – kompakte, getrennte Bissen, die nicht zu klebrigen Träumereien verleiten. Gnocchetti sind das sardische Nationalgericht.

Drei andere Aspekte des sardischen Lebens hängen mit der Unkenntnis der Kurve zusammen: das seltsame Verhalten des Sarden angesichts des Meeres (oder besser: mit dem Rücken zum Meer), sein Verhältnis zur Liebe und sein Verhältnis zur Religion. Wir werden noch im Verlauf unserer Reise darauf zurückkommen. Kurz zusammengefaßt: der Sarde beugt sich nicht, er neigt nicht gerne den Kopf und verläßt sich nicht auf Serenaden und Kratzfüße, um zu seinem Ziel zu gelangen.

Porto Torres: früher wegen der Malaria einer der unge-
sundesten Orte der Insel. Die Malaria, die die Insel in
Lethargie gehalten hatte, verschwand nach einer von
den Rockefellers finanzierten gründlichen Bekämpfung
erst nach diesem Kriege: jeder Teich, jeder Sumpf, jede
Wasseroberfläche wurde ausfindig gemacht, desinfiziert
und unter ständiger Kontrolle gehalten. Neben der Tür
eines jeden sardischen Hauses kann man einen Anschlag
mit drei oder vier Eintragungen lesen: D. D. T. 3. 6. 52,
D.D.T. 12. 1. 55, D.D.T. 15. 7. 61, etc. Diese Zahlen
halten die Daten der letzten sanitären Untersuchung
fest. Wie man mir gesagt hat, besteht einer der Berufe auf
der Insel darin, die Teiche zu schützen. Jedes unbewegliche, jedes stehende Wasser war seit undenkbaren Zeiten für den Sarden ein verräterisches Wasser. Wenn man
an die grundlegende Erfahrung des Narziß denkt, an das
allen Mittelmeervölkern bekannte Spiel, sich in dem
Spiegel einer glatten Wasseroberfläche zu betrachten
und mit einem Stein Kreise in diesem Spiegel hervorzurufen, so daß sich das eben gesehene Bild für einen
Augenblick verzerrt und sich zu verlieren scheint, sich
dann aber wieder bildet und schöner und geliebter und
kostbarer wird – wenn man an alle diese Gefühle denkt,
an diese Ängste und Verzückungen, dann wird man
verstehen, warum der Sarde, dem durch eine ganz andere, bittere Erfahrung solche Spiele seit jeher verboten
waren, sich eine eigene Persönlichkeit gebildet hat, in
der Koketterie und Eitelkeit keinen Raum haben. In die
Mythologie dieses Hirtenvolkes hat keines jener ›pasto-

ralen‹ Elemente Eingang gefunden, die in der bukolischen Tradition von Vergil bis Poussin erscheinen: wie hätten sich diese Schäfer ohne Arkadien in Celadon verwandeln können, wenn die Teiche statt der köstlichen Düfte der Gräser nur pestbringenden Modergeruch ausströmten?

Obwohl Sardinien eine reiche prähistorische Zivilisation gehabt hat, weiß man fast nichts von der Mythologie der alten Sarden. Oft in einer jener ›klassischen‹ Landschaften, deren es in Sardinien so viele gibt – beim Anblick einer Reihe von Vorgebirgen, die, in der Ferne immer aschgrauer, mit zarter Hand aufs Meer gesetzt zu sein scheinen, oder aber zu Füßen einer stufenweise zum Himmel ansteigenden Kette von Hochebenen – kamen mir Szenen aus der griechischen und lateinischen Mythologie in den Sinn. Aber nur für einen Augenblick, gerade so lange, um mich daran zu erinnern, daß die Götter und Göttinnen nur bei einer Quelle oder einem Bach vom Olymp auf die Erde stiegen, von Nymphen im kühlen Schatten empfangen. Im Hintergrund der großen Bilder klassischer Mythologie glitzert immer Wasser, glückbringendes, murmelndes Wasser. Die Begegnung zwischen Nausikaa und Odysseus fand in der Nähe eines Flusses statt; und nicht weit von einer Quelle floh Daphne vor dem werbenden Apoll. Aber in Sardinien? Solche rührend anmutigen Geschichten in Ländern, in denen ein klares Wasser die Leidenschaften mäßigt, wären hier nicht nur unpassend, sondern unmöglich. Wenn es ein sardisches Pantheon gäbe, wären seine Gottheiten wilder, herber, aus Erde oder Metall.

Und doch gibt es an manchen Stellen der Insel auf verlassenen Hochebenen in phantastischer Einsamkeit merkwürdige Konstruktionen, die mit dem Kult des Wassers in Verbindung stehen. Die Archäologen nennen sie ›Tempel in Brunnenform‹. Das Heiligtum besteht aus einem richtigen Brunnen, in den Basalt gehauen und mit großen, ungleichen Steinen ausgemauert, und einer Treppe, deren Eingang wie eine Falltür wenige Meter von der Öffnung des Brunnens entfernt offensteht und in feierlichen Stufen bis zu seinem Grund führt. Wie auch immer der Kult in diesem finsteren Keller gefeiert wurde, ich kann mir nicht denken, daß er fröhlich war. Selbst das Wasser mußte dem verwirrten Sterblichen nur wie ein funkelndes Mineral erscheinen, das die Erde für einen Augenblick auslieh, um es bald für immer zu verschlingen. Tanzende, bekränzte Najaden konnten daher in der Phantasie der alten Sarden nicht auftauchen. Wem aber vertrauten sie ihr Heiligtum an? Welche Gottheit war stark genug, den Eingeweiden der Berge ihre verborgene, silberne Milch streitig zu machen? Und welcher Mann konnte ohne Zittern in jene Tiefe herabsteigen, die schrecklicher ist als der Eingang zu Agamemnons Grab in Mykene? Ja, mehr noch als dem Wasser erwies man am Fuße dieser Sühnestufen den Bergen Ehre, der Erde, dem Fels oder vielleicht einer noch stolzeren und unzugänglicheren Macht, der Finsternis, der Einsamkeit, vielleicht sogar dem Tod. Ein Kult nicht der Oberfläche, sondern der Tiefe. Derjenige, der furchtlos sein Gesicht über das dunkle Glitzern zu beugen vermochte, mußte sich, wie der in der Goldmine gefangene Bergmann von Novalis, mit den Urabgründen verbunden fühlen, mit dem Beginn aller Dinge, in einem unterirdischen Zwiegespräch mit dem Geist der Welt.

Und das Meer?

Aber bevor wir vom Meer sprechen, dem wir beim Verlassen von Porto Torres den Rücken kehren, plötzlich am Rande einer allmählich ansteigenden Heide, auf der Hochebene, die den Horizont abschließt, eine merkwürdige Ansammlung von Gebäuden: hohe, quadratische, weiße Häuser, von schwarzen Rechtecken durchbrochen, aufgereiht auf einer breiten Front wie die oberen Schiffsbrücken eines riesigen, vertäuten Dampfers oder wie Jerusalem auf italienischen Renaissancebildern oder wie ich mir gern mexikanische Städte vorstelle. Es ist Sassari, die zweitgrößte Stadt Sardiniens. Aus großer Ferne sieht man sie das Land beherrschen, doch sie herrscht langgestreckt und liegend, was um so eindrucksvoller ist, als kein Haus das andere überragt, kein Turm sich über die Dächerreihe erhebt. Sie führt eine kaiserliche, eine ausgebreitete Herrschaft, die sich behauptet ohne die Anziehung der ansteigenden Sträßchen und der spitzen Kirchtürme jener Städte, von denen man sagt, sie hätten sich zusammengedrängt und armselig über sich selbst aufgetürmt, um besser von weitem gesehen zu werden. Ich nähere mich ihr; ein weißes Wunder schwimmt vor meinen Augen. Es ist unmöglich zu sagen, wann ich die Heide verlassen habe und wann die Stadt angefangen hat. Die Straße hat mir keinen Hinweis gegeben, daß ich am Ziel angekommen bin, wie es bei hochgelegenen Städten zu sein pflegt, die von ein paar endgültigen Kurven auf ihren Berg gebannt sind. Ich bin geradewegs in die wehrlose Stadt hineingekommen, die daliegt wie ein Übergangsort zwischen Erde und Himmel, bereit, fortgespült zu werden oder in Staub zu zerfallen, den Blitz aufzunehmen oder in der Erde zu verfaulen. Nichts scheint sie mehr zum Bleiben zu bestimmen als zum Untergang. Ich durchfahre ein unbebautes Gelände, das aber doch ein Zugang sein muß; einige Gebäude zur Rechten und zur Linken sehen aus wie provisorische Baracken, die sich gerade noch aufrecht halten können. Schön oder häßlich? Ich warte mit meinem Urteil, bis ich ein wenig weitergefahren bin, aber plötzlich sind die Häuser weniger dicht, und schon bin ich wieder auf einer Heide. Ich halte an und frage einen Tankwart nach der Stadtmitte.

»Die Stadtmitte? Sie sind doch eben durchgefahren!«

Also umkehren. Ich schlage jetzt die Querstraßen ein, weiträumige Korridore zwischen quadratischen Blöcken. Plötzlich stehen die Häuser dichter. Ich komme zu einer recht bemerkenswerten Kirche, die mich zum zweitenmal an Südamerika denken läßt. Sie ist so sorgfältig durchbrochen, gestickt, ziseliert, gezackt, daß man sie für einen Inkastoff halten könnte. Es ist merkwürdig, hier dem Kolonialbarock, einer Spur der spanischen Herrschaft, zu begegnen. Diese steinernen Blumen machen einem den Kopf benommen wie die Dolche der Sonne. Ich nähere mich einem Platz, der mir ebenso schön wie geräumig scheint. Und doch zeigt er nichts anderes als seine Nacktheit, seine Weiße. Am Ende ein Palast, ein wirklicher Palast, nicht ein gewöhnlicher ›palazzo‹, wie man in Italien jedes mehr als einstöckige Gebäude nennt. Er ist nicht alt, aber das spielt keine Rolle, er ist weiß und schön wie ein Sonnentempel. Zahllose junge Burschen und Mädchen in vorwiegend dunklen Kleidern kommen und gehen und kreuzen sich in allen Richtungen auf dem weißen Pflaster. Wieviel Jugend in dieser Stadt! Welch ernstes Aussehen in diesen dunklen Kleidern! Hunderte von dunklen Fußpfaden verschlingen sich auf dem hellen Pflaster zu merkwürdigen Motiven, Hunderte von Mustern bilden und lösen sich zwischen den Dueña spielenden Palmen an den vier Ecken. Dieses Schauspiel wiegt für mich jedes Kostüm- und Musikfest auf: zu Füßen des Sonnentempels die stumme Emsigkeit eines behexten Volkes. Sie sprechen wenig, als fürchteten sie ihre Stimmen. Bewegen sie sich denn wirklich? Wenn ich die Augen einen Moment lang schließe und sie dann wieder öffne, kommt es mir vor, als tanze das Pflaster unter den unbeweglichen Jungen und Mädchen: der Sonnentempel tanzt, es tanzen die Stadt und die Erde vor den verblüfften Pilgern.

In Bosa werden wir wieder an die Küste kommen. Kurz nach Sassari weist ein Schild an einer kleinen, ins Land führenden Straße in die Richtung der Abtei von Santa-Trinità-di-Saccargia. Nach einer kurzen, heißen Fahrt zwischen zwei Reihen staubiger Feigenkakteen erblicken wir plötzlich, wunderbar rein in dieser Wüste und diesem Schweigen, das schwarz-weiße Bauwerk, das im zwölften Jahrhundert von pisanischen Architekten hier errichtet wurde. Die alternierenden Kalk- und Basaltschichten, die Fassade mit der Galerie, den kleinen Säulen, bunten Rosetten und Inkrustationen bringt in dieses biblische Tal den Baustil, der einst an den Ufern des Arno in Lucca und Pistoia blühte. Aber die gleiche Kunst, die dort zu einer allzu glatten Vollendung gebracht wurde, behauptet sich hier voller Kraft. Die Weite der verbrannten Erde, das Steinchaos inmitten der Felder, die Trostlosigkeit der Landschaft geben dem alternierenden Schwarz und Weiß eine Gewalt, die in einer halb zärtlichen, halb traurigen Stadt wie Pisa unmöglich wäre, wo die winzige Kirche Santa-Maria-della-Spina am Fluß, anmutig wie ein mit den Farben seiner Dame geschmückter Ritter, die graziösen Bänder der Melancholie zu tragen scheint. Das Weiß und das Schwarz von Santa-Trinità sind dagegen ein absolutes Weiß und Schwarz, das absolute Schwarz der Einsamkeit und des Vergessens und das absolute Weiß des Lichtes und des Sommers. Die Abtei, das größte Bauwerk dieser Zeit und dieses Stils in Sardinien, ist jedoch keineswegs das einzige. Dutzende von kleinen romanischen Kirchen schmücken die Nordküste der Insel wie mit Edelsteinen: San-Pietro-delle-Immagini nahe Castelsardo, inmitten einer von Bergen umgebenen Mulde, San-Pietro-di-Sorres unweit Castelsardo, am Rande einer Basalthochebene, Nostra-Signora-di-Tergu in einer braunen Trachitwüste. Bei all diesen Kirchen findet sich die hohe Fassade mit den Inkrustationen und Bögen, das in einer Apsis endende einzige Schiff, der abseits stehende viereckige Turm, das Alternieren von hellen und dunklen Steinen, die biblische Stille und Wildheit. Wo die Pisaner auch immer in Sardinien bauten, sie gaben ihrem glatten, bunten Stil, dessen Kraft in der Toscana durch einen Anstrich galanter Urbanität gemildert wird, einen männlichen Ausdruck.

Durch Bosa fließt der einzige Fluß Sardiniens, der das ganze Jahr hindurch Wasser hat. Die Ruinen eines mittelalterlichen Schlosses beherrschen von einem Hügel aus den Ort. Folgt man dem Flußlauf, so gelangt man durch vulkanische, von den Wellen zerfressene Felsen zum Meer. Von dort aus fuhren wir den Fluß wieder hinauf zu einer im Duft versteckten, rosa Kirche, älter, bescheidener als die pisanischen Bauten, aber eindrucksvoller: San-Pietro-Extramuros (offensichtlich gibt es viele dem heiligen Petrus geweihte Kirchen; in Sardinien habe ich fünf gezählt, nur sechs waren Maria geweiht, die in Italien die Frömmigkeit an sich zieht. In diesem Kult für Petrus sehe ich gerne den Kult für den Stein, die Religion der Härte und Entschlossenheit, die sardische Religion der Strenge und des Widerstandes, die im Widerspruch steht zu der weichen, weinerlichen Religion der Italiener). Die Sonne ging hinter der Festung unter, die ungewöhnlich ist auf dieser Insel, denn man war immer zu arm und zu einfach, um Schloßherren hervorzubringen oder welche vom Festland zu holen. Nicht weniger ungewöhnlich der Obstgarten, das Gemüsefeld, die Fülle des Schilfes, der bukolische Zauber dieses Ortes. Aber all das ruft keine Fröhlichkeit hervor, nur eine zusätzliche Trauer, als ob sich zu der Melancholie der Stagnation und des Vergessens der Schmerz über das dahinfließende Wasser und die unwiederbringlich fliehende Zeit gesellte. Das Tal des Temo oberhalb Bosas bringt in das Sardinien der Passivität und des Schlafes die Möglichkeit der Bewegung, die jedoch nicht von der erwarteten, freudigen Buntheit begleitet wird. Kein Geräusch drang von dem Hof, der sich unterhalb der Kirche duckte, zu uns herauf. Die zerstörten Mauern des Schlosses richteten sich gegen den Abendhimmel auf – wir brauchten diese Drohung nicht, um das tote Tal und sein unnützes Wasser zu verlassen.

Es ist Nacht, als wir nach Alghero zurückkehren, der alten katalanischen Kolonie, die zu einem Badeort geworden ist. Auf dem großen Platz am Eingang der Stadt, welch ein lebhafter Verkehr, welche Fröhlichkeit! Eng und hoch, von Stützbögen überdacht, die in den schwarzen Himmel hineinreichen, führen die Straßen zu den spanischen Festungen hinab. Der Verkehr nimmt ab und hört ganz auf, als wir uns dem Hafen nähern. Auf der anderen Seite der Festungen, die ihn von den Häusern trennen, trostlose Leere. Zwei oder drei Boote schaukeln und quietschen an der Mole. Weiter hinten schließt der Schatten eines Kaps unvermittelt den Golf. Wir wandern durch die Stille der wunderbaren Nacht und fragen uns, warum nur wir das tun, warum das Wasser, das so schön ist am Fuß der Mauern, nicht auch andere zum Spazierengehen verlockt.

Einer der Reichtümer Algheros sind die Korallen, die man im offenen Meer findet. Aber wer holt sie? Neapolitaner. An der Küste von La Maddalena im Norden Sardiniens wimmelt es von Hummern. Wer fischt sie? Fischer aus Ponza, einer kleinen Insel an der italienischen Küste. Die großen Thunfischereien im südlich gelegenen Carloforte gehören den Nachfahren einer Genueser Kolonie. So seltsam es scheinen mag, die Sarden meiden das Meer.

Wir haben unsere Rundfahrt um die Insel fortgesetzt. Ich erinnere mich nicht, auch nur einen jener kleinen Fischerhäfen gesehen zu haben, die man überall am Mittelmeer sonst findet: einen Hafen, in dem die an Land gezogenen Boote auf den Abend warten, um hinauszufahren. Der Strand der kleinen Küstendörfer in Sardinien ist öde und trostlos, ohne Leben, ohne Farben – Kieselsteine, die sich schämen, auch in den zärtlichen Abendstunden des Sommers nicht die fröhliche Menge der ›passeggiata‹ anzuziehen. Höchstens drei oder vier Boote liegen an einem schadhaften Steg, die meisten sind völlig vernachlässigt, als habe ein Sturm sie als Strand-

gut hierher geworfen und niemand sich darum geküm-
mert, die Trümmer zu retten. Die Trostlosigkeit ist für
den Reisenden, der aus Italien kommt, verblüffend. Wie
oft haben wir uns gesagt: gehen wir zum Hafen und
trinken wir etwas. Doch im Hafen gibt es nur alte
Muschelschalen, die im Abfall liegen. Nicht die Spur
einer Bar. Selbst die Hunde, die freien Hunde Sardiniens, streifen oben auf der ›piazzetta‹ zwischen den
Beinen der Passanten umher. Dabei ist das Meer nicht
verräterisch in dieser Gegend. Das Wasser wimmelt von
Fischen. Von dem Vergnügen abgesehen, auf dem Wasser zu sein nach so viel Staub, den man auf Straßen und
Wegen schluckt, und selbst im Inneren der Häuser,
wohin ihn der Wind treibt, ist es nicht merkwürdig, daß
die Sarden sich weigern, ihren größten natürlichen
Reichtum zu nutzen?

Das Meer ist für sie ein Feind. Wirklich brachte es
ihnen seit dem fernsten Altertum nur Enttäuschungen
und Elend. Heutzutage haben wir uns an den Gedanken
gewöhnt, daß die Mittelmeerküsten nur Touristen anzie-
hen, die Kapital und friedliche Vergnügungen bringen.
Sardinien aber hat weniger angenehme Invasoren kennengelernt. Erst besetzten die Phönizier, dann die Karthager die Küsten, deren Bevölkerung entweder ausgerottet oder in die Berge verjagt oder sogar von aus
Afrika importierten Sklaven ersetzt wurde. Rom been-
dete die Eroberung der Insel im dritten Jahrhundert und
betrieb sie mit allen nur möglichen Schikanen. Niemand
konnte den Widerstand der Hirten brechen, die sich in
eine fast unzugängliche Gegend im Inneren des Landes
zurückgezogen hatten; aus Verachtung nannten die An-
greifer diesen Landstrich Barbaria (heute Barbagia, die

wichtigste Provinz der Insel mit der Hauptstadt Nuoro).
Unter der römischen Herrschaft hielt die Malaria ihren
Einzug, und seit der Zeit des Kaisers Tiberius, der
vierzigtausend Juden nach Sardinien verbannte, sah
man in der Insel nur ein Deportationsland. Nach dem
Fall Roms hörte die Liste der durchziehenden oder sich
niederlassenden Invasoren nicht auf sich zu verlängern:
Vandalen, Byzantiner, Araber, die bei ihren Einfällen
ganze Küstendörfer ausplünderten. Im Mittelalter strit-
ten sich Pisaner und Genueser um die Vorherrschaft auf
der Insel. Dann beuteten die Spanier sie systematisch
aus. Nach dem Kongreß von London im Jahre 1718
ging sie an Piemont über, das sich damit begnügte, sie
durch eine planlose Entholzung ihrer letzten Hilfsquel-
len zu berauben[15]. Das war alles, was das Meer Sardinien
zutrieb; nichts als feindliche, barbarische, gefräßige
Flotten. Ein anderes, weniger stolzes Volk hätte eine
Möglichkeit gefunden, sich mit den Invasoren zu einigen. Die Sarden aber zogen es vor, die Küsten zu räumen und sich in die Berge zurückzuziehen. Ihre Dörfer
liegen steil über dem Meer oder sind im Landesinneren
gebaut, geschützt vor Überraschungen. Und vielleicht
kommt einem deswegen Sardinien so gar nicht wie eine
Mittelmeerinsel vor. Man wird dort niemals am Ufer
zusammengedrängt und gequetscht, zerdrückt zwischen
Erde und Wasser in der schrecklichen Fatalität des Ba-
delebens. Das lange gehaßte Meer ist einfach unbekannt;
die Sarden sind Bauern, Hirten, Bergbewohner und
keine Matrosen oder Fischer.

Sie haben außerdem einen guten Grund, es nicht zu werden: sie haben keine Kühlhäuser und keine Konservierungsindustrie. Die Insel hat eine einzige Fabrik in Carloforte, die Thunfisch und Sardinen in Büchsen konserviert. Vor einigen Jahren wurden am Strand achthundert Doppelzentner frisch aus dem Meer geholter Meeräschen und Barsche verbrannt.

Und das ist nicht alles. Unglaubliche Abhängigkeiten von einem vergangenen, aber immer noch grausam wirksamen Zeitalter kommen zu den wirtschaftlichen Schwierigkeiten hinzu. Die Geschichte des Sees von Cabras zeigt, daß es für die Sarden nicht genügt, fischen zu wollen, um das Recht dazu zu haben. Viele der noch immer spürbaren Auswirkungen der spanischen Fremdherrschaft machen eine Beziehung zum Wasser für sie fast unmöglich.

Um zum See von Cabras zu gelangen, der an der westlichen Küste Sardiniens, ein wenig nördlich von Oristano, auf der Straße von Alghero nach Cagliari liegt, durchquerten wir die traurigsten und staubigsten Gegenden der Insel. Eine Landschaft aus Dünen, Sümpfen, Lagunen, mit Hütten, die ›baracche‹ heißen und aus Brettern bestehen, über die man Schilf gebreitet hat. Die stark geneigten Dächer reichen bis auf den Boden. Eine uralte Kirche, San-Giovanni-in-Sinis erhebt über diese Trostlosigkeit kaum ihre Kuppeln, die so niedrig sind, daß sie zur Hälfte im Sand zu stecken scheinen. Wir sind hier nicht mehr im lebhaften, windigen Sardinien der Berge, sondern in einem flachgedrückten, afrikanischen Land. Von der Schwelle ihrer elenden Hütten aus verfolgen die Männer mit stumpfem Blick das Rinnsal schmutzigen Wassers, das in Zickzackwendungen vorbeifließt, um sich weiter unten im Sand zu verlieren. In Cabras und in den benachbarten Dörfern bestehen die Häuser aus rohen Ziegelsteinen, die aus einem Gemisch von Schlamm und Stroh hergestellt werden. Jeden Winter verwandeln sich die Wege in Sümpfe, die Wohnungen werden überschwemmt, die Ernte verdirbt. Dabei könnte diese flache, verlorene Gegend ihre Bewohner weniger arm machen. Der See von Cabras in ihrer Mitte ist mit seinen zweiundzwanzig Quadratkilometern salzigen, mit dem Meer verbundenen Wassers der größte Fischteich Italiens für Meeräschen, Aale, Barsche und Doraden. Aber das Recht, in dieser Lagune zu fischen, die zu den fischreichsten Europas gehört, steht seit 1652 durch einen Vertrag zwischen König Philipp IV. von Spanien und einem genuesischen Bankier Gerolamo Vivaldi zu. Der König brauchte Geld für einen Krieg in Katalanien. Der Bankier lieh ihm wohl welches und erhielt als Pfand die Seen und Fischteiche von Cabras. Zwei Jahrhunderte später kaufte eine Standesperson aus Oristano mit Namen Don Salvatore Carta Vivaldi die königliche Konzession ab. Und die Nachkommen Don Salvatores, etwa dreißig Familien Carta, üben weiterhin ihre Feudalrechte über den See aus.

Eine ausgetüftelte Hierarchie bestimmt seit dreihundert Jahren die verschiedenen Kategorien von Fischern, die von den Feudalherren berechtigt sind, in ihrem Lehensgebiet zu arbeiten. An der Spitze der Pyramide stehen zwölf *servi* (Sklaven), eine Art festangestellter Verwalter im Dienste der Brotherren. Sie treiben Fischfang mit den *lavorieri*, das heißt, mit Hilfe von Schilfzäunen, die den Fisch in bestimmte Gebiete leiten. Jeder *servo* hat einen monatlichen Verdienst von dreihunderttausend Lire.

Die anderen Fischer sind nur zur *pesca vagantiva* zugelassen, das heißt, sie fischen auf dem Wasser von ihren Booten aus. Am besten sind die *sciagoteris* dran, denen der Gebrauch des *sciabica*, des engmaschigen Netzes zugestanden wird. Sie sind Eigentümer ihrer Netze und Boote, aber das Recht, frei auf dem Wasser herumzufahren, kostet sie die Hälfte ihres Fangs. Der monatliche Verdienst dieser *sciagoteris* schwankt zwischen siebzig- und achtzigtausend Lire.

Weiter unten befindet sich die Kategorie der *poigeris*, die weniger begünstigt sind, da der *poigui*, das ihnen gestattete weitmaschige Netz, weniger Fische fängt als die *sciabica*. Noch tiefer stehen die *bogheri* (unnötig zu sagen, daß alle diese Bezeichnungen weder zum Italienischen noch zum Sardischen gehören, sondern zu einer ebenso anachronistischen Feudalsprache, wie es die in Cabras geltenden Regeln sind). Die *bogheris* dürfen nur Bretterflöße benutzen und können nur in der schlechten Jahreszeit zwischen dem 20. September und dem 30. April fischen. Wie die beiden vorhergehenden Kategorien müssen sie die Hälfte der gefangenen Fische abgeben.

Zuunterst in der Pyramide stehen die *palamitai*, denen Boote und Netze verboten sind. Sie verfügen nur über eine äußerst zerbrechliche Barke, die man *vassone* nennt und die aus einigen Bündeln Sumpfgras ohne irgendeine Verstärkung oder Holzverschalung besteht. Ein deutscher Wissenschaftler fand dieses Fahrzeug so rückständig, daß er ein Exemplar davon für das Stuttgarter

Museum mitnahm, um es in der Abteilung der primitiven ägyptischen Papyrosschiffchen und der peruanischen Boote vom Titicaca-See auszustellen. Da der *vassone* schnell im Lagunenwasser verfault, muß er jeden Monat erneuert werden (Preis: fünftausend Lire). Zum Fischen hat der Fischer nur das Recht auf den *palamito*, eine etwa zweitausend Meter lange Schnur mit einem Haken nach jedem Meter. Außerdem ist es den *palamitai* verboten, sich von dem Ort zu entfernen, der ihnen von einem *servo* zum Fischen angewiesen wird. Sie dürfen nur vom 15. Oktober bis zum 30. April arbeiten. Im Gegensatz zu den anderen Kategorien behalten sie die von ihnen gefangenen Fische, aber zahlen eine jährliche Pacht von zweiundsechzigtausend Lire, eine unmäßige Summe, die man seit kurzem, nach einigen Unruhen, auf den immer noch beträchtlichen Betrag von zweiundfünfzigtausend Lire gesenkt hat.

Und doch halten sich die *palamitai* noch für bevorzugt, verglichen mit dem größten Teil der Fischer von Cabras, denen der Fischfang auf dem See nicht erlaubt ist und die daher nur die Möglichkeit haben, auf das Meer hinauszufahren – das leer ist, denn die Fische sind in ganzen Schwärmen in die Lagune abgewandert.

Bewaffnete Wächter patrouillieren am Wasser entlang, um Betrug zu verhindern und aufzupassen, daß die Verfügungen Philipp IV. eingehalten werden.

Zwar ist die Abschaffung dieser Feudalrechte beim Fischfang in Binnengewässern und Lagunen der Insel 1958 öffentlich gefordert worden. Doch die Anwälte vertraten mit dem größten Ernst, daß der spanische König seinem genuesischen Bankier nicht nur das ausschließliche Recht des Fischfangs zugestanden, sondern ihm auch den Besitz des Landes und des Wassers bis ins Meer hinein überlassen habe und daß folglich das Gesetz über die Abschaffung der Feudalrechte beim Fischfang nicht für den See von Cabras gelte; der sei Privatbesitz. Die Fischer begannen, die alten Bräuche des Sees zu übertreten – die Herren, sie ins Gefängnis zu stecken. Der Krieg ist eröffnet. An den Fischereirechten haben die Nachkommen der Carta in den letzten dreißig Jahren etwa neunhundert Millionen verdient. Die Gerichte stehen offiziell auf der Seite der Lehnsherren, die sich an ihre Privilegien klammern. Wie kann man glauben, daß das alte Mißtrauen der Sarden gegenüber dem Wasser so bald aufhören wird? Man hat die Malaria besiegt, aber nicht die Auswirkungen einer dreihundert Jahre alten Verfügung des ehemaligen spanischen Königreichs.

Madre mediterranea

Auch wenn solche absurden Bedingungen endgültig abgeschafft würden und große, zahlreiche Konservenindustrien eine angemessene Nutzung des Fischreichtums ermöglichten, so fürchte ich doch, daß die Sarden aus viel tiefer greifenden Gründen nicht aufs Meer hinaus gingen. *Mare* (Meer) ist männlich auf Italienisch; aber die Verbindung *mare-madre* (Meer-Mutter) wird von einem Italiener in der Tiefe seines Unterbewußtseins nicht weniger stark empfunden als von einem Franzosen. Und das ist der springende Punkt: ebenso wie der Sarde es ablehnt, von seiner Mutter herumkommandiert zu werden, flieht er auch das allzu mütterliche Meer, den allzu mütterlichen Busen der Golfe, die allzu mütterliche

Liebkosung der Wellen am Strand, das allzu mütterliche Anschwellen der abendlichen Flut. In den Sarden steckt eine natürliche Männlichkeit, die ihnen die Verführungskraft runder Formen verbirgt, und eben wegen dieser Männlichkeit vertragen sie nur schwer das ewige Wiegenlied, das ihnen das mütterliche Meer aufzwingt.

Ich höre schon die vielen Argumente, die man mir entgegenhalten wird. Ist nicht zum Beispiel die Religion der Madonna ebenso ausgeprägt in Sardinien wie im übrigen Italien? Nein, sie ist es nicht, oder zumindest unterscheidet sie sich durch die besondere Art der sardischen Frömmigkeit.

In der Kirche von Castelsardo, einem hübschen, sarazenisch wirkenden Dorf, das steil über dem Meer zusammengekauert liegt – von oben sieht man zwischen den Riffen riesige, schwarze Schweine, denen die Menschen die Küste überlassen haben – findet sich von einem der wenigen bekannten sardischen Maler eine große ›Vergine in Maestà‹. Sie sitzt aufrecht auf ihrem Thron und schaut geradeaus, ohne sich um ihr Kind zu kümmern, das fast von ihrem Arm fällt. Keinerlei Beziehung zu den zahllosen Marien der Florentiner oder Sieneser Schule, die sich besitzergreifend über das Neugeborene beugen, immer bereit, das kleinste Wehweh mit Salben und Tränen zu benetzen. Offensichtlich schrieb der finstere Maler von Castelsardo der Madonna nicht das schmachtende Mitleid zu, mit dem sie die Maler des Festlands stets ausstatten müssen. Er gab ihr einen männlichen, offenen und hellen Blick, eine männliche Haltung. Und welcher Sarde auch immer in die Kirche kommt, um vor dem Bild zu beten, er muß sich mit diesem Blick messen und ein männliches Zwiegespräch führen, anstatt zu flüstern, sich ans Herz zu fassen und zu seufzen, wie es die eifrigen Verehrer der Santissima so überaus gerne tun.

Vor einigen Tagen war ich draußen auf dem Land zu Füßen eines Granitfelsens eingeschlafen. Ein undeutliches Geräusch – fremd in dieser Felslandschaft, durch die nur manchmal der klare Ruf eines Hirten dringt – weckte mich auf. Ein etwa dreißigjähriges Ehepaar war über meinem Kopf auf die Felsen geklettert und ermutigte nun eine dicke, grauhaarige Frau, ihnen nachzukommen. »Komm, Mamma! Welchen Blick man von hier hat!« – »Ich kann nicht«, jammerte die Mutter, »ich rutsche!« – »Los, Mamma, komm, wir helfen dir hinauf.« Dann eine Minute lang Stille, Zeit für das Paar, die Aussicht zu betrachten, und für die Mutter, Atem zu schöpfen. »Mamma! Komm, es ist nicht schwer!« – »Ich rutsche, ich kann nicht, helft mir!« – »Mamma, wir helfen dir ja.« Wieder eine Pause, wieder ein Austausch von Ermutigungen und Klagen. »Mamma!« – »Ach! Meine Kinder.« – »Mamma, du würdest es so genießen!« – »Ach! Wenn ich könnte, meine Kinder!«

Man muß den pathetischen Ton dieses Dialogs hören und das ängstliche Crescendo der Stimmen, das in dem zitternd ausgesprochenen ›Mamma‹ seinen Höhepunkt fand. Beim Anblick des Taschentuchs, das sich die Mutter auf den Kopf geknotet hatte, und der kurzen Hosen, die das Paar trug, hatte ich verstanden, daß es sich nicht um Sarden handelte. Sie fuhren noch eine Weile lang fort, sich zu rufen und sich mit leidenschaftlichem Beben in der Stimme ihre gegenseitige Liebe zu versichern. Es war nunmehr klar, daß das junge Paar nicht nur oben blieb, um die Landschaft zu bewundern, und die Mutter darauf verzichtet hatte, eine ernstliche Anstrengung zu machen, um heraufzukommen. Was diese drei Wesen interessierte, fesselte und bestürzte, war, daß sie plötzlich, trotz der banalen Umstände, ihr ursprüngliches Lebenselixier, die flüssige Wärme der ersten Mutter-Kind-Beziehung wiedergefunden hatten. Ohne müde zu werden, hätten sie sich gerne stundenlang sagen hören, daß sie sich liebten, daß sie sich brauchten, stundenlang sich die Arme entgegenstrecken, um sich gegenseitig ihre Liebe zu beweisen, stundenlang ihre Lippen um das Wort ›Mamma‹ zu rollen, das ihnen allen dreien die wichtigste Empfindung ihres Lebens ins Gedächtnis rief. Als sie schließlich zu gehen und den Zauber ihres Liebesduetts zu brechen beschlossen, folgte ich ihnen von weitem bis zu ihrem Auto, das, wie ich mich überzeugen wollte, das Nummernschild einer Stadt auf dem Festland trug. Ich stieg nun meinerseits auf den Felsen, aber die Schönheit und Wildheit der unter meinen Augen ausgebreiteten Landschaft, der Anblick der einsam auf ihren Stock gestützten Hirten, der verstreut auf den Anhöhen liegenden Häuser, die unermeßliche Stille des Landes sagten mir weniger über Sardinien als das, was ich eben durch diese bescheidene Florentiner Touristenfamilie gelernt hatte. Ihre vibrierenden, bebenden Stimmen, die sich mit fieberhafter Hast suchten und riefen, so als seien sie von einem Abgrund getrennt, hatten mir die Puerilität eines durch übertriebene Mutterliebe beeinträchtigten Verhaltens ins Gedächtnis gerufen. Dieses Bedürfnis, zusammen zu sein, sich zu berühren, zu betasten, einander zu bemitleiden, zu bedauern, sich Liebe zu bezeugen, sich mit einem ständigen Austausch von Seufzern und Ermahnungen zu beruhigen! Wie tief durchdringen dieses Pathos und dieses Melodrama der Promiskuität das Leben des italienischen Volkes! All dies hatte ich vergessen, seit ich in Sardinien war, und seit ich Frauen und Männer sah, die allein und schweigsam ihren Geschäften nachgingen.

Meine noch ein wenig unbestimmten Eindrücke von dem Widerstand der Sarden gegenüber den Auswüchsen der Mutterliebe fanden eine unerwartete Bestätigung im Archäologischen Museum von Cagliari, in dem kleinen Raum, in dem die Meisterwerke der prähistorischen sardinischen Bildhauerkunst beieinander stehen. Viele dieser kleinen Statuen stellen eine Mutter mit Kind dar. Eine von ihnen wird ›die Mutter des Getöteten‹ genannt. Wenn die Hypothese stimmt, so hat man es hier mit einer Vorwegnahme des christlichen Motivs der Pietà zu tun. Die Archäologen versichern, daß diese Bronzen aus dem ersten Jahrtausend zu dem Zyklus der Großen Mutter gehören. So weit nichts Verwunderliches. Doch die Art und Weise, wie die Künstler sich die Beziehung zwischen Mutter und Sohn dachten, ist immer wieder erstaunlich. Das Kind sitzt auf den Knien der Mutter, aber es sitzt nicht in ihrer Richtung, wie es bei den kleinen romanischen Holzplastiken und auf allen Bildern des Christentums der Fall ist, wo das Kind einfach im kleinen die Haltung der Mutter wiederholt, dort hinsieht, wo sie hinsieht und so fort. Bei den sardischen Statuen sitzt es quer auf den Knien der Mutter. Betrachtet man die Mutter von vorne, so erscheint der Sohn deutlich erkennbar im Profil. Schaut man die Mutter im Profil an, so sieht man nicht nur ihr Gesicht und ihren Oberkörper vom Sohn getrennt, sondern entschieden nach hinten geneigt, mit einem Ausdruck, der etwa besagt: er ist zwar mein Sohn, aber er gehört mir nicht, er ist ein anderer, dem ich helfen muß, ein anderer zu werden und sich von mir zu lösen.

In jenem Museum erwartete mich jedoch eine noch größere Überraschung: aus Marmor gehauen ein Götterbildnis in Form eines Kreuzes – zwei kurze Arme, ein wie eine Klinge spitz auslaufender Körper, oben ein scharfprofilierter Appendix, aber warum Nase und nicht Penis? und zwei glatte Rundungen zwischen den Armen, zwei Frauenbrüste. Außer dem Glied und den Brüsten, die genügten, um die Doppelwertigkeit des Götzenbildes zu verraten, keine Erhebung oder Höhlung in dem massiven, glanzlosen Steinkörper. Unter dieser kleinen Statue, die das Werk eines modernen Bildhauers wie Picasso oder Giacometti hätte sein können, las ich die Inschrift: ›Madre Mediterranea‹.

Mutter Mittelmeer! Ein Beweis mehr, daß die Verbindung Meer–Mutter nicht nur ein Wortspiel ist. Aber welch eine Mutter! Welch wunderbar bisexuelles Idol, welch ruhiges, stolzes, eindrucksvolles Bild der Mutterliebe! Mutter Mittelmeer! Die große Mutter! So haben die Sarden sie sich im Morgengrauen der Zeiten in endgültiger Form vorgestellt. Mann und Frau in einem, Kreuz und Phallus, Wunde und Messer, Gefäß und Verletzung. Ich erinnerte mich an eine andere seltsame Spur dieser prähistorischen Kultur: ein großer Stein einsam im Land, als Menhir aufgestellt und voller runder Buckel. Wieder eine Muttergöttin, daran ist kein Zweifel. Aber eine Mutter ohne ihre mütterlich klebrige Milch und ihre mütterlich fließenden Tränen. Wie hat mir die Mutter Mittelmeer im Museum von Cagliari gefallen! Obwohl ich auch die andere liebe, die überfließende Mutter Mittelmeer, die so italienische Spenderin von Mitgefühl und Zärtlichkeit. Und ich liebe so vielleicht mehr, seit ich weiß, daß sie fähig ist, sich zurückzuhalten und zu verhärten, ihren Verehrern Widerstand zu leisten und sie zum Widerstand zu zwingen. Ich liebe sie mehr, seit ich ihr Gegenteil kenne, ihre doppelte, unendliche Natur, seit sie mir in der Erinnerung wie ein gegen den Himmel gerichtetes Schwert erscheint, wie eine Schlacht gegen sich selbst, eine Suche, ein Durst, eine Anstrengung, eine Spannung. Mit einer solchen Mutter fürchteten die Sarden nicht, im Schlamm der Liebkosungen festzukleben. Ich glaube, sie sind so wenig verdorben, daß sie auch jetzt, nach zwei oder drei Jahrtausenden, den versteckten Bitten der anderen Mutter nicht nachgeben wollen, dem Meer, dem Wiegenlied der Flut oder dem Gesang der Ebbe.

Von Cagliari aus wollten wir die nahegelegene *giara* von Serri erforschen, die berühmt ist wegen der Reste eines Wasserheiligtums mit einem ›Brunnen-Tempel‹ und seinen feierlichen Stufen. Eine *giara* ist für die Sarden ein langgestrecktes Hochplateau aus Basalt, das sich unvermittelt aus der Ebene erhebt; die Erosion hat seine Ränder senkrecht abgeschnitten. Von ferne könnte man diese Blöcke für riesige Tische halten, Altäre sagenhafter Opfer. Die schwer zugänglichen *giare* werden nur von wilden Pferdeherden bewohnt und von Schafen und ihren Hirten.

Um zur *giara* von Serri zu gelangen, fuhren wir durch das Nuragendorf Barrumini, das die besterhaltenen Spuren der Besiedlung im ersten Jahrtausend aufweist. Man sieht sie oft einsam in der sardischen Landschaft stehen, diese aus mörtellos übereinandergetürmten Felsblöcken errichteten dickleibigen Türme, die man Nuragen nennt. Ein Labyrinth von Fluren und Treppen schlängelt sich durch das Innere. Diese runden Gebäude dienten als Wohnhaus für die Häuptlinge, als Festung, in die sich das Dorf im Kriegsfalle flüchtete, und, im obersten Stock, als Kultstätte. Heute bieten sie den Herden Schutz und vielleicht den primitiven Ängsten der Hirten, die in dem runden Zufluchtsort das ferne Bild des Urturms wiederfinden, des Leben erzeugenden Schachts. In Barrumini sind um die Nuragen herum die Reste der anderen Gebäude erhalten. Ein Bauer, der das Dorf bewachen sollte, führte uns in das Labyrinth der Galerien. Als wir ihn nach dem Weg zu der nahen *giara* fragten, antwortete er: »Geht nicht hin!« und zeigte uns die Wolken, die sich auf den Gipfeln verdichteten. Das Gewitter würde, wenn es ausbräche, schrecklich sein!

Auch die anderen Leute, an die ich mich wandte, rieten uns vom Aufstieg ab. Blitze und Donner würden die Höhen verwüsten! Schließlich fanden wir einen zwischen den Felsen kaum gebahnten Pfad, der uns auf den schwarzen Himmel zuführte. Unter dem Wind, der das spärliche Gebüsch durcheinanderwirbelte und zwischen den Gräsern dahinpfiff, breitete sich die Hochebene völlig verlassen vor uns aus. Ein dämmriges Licht führte uns. An einem grandiosen, finsteren Platz entdeckten wir ein Gegenlicht, die Spuren dessen, was einst ein heiliges Dorf und das Ziel inbrünstiger Pilgerfahrten gewesen war. Am Rande der Ebene über einem tiefen Tal, als einziges noch im Licht, ein Chaos von Granitsteinen, in dem hier riesige, flache Steinplatten zu erkennen waren, die als Tische gedient haben mochten, dort runde Kammern aus höckerigen Bruchsteinen – die Kreisform war also den alten Sarden nicht unbekannt – und etwas weiter entfernt die Grundmauern eines größeren Gebäudes – Gasthaus, Tempel oder Ratssaal. Die Felsblöcke aus schwarzem und blauem Stein forderten seit drei Jahrtausenden Blitze und Stürme heraus, ohne daß ein unpassendes Gebäude, ein Hotel oder Museum oder die indiskreten Horden der Touristen je den Kampf zwischen Stein und Himmel unterbrochen hätten.

Der ›Brunnen-Tempel‹ steht im Mittelpunkt des Dorfes. Heute ist er zugeschüttet, aber er bleibt immer noch tief genug, daß jemand, der die Stufen hinabsteigt und ins Innere der Erde dringt, sich die Riten des alten Wasserkultes vorstellen kann. Welcher Schrecken, welche Angst vor dem geheimnisvollen Glitzern, das weit mehr einer glänzenden Metallklinge ähnelt als dem lieblichen Lächeln einer Quelle! Wie die runde Form der Nuragen nicht die ohnmächtige Nachsicht der Mutter für ihr Geschöpf versinnbildlicht, sondern die natürliche Form des Leibes vor der Geburt, so gab es auch das Wasser, das in dem Brunnen blitzt, *vor* allen süßen Empfindungen, die es in zivilisierten Völkern hervorruft – es ist ein mit dem mütterlichen Körper der Erde verbundenes Wasser, ein Wasser-Körper ohne bukolische Frische, fast ohne Flüssigkeit.

Als wir wieder in die frische Luft hinauskamen, grollte der bleifarbene Himmel über unseren Köpfen. Auf der anderen Seite des Tales warteten die Basalttische in der Ebene auf die Hinrichtung. Der Donner verlangte seine Opfer. Weder in Delos noch in Delphi habe ich die Großartigkeit eines Heiligtums so stark empfunden. Schließlich brach das Gewitter los, die aufleuchtenden Steine schienen höher zu werden, der Staub verwandelte sich in braunen Schlamm. Laufend entfernten wir uns unter dem wilden Leuchten. Ein Hirte kam an uns vorüber, der seine Herde rief. Er hatte seinen Schafspelz übergezogen, einen einfachen Kasak mit einem Loch für den Kopf, ohne Kragen und Ärmel. Die Schafe drängten sich blökend aneinander. Als der Regen aufhörte, sahen wir vom Rande der *giara* aus die Sonne wieder auf die dampfenden Ruinen des Dorfes herabbrennen.

Kleines Glossar sardischen Glücks

Schafe

»Fahrt ihr nicht in den Teil Sardiniens, den der junge Karim Aga Khan gekauft hat, um eine neue Côte d'Azur daraus zu machen?« hatte man mich in Paris gefragt. Aber natürlich. »Trotz der Bergwerkskrise dieser absurden Carbonia, die Mussolini erfunden hat? Obwohl das geheimnisvolle Barbagia und die blutigen Verbrechen dort jeden Monat die Zeitung füllen?« Geduld. Wir haben das Zentralgebirge durchquert, Orgosolo, Oliena, Nuoro, berühmt in der Geschichte der Verbrechen. Zu der Zurückhaltung und Würde, die uns überall in Sardinien auffallen, kommt hier ein verschlossenes Aussehen, ein verstohlener Blick. Die großen und aufrechten Frauen gehen dicht an den Mauern entlang, eingehüllt in ihren schwarzen Seidenschal. Die Männer, schmal und gut gewachsen, in ihren Cordanzügen, sind von einer prächtigen Rasse. Die Alten, die vor ihren Häusern in der Sonne sitzen, tragen noch die weißen Pluderhosen, die Weste aus Schafsfell und die schwarze phrygische Mütze. Wir kannten die Umfragen von Franco Cagnetta, den Film von De Seta, das Tagebuch der Lehrerin Maria Giacobbe, das letzte Buch Carlo Levis. Man schätzt, daß von 1950 bis 1954 nicht weniger als siebenundzwanzig Morde in Orgosolo und der Umgegend begangen worden sind – Hirten brachten andere Hirten um –, und etwa zehn Polizisten wurden aus dem Hinterhalt oder in offenem Gefecht getötet. Im Laufe dieser fünf Jahre verurteilte man etwa fünfzehn Bewohner Orgosolos zu lebenslänglicher Zwangsarbeit und sechs zu Freiheitsstrafen zwischen siebzehn und dreißig Jahren Haft. Erst 1954 deportierte man zweiunddreißig Hirten auf die kleine Insel Ustica an der sizilianischen Küste (auf die Mussolini schon Gramsci verbannt hatte). Alle Männer des Dorfes sind mindestens einmal überwacht worden, und die meisten von ihnen haben sich zu dem einen oder anderen Zeitpunkt ihres Lebens in den Wäldern verstecken müssen. Seit 1900 wird in der Gemeinde von Orgosolo alle zwei Monate ein Verbrechen verübt, und im Jahresdurchschnitt kommt auf sechshundert Bewohner ein Ermordeter. Davon abgesehen beobachtet man in Orgosolo einen strengen Ehrenkodex. Als voriges Jahr irrtümlich zwei Engländer ermordet wurden, die man für Polizisten gehalten hatte, versammelten sich die Hirten selbst zu einer Gerichtssitzung und übernahmen die Rache. Die Körper der Mörder warfen sie auf die Straße.

So grausame Sitten lassen sich nicht mehr wie zu Zeiten Lombrosos mit Hilfe der Pathologie erklären. Wir versuchten die Kasernen der Gendarmen und die Polizeistationen zu zählen: in Orgosolo selbst gibt es zwei Kasernen und zwei Polizeistationen, dazu etwa zehn im Gebiet der Gemeinde verstreut, das Ganze für fünftausend Einwohner. Wie konnten wir daran zweifeln, daß wir uns in einem Kolonialland befanden, in einem besetzten Gebiet? Der italienische Staat muß sich auf seine militärische Macht stützen, um eine wirtschaftliche Ordnung aufrechtzuerhalten, die den Bedürfnissen der Bevölkerung völlig entgegensteht. Eine kleine Anzahl Großgrundbesitzer verpachtet ihre Weiden an die Masse der Hirten. Diesen wird das Geld für die Pacht von den Milch-, Käse-, Woll- und Fleischindustrien vorgestreckt. Der Erlös ist also schon im voraus verpfändet. Der kleinste Unfall, der der Herde zustößt und den Hirten seine Schuld zu zahlen hindert, stellt ihn bereits außerhalb des Gesetzes. Die Alternative ist dann Gefängnis oder Fortgehen, Flucht in die Berge, Einsamkeit zwischen Himmel und Erde, lange Belagerungen, Gewaltmärsche, Raub, Verbrechen.

Der Staat schafft den Banditen. Wir wußten es, wir waren überzeugt davon, und wozu waren wir sonst in ihre wilden Dörfer gefahren, als um uns heimlich auf die Seite jener stolz einherschreitenden Männer und Frauen zu stellen, die ein ganzes Heer von Polizisten und Hunden nicht zu demütigen vermag?

Papiergeld

Ein Freund lädt uns ein, vierzehn Tage in einem kleinen Haus zu verbringen, das er sich im Norden der Insel, fast gegenüber von Korsika, zwischen Olbia und La Maddalena hat herrichten lassen. Der Name ›Costa Smeralda‹, den das Konsortium Aga Khans dieser Gegend seit kurzem gegeben hat, weist auf die außergewöhnliche

Farbe des Wassers und die Klarheit des Grundes hin wie auch auf die Absicht des Unternehmens, das gegründet wurde, um die kahlen, wilden Felsen in ein touristisches Eldorado zu verwandeln.

Nach Olbia geht die Straße, die asphaltiert und gut instand ist, noch eine Weile lang in nördlicher Richtung weiter. Wir dringen in die Gallura ein, in die harte, graue, granitreiche Gallura. Kein anderes Lebenszeichen als dann und wann auf einer Anhöhe ein langes, niedriges, einstöckiges Haus, weiß, mit einer Tür und einem Fenster, das Dach aus Ziegeln, isoliert und schweigsam; oder ganz unten in einem Abgrund, schwer von den grauen, faltigen Steinen zu unterscheiden, gedrängte Herden. Ich fahre langsam, hin- und hergerissen zwischen der Neugier, in Liscia di Vacca anzukommen, wo uns unser Freund Gerhard untergebracht hat, und der Furcht, anstelle der niedrigen, bescheidenen Häuser und gedrängten Herden in den Schluchten nur neureiche Bauern zu finden, lärmende Baustellen, riesige Bulldozer, eilige Ingenieure, kosmopolitische Spekulanten und wichtigtuerische Mailänder.

Nach zwanzig Kilometern Staatsstraße müssen wir nach rechts in eine kleine Straße abbiegen, die durch ein verlassenes Tal führt; der Weg ist nicht mehr asphaltiert; Felsbrocken und Schlaglöcher zwingen mich, langsam zu fahren. Doch ich habe immer weniger Eile. Die herrliche Landschaft um mich herum, die zackigen Berge rechts und links am Horizont, die mich wegen der Körnigkeit und Farbe des Granits an die Bretagne und wegen der endlosen Folge immer neuer Ebenen an die Estremadura erinnern, die Stille, der Frieden, die strenge Höflichkeit der Hirten, die ohne zu lächeln grüßen, erwecken in mir den Wunsch, in die dichten, rauhen Berge einzudringen, in das feierliche Blau dieser sich gegen den Himmel abzeichnenden Felsen, und nicht zur Küste hinabzufahren, zu den Brutstätten des Geldes und der Vulgarität. Wie lange würden wir noch die Möglichkeit haben, wirklich in Sardinien zu sein, in der Nacktheit, in der Einfachheit, in der sardischen Wüste?

»Ein Goldfieber überkommt die ehrliche Insel«, bemerkt der Sardologe Maurice Le Lannou voller Bitterkeit. In Rom geht die Senatorin Merlin zum Angriff auf die Costa Smeralda über; »ich ziehe die sardischen Banditen allen orientalischen Fürsten vor!« hat sie mutig ausgerufen. Was antworten? Nur, daß 1. das sardische Banditentum ein ebensolches Klischee ist wie die Aga Khan zugeschriebenen Wunder und daß die Zukunft Sardiniens ebenso wenig in barbarischem Verbrechertum liegen wird wie in einem touristischen Eldorado, weder im Blut noch im Gold; und daß 2. die zehn oder mehr Milliarden, die Karim und verschiedene Finanzleute in der Costa Smeralda investiert haben, genauso beurteilt werden müssen wie die rund vierhundert Milliarden, die der italienische Staatshaushalt dazu bestimmt hat, die ›Rinascita‹ der Insel, die wirtschaftliche Wiedergeburt zu finanzieren. Die Pläne Aga Khans sehen nicht nur den Bau von Hotels und Touristenvillen vor, sondern auch Geschäfte, Häuser und Hospitäler, die dazu dienen sollen, in einer der wenigst besiedelten Gegenden Sardiniens fünfzigtausend Bewohner aufzunehmen. Die Costa Smeralda wird den reichen Touristen Ferien und den Bauern, den umherstreifenden Hirten und Arbeitslosen Arbeit verschaffen.

Lina Merlin ist die Frau, die vor sieben Jahren die

Bordelle hat schließen lassen, nach dem Prinzip: lieber eine kleine Schneiderin in Not als eine Prostituierte in Reichtum; ein Prinzip, das sie nun auf Sardinien angewandt wissen will: besser eine arme Insel in den Händen von Banditen als eine reiche Insel in den Krallen des internationalen Kapitals.

Abgesehen von meiner persönlichen Meinung über die Costa Smeralda scheint mir, daß die angeführten Urteile und Kontroversen sich auf einen ebenso großzügigen wie abstrakten und veralteten Romantizismus gründen. Wie die Romane von Grazia Deledda; warum muß man, wenn man über Sardinien diskutiert, immer Arme und Reiche in zwei verschiedenen Lagern einander gegenüberstellen? Die zarten Gipfellinien auf beiden Seiten der Straße, die wunderbaren Formen des Lichts in der dunklen Masse der Felsen, die Sauberkeit der auf den Anhöhen verstreut liegenden Häuser, die kontemplative Haltung der alten Bauern vor ihren Türen, die Vornehmheit der Frauen, die ein schweres Bündel auf ihrem Kopf tragen, die zurückhaltende Freundschaft der Hirten, all das gehört einer heilen Kultur an, die nicht von Neid, Anklagen und ideologischen Kämpfen angekränkelt ist.

Ich habe mich nicht bemüht und werde mich nicht bemühen, mit den politisch Verantwortlichen Sardiniens zusammenzutreffen, mit den Leuten, die in den Behörden Cagliaris an den Plänen für die Rinascita der Insel arbeiten. Die Kommissionen, die man eigens geschaffen hat, um das für die Region bestimmte Geld aufzuteilen, sind immer noch in der Phase der Unsicherheit, des Schwankens, sei es aus Unerfahrenheit oder Nachlässigkeit, sei es, wie ich glaube, weil ihnen die riesige Menge des zur Verfügung stehenden Geldes der sardischen Realität fremd zu sein scheint. Sardinien ist immer außerhalb des Geldverkehrs geblieben, es kennt Geld nicht, die Macht des Geldes. Wie auch den Sarden der Wunsch und die Sehnsucht nach Geld fremd geblieben sind. Es scheint, daß die vielen Milliarden des italienischen Staatshaushalts ungenutzt in den Panzerschränken von Cagliari liegen. Was tun mit diesem Geld? Diese Frage, die in jedem anderen rückständigen und bedürftigen Land absurd wäre, ist es hier trotz der Rückständigkeit und Bedürftigkeit Sardiniens nicht. Ja, was tun mit dem Geld auf einer Insel, die nie seine Auswirkungen kennengelernt hat? Das heute arme Sizilien war ehedem reich; Sardinien nie, und seine einstige und gegenwärtige Armut äußert sich eher in würdiger Einfachheit und Strenge als in wirklicher Bedürftigkeit. Geldmangel bedeutet nicht Elend. Nachdem Sardinien die Geißel der Malaria genommen ist, klagt es nicht mehr über Armut und Ungerechtigkeit; es gibt dort keinen Unrat, der in der Sonne verfault, keine Kinder mit aufgeschwollenen Bäuchen wie in Lukanien oder mit trachomitischen Augen wie in Sizilien. Cabras, Orgosolo werfen lokale Probleme auf, die ohne allzu viel Mühe gelöst werden könnten. Was tun mit dem Geld? Tausend nützliche Dinge, gewiß, die ein fremdes Auge sofort sähe – Deiche, Krankenhäuser, Schulen – die aber für einen Sarden nicht ebenso einleuchtend sind. Die Wirtschaftsexperten diskutieren ernsthaft darüber, wie man die Kredite am besten verwenden kann. Für die einen besteht die Zukunft Sardiniens in der Verwandlung des Schäfers in den Bauern, des Nomadenhirten in den seßhaften Landbesitzer; die anderen halten es für falsch, dem Ackerbau so viel Bedeutung beizumessen, wie es die Cassa del Mezzogiorno tut – für sie liegt die Zukunft Sardiniens in der Industrialisierung. Aber gehen sie dieses Kapitel an, so tauchen neue Schwierigkeiten auf: große Fabriken oder kleine handwerkliche Betriebe? Große Fabriken fallen ins Auge, aber wären unnatürlich und schafften weniger Arbeitsplätze als kleine, den lokalen Bedürfnissen angepaßte Betriebe. In all diesen Auseinandersetzungen sehe ich eine Konstante: die Schwierigkeit, vom Geld und den durch die Kredite neu geschaffenen Möglichkeiten ohne ein bedeutsames Zögern zu sprechen. Ich denke mir also, daß die Bauern von Liscia di Vacca im tiefsten Grunde ihrer tausendjährigen Unwissenheit sich keine Gedanken darüber machen, ob sie sich auf die Seite der Banditen oder unter das Banner der vornehmen Herren stellen sollen.

Aber kommen wir denn nie in Liscia di Vacca an? Die Straße, die immer schlechter wird, führt uns weit von jeder Behausung fort, einem Horizont entgegen, dem Granitblöcke und Büsche ein ausgefranstes Aussehen geben. Schließlich kommen wir am Meer an – eine felsige Küste mit kleinen Buchten aus weißem Sand. Aber kein Haus, keine Menschenseele. Wir müssen weiter, müssen auf der immer staubigeren Straße aus einer Schlucht wieder in die Höhe fahren. Wir sind am Ende der Welt, in unendlicher Einsamkeit zwischen den blauen, steilen Bergen und dem blauen, flachen Meer. Ich sehe auf die Berge, Pili Brunda hat die Augen auf das Meer gerichtet. So war es schon auf unserer Reise durch Frankreich gewesen, wo ich den Bäumen den Vorrang gab und sie den Flüssen; und beide waren wir entzückt gewesen, uns selbst wiederzufinden, sie, indem sie sich dem Reiz der fliehenden Linien überließ, ich in der Begeisterung für die Vertikale. Wir fragten einen Mann nach dem Weg, er sagte uns: »Liscia di Vacca, ein Stück weiter.« Liscia di Vacca, ein Name, der Kuhwasser bedeutet, Wasser oder Urin? Wie dem auch sei, ein Name, der in angenehmem Gegensatz zu dem Etikett ›Costa Smeralda‹ steht.

Liscia di Vacca ist eher der Name einer Gegend als eines wirklichen Dorfs – ein Platz aus festgetretener Erde mit einem Brunnen, eine Kapelle, ein halbes Dutzend gleich niedriger, bescheidener und sauberer Häuser. Ich frage nach dem Haus von Gerhard: weiter unten, am Ende der Straße. Die Fahrt hinunter ist herrlich; ein kristallklarer Golf erscheint plötzlich nach einer Kurve zwischen zwei Vorgebirgen aus Granit. Eine Bucht des Pazifik an einer Küste der Bretagne.

Höhlen

Fünfhundert Meter von Gerhards Haus entfernt wohnen einige der Bauern, die ihr Land an das Konsortium verkauft haben. Giovanni Orecchioni, siebzig Jahre alt, sitzt morgens vor seiner Haustür, nachmittags liegt er unter seinem Feigenbaum. Jeden Morgen um neun Uhr besuche ich ihn; er erhebt sich bei meinem Kommen, aber behält seinen Hut auf dem Kopf. Einen weichen, schwarzen Hut, den ich ihn nie habe abnehmen sehen. »Haben Sie gut geschlafen?« fragt er mich jedesmal. Dann: »Und die Signora, hat sie gut geschlafen?« Ich glaubte anfänglich, daß diese Fragen nicht mehr Bedeutung hätten als die, die man in Frankreich an Freunde richtet. Aber nein: der Schlaf ist geheiligt für Schwarzhut, der sich unter seinem Hut nicht nur vor der Sonne schützt, sondern auch vor der Helligkeit, dem Lärm, dem Wind, dem Leben, ebenso wie er sein Haus mit der Rückseite zum Meer gebaut hat, ebenso wie er die Abende in seiner acht Quadratmeter großen überheizten Wohnküche verbringt, anstatt sich in die Kühle auf seine Schwelle zu setzen. Mitten im zwanzigsten Jahrhundert ist er ein Nuragen-Bewohner, ein Geschöpf der Höhlen und Felsen. Er geht wenig aus dem Haus, hat einmal den Fuß auf das Festland gesetzt, dort aber nur Lärm und Unruhe gefunden; er flieht das Licht wie jemand, der es noch nie gesehen hat; man möchte meinen, er sei noch nicht geboren und warte, daß ihn ein Ereignis veranlasse, sich für die Geschehnisse der äußeren Welt zu interessieren. Seine erstaunlich schwarzen, tiefen Augen sind leer, als ob sie das Gesehene für nichtig erklärt hätten, für unwürdig, ein Bild zu hinterlassen. Schwarzhut wartet: auf den Augenblick, seinen Hut abzusetzen, auf den Augenblick, geboren zu werden und zu handeln. Sein hohes Alter scheint ihm nicht die geringste Unruhe zu bereiten oder sein geheimnisvolles Wachen an der Grenze zweier Welten zu stören, deren eine – die Welt der Menschen, der Worte und Bewegungen – ihn völlig starr läßt, während die andere – die der Grotten und pränatalen Finsternisse – weiterhin seine ganze Aufmerksamkeit in Anspruch nimmt.

Um halb zehn Uhr kommt Pili Brunda zu mir. Schwarzhut steht auf, geht auf sie zu und begrüßt sie mit unvergleichlicher Höflichkeit. Er liebt es sehr, sie anzusehen, mit ihr zu sprechen, ihr zuzuhören; vielleicht, sagt er sich, während sie lebhaft und fröhlich zwischen dem Haus und dem Feigenbaum, dem Feigenbaum und dem Haus hin- und hergeht, vielleicht lohnt es sich, geboren zu werden, wenn man Menschen trifft, die diesen Zauber, diesen Reiz haben? Aber diese Versuchung berührt ihn nur einen Augenblick lang, dann kehrt er eilig wieder in die unendlichen Räume seiner inneren Einsamkeit zurück, wo er herrscht und von wo er es sich mit der Nachsicht eines Herrschers gestattet, den schnellen und graziösen Bewegungen Pili Brundas zu folgen. Er setzt sich auch gern neben uns und hört uns zu, wenn wir in einer Sprache miteinander plaudern, von der er kein Wort versteht, die ihm aber nicht fremder erscheint als die vielen Geräusche, denen er sein Ohr zu leihen geruht, ohne daß der geringste Ton die Heiterkeit seines privaten Reiches stört.

Als Pili Brunda zu uns gekommen ist, löst sich eine dicke, schwarze Kugel von den Felsen und rollt in großer Geschwindigkeit auf uns zu. Zwei Hände fuchteln über dem Ball, der eine kreischende Stimme hören läßt. Es ist Agostina Orecchioni, die viel jüngere Frau von Schwarzhut, klein, rundlich, eingehüllt in wollene Schals und Unterröcke, immer in Bewegung auf ihren nackten Füßen, ebenso redselig, wie ihr Mann schweigsam ist. Sie ertränkt uns in einer Flut unverständlicher sardischer Dialektworte, die sie aus vollem Hals herausschreit. Ich errate, daß sie ihre Rede mit schalkhaften Ermahnungen ausschmückt: Wenn Ihnen dieser Ort so gut gefällt, warum bleiben Sie nicht das ganze Jahr hier? Oder: Ich werde Ihnen beibringen, wie man Eidechsenfrikassee kocht. Wollkugel sieht das Leben ironisch an – wie ihr Mann im übrigen. Aber während sich Schwarzhut einfach in einen nur ihm bekannten und den anderen Sterblichen unzugänglichen Bereich zurückzieht, möchte Wollkugel über alles auf dem laufenden sein, an allem teilnehmen, um sich zu vergnügen und über alles zu lachen. Ich habe selten ein interessanteres Paar gesehen – einen würdigeren Mann, eine witzigere Frau. Sie sind beide Analphabeten und seit kurzem Multimillionäre.

Luxus

»Psst, psst«, macht Wollkugel, als wir in der Mittagshitze von der Piazza kommen. Sie schiebt uns in die Küche und zwingt uns einen Kaffee auf. Der Raum ist klein, mit einem Kamin, einem Ofen zum Brotbacken, Salami an den Balken, einem Tisch und vier Stühlen. Ein anschließendes Zimmer mit einem Ehebett und einem Schrank vervollständigt die Wohnung. Das Schlafzimmer hat keine Verbindung zur Küche. Wasser wird aus dem Brunnen geholt. Bis zu diesem Jahr sorgte eine Petroleumlampe für die Beleuchtung. Wir trinken den Kaffee, aber nicht deswegen hat sie uns überfallen. »Kommen Sie, kommen Sie!« sagt Wollkugel. Ich bemerke, daß sie alles wiederholt. Wir folgen ihr, und sie führt uns hinter das Haus zu ihrem Sohn. Draußen liegt Schwarzhut auf der Erde, den Filz über den Augen. Sohn und Schwiegertochter bewohnen eine geräumigere Wohnung. Sie haben einen Salon. Wollkugel zeigt uns das Haus. Die Möbel aus hellpoliertem Holz, die Satinstoffe, die Vitrinen aus geriffeltem Glas, die Lampen mit gedrechseltem Fuß, die Nippsachen, alles sicher aus einem großen Mittelstandsmöbelhaus. In der Küche blitzen Eisschrank, elektrischer Herd, Kunststoffmöbel, Majolikageschirr mit siderischem Schein. »Aber essen Sie denn hier nicht?« kann ich mich nicht enthalten zu fragen. »Aber nein, aber nein!« antwortet Wollkugel. »Sie essen mit uns, in unserer Küche.« In ihren Augen ist ein freudiges, schwer zu deutendes Funkeln. Ist sie froh für ihre Kinder? Ist sie stolz auf sie? Findet sie es lustig, daß sie umsonst Geld ausgegeben haben?

Aus dem Augenwinkel beobachtet sie unsere Verwunderung. Vielleicht hat sie uns nur hierher geführt, um unser Gesicht zu sehen und sich über uns lustig zu machen. »Eh! eh!« fährt sie fort zu kreischen. »Eh! eh! Sehen Sie sich nur um! Wir haben Zeit genug, alles ganz genau zu betrachten . . . eh eh!«

Meer, Berg

Jeden Tag, jeden Morgen und jeden Abend das gleiche Wunder. Vor unserem Fenster, hinter einem Vordergrund von Buschwerk und trockenen Felsblumen, das Meer, der Golf, die Vorgebirge, die Inseln. Kein Mensch. Wir gehen zum Baden auf eine kleine Insel, die wir mit dem Boot erreichen; nur Nattern und wilde Ziegen halten sich zwischen den Steinen auf. Nach den Worten eines Feldmessers, den wir einmal dort getroffen haben, ist die Insel seit kurzem von einer Toulouser Gesellschaft gekauft worden. Unmöglich, sich den Ziegen zu nähern, ist man hundert Meter von ihnen entfernt, so fliehen sie auf die Felsen, die steil über dem Meer hängen. Rückkehr um drei Uhr, auf bewegtem Meer. Wir haben es noch nie ruhig gesehen. Alle zwei Nächte bläst der Wind heftig. Wenn ich Schwarzhut darauf aufmerksam mache, so sagt er mir: »ponente« oder »tramontana« oder »scirocco«. Aber meistens: »ponente«. »Wenn er nicht bliese, würde er bösartig werden, heretico. Er ist der Kriegsmann unter den Winden. Er besiegt alle anderen.« Ohne etwas von den Griechen oder irgendwelcher Mythologie zu wissen, hat Schwarzhut die Natur personifiziert. Ich habe fast Lust ihn zu fragen, ob das Epitheton ›weinartig‹, das Homer dem Meer gegeben hat, dieses Adjektiv, mit dem sich die Humanisten so abgeplagt haben, sich nicht eher auf die Konsistenz des Wassers bezieht als auf seine Farbe. Das dickflüssige Meer des Abends . . . Hätten die Gelehrten den Wein von Oliena gekostet, so hätte seine Undurchdringlichkeit sie aufgeklärt. Aber Schwarzhut ist wieder in seine innerlichen Träumereien verfallen. Er läßt uns allein mit dem Gedanken, daß diese Küste unfreundlich sei, rauh, ungastlich. Ich liebe die Winde und ihre Heftigkeit. Man glaubt nicht auf einer Insel im Mittelmeer zu sein. Die Sonne kann noch so heiß vom Zenit herunterbrennen, sie wird nie beklemmend, sie zwingt einen nie ins Wasser. Möchten diese stolzen Kämpfer nie der Trägheit des Strandes unterliegen!

Die Granitberge hinter der Küste verstärken den bretonischen Charakter der Costa Smeralda. Warum hat man sie nicht Granitküste oder Steinküste genannt? Jeden Abend steigen wir kurz vor Sonnenuntergang auf einem Pfad, der das Tal hinaufführt, ein wenig in die Höhe. Die Luft ist frisch, leicht, belebend. Trockenes Buschwerk hat an den steilen Abhängen Wurzeln gefaßt. Die schönsten Augenblicke des Tages sind für mich diese Spaziergänge in der scharfen Kühle, die von den blauen Wänden fällt. Von allem lästigen Schweiß befreit, bin ich Klinge, Messer, schneidende Härte an hartem Fels, kalter Blick vor scharfgeschnittenen Gipfeln. Als

wir wieder bei Schwarzhut vorbeikommen, gibt er uns
durch besondere Zeichen zu verstehen, daß er unsere
Liebe für die Berge außerordentlich schätzt. Wir scheinen ihm nicht, wie die anderen Ausländer, vom Meer,
vom Baden und vom Strand blind geworden. Vielleicht,
fragt er sich, vielleicht kann man uns wiedergewinnen
für das unterirdische Leben, das steinerne, faltige Leben
der Höhlen?

Schinken (warum ihn in Scheiben schneiden?)

Einer der Riten bei unserem Aufenthalt in Liscia di
Vacca ist der Besuch bei Battista auf dem kleinen Platz.
Nach der Ankunft der Arbeiter und Freunde Karims hat
Battista einen Raum seines Hauses in einen Laden ver-
wandelt.

Man kann dort kühles Bier finden, Schinken, eine
Schneidemaschine für Schinken. Auch Battista ist ein
Orecchioni; die paar hundert Bewohner der Küste sind
alle miteinander verwandt. Jeden Abend bitten wir Battista um zwei Glas Bier, die wir sofort trinken, und um
zwei Scheiben Schinken, die wir mitnehmen. Etwa zehn
Arbeiter, die an der Wand entlang sitzen, fixieren uns mit
dunklen Augen. Battista seufzt, mustert uns vom hintersten Winkel seines Reiches aus, in dem Schneidemaschi-
nen, Schinken kaufende Kundschaft und Schinken noch
nicht wirklich zu existieren begonnen haben; dann ergibt er sich in sein Schicksal, stellt die verschiedenen
Zahnräder seiner Maschine ein und schneidet schlecht
und recht zwei Scheiben ab; aber es liegt ihm nichts
daran, Schinken zu schneiden und zu verkaufen. Battista
ist Multimillionär, seitdem das Konsortium sein Land

gekauft hat; aber nicht weil er steinreich ist, mag er keinen Schinken verkaufen; er hat keine Lust dazu, weil Geld ihn nicht interessiert; nie will er, daß ich ihn gleich bezahle. Mit Mühe erinnert er sich daran, daß Kunden dazu da sind, um Kaufleuten Geld zu bringen. Er schaut uns mit tieftraurigen Augen an, in denen wir die Sehnsucht nach einer wortlosen, uneigennützigen Bruderschaft erraten; dann reibt er sich die Stirn mit den Händen, um wieder zu Schinken und Zahlen zurückzufinden. In einer halben Stunde Unterhaltung mit Battista habe ich ihn zwanzigmal auf seine idyllische Höhle verzichten hören, zwanzigmal sich die Stirn mit den Händen reiben sehen. Die Frauen, die in würdigem Schweigen um ihn herumstehen – seine Frau, seine Mutter und seine Großmutter – geben sich diese Mühe nicht: sie bleiben tief in ihrer Höhle, betrachten uns wohlwollend und warten, um ihre heitere Finsternis zu verlassen, auf eine interessantere Gelegenheit als das Schneiden eines Schinkens. Eine solche Gelegenheit bietet sich auch gleich: der telefonische Austausch mit Olbia vermittels des einzigen Apparates im Dorf, der sich in einer Ecke des Ladens befindet – ein mühsames Gespräch, das für Battista darin besteht, mit Donnerstimme Liscia di Vacca zu schreien, ohne darauf zu hören, was man ihm am anderen Ende des Drahtes sagen will, ermutigt von den Frauen, die auch wenn sie sich hüten, direkter einzugreifen, nicht ohne Vergnügen diesen rauhen Schrei in dem Gewölbe ihres unterirdischen Friedens widerhallen hören; dann die abendliche Ankunft des Autobusses, der die Post bringt und fünf oder sechs Reisende auslädt, wenn der Fahrer nicht aus Protest gegen die staubige, schlechte Straße beschlossen hat, die Fahrt ausfallen zu lassen; oder das Kommen und Gehen der Arbeiter des Konsortiums, deren Schweigsamkeit und gewohnter Ernst Samstag abends einer rituellen Fröhlichkeit Platz machen, die von den Tönen der grellen Okarina skandiert wird.

Smaragd

Gerhard, einer der großen Anreger der Costa Smeralda, kommt mehrmals im Monat wie ein Wirbelwind vorbei, gefolgt von einem Sohn der Orecchioni von unten, einem wackeren Vierziger, der, obwohl er phlegmatisch scheint und sich in den Grenzen einer dienstfertigen Gleichgültigkeit hält, Gelegenheit finden könnte, seinen Charakter zu festigen. Er hat die Aufgabe, Gerhards Jeep und Gerhards Motorboot zu fahren und mit dem Fernglas den Golf zu überwachen, ob eine Jacht mit Gerhards Freunden unterwegs ist. Wir steigen alle in den Jeep, und unser Gastgeber fährt uns selbst auf die Baustellen des Konsortiums. Die Costa Smeralda wird drei Zentren haben: Liscia di Vacca, Cala di Volpe und Porto Cervo. In Liscia di Vacca zeugt augenblicklich für die touristische Mode nur eine weiße, eine schneeweiße Villa, die einer Pariser Berühmtheit, einem ehemaligen Mannequin gehört. Sonntags bringen einige Autos aus Olbia Sarden, Römer und vor allem Mailänder, die den Schlupfwinkel von ›Madama‹ sehen wollen. Außer diesem unübersehbaren Gebäude gibt es noch drei oder vier Villen von bescheidenerem Aussehen; dann, in einer Bucht, ein kaum vollendetes Bungalowhotel. Die Mauern verschmelzen mit der Farbe des Granits. Erde und Pflanzen bedecken die Dächer, so daß man das

Ganze von weitem kaum sieht. Preis? Fünfzehntausend Lire pro Tag. Gerhard zählt uns seine Projekte auf, während wir in einer Staubwolke dahinsausen. Hier ein zweites Hotel mit weniger mörderischen Ansprüchen, dort eine Bar, weiter hinten ein Laden. Der Stil dieser Gebäude? Darum solle ich mich nicht sorgen; kein Projekt kann ohne die Billigung der Architekten des Konsortiums ausgeführt werden. Dann zeigt er uns auf zwei einsamen Felsvorsprüngen die Bauplätze, die er an diesen und jenen verkauft hat – alles berühmte Namen aus der Avenue de Marigny und dem Quai Mont-Blanc. Wann wird auf diesen Plätzen gebaut werden? Er weiß es nicht. Viele Käufer spekulieren nur mit ihren Grundstücken.

Wir fahren die Straße entlang, auf der wir am ersten Tag gekommen sind. Nach einer knappen halben Stunde: Cala di Volpe, ein anderes Hotel, das von Karim. Der französische Architekt Jacques Couelle hat es entworfen. Der Couelle von Castellaras? Eben der. Das Hotel ähnelt einem provenzalischen Dorf. Es könnte schlimmer sein mit seinen blauen und rosa Gebäuden, die durch Bögen, durch kleine Wiesen und Meerzungen verbunden sind. Die Preise? Noch höher als die von Pitrizza.

Noch ein Stück weiter, und wir sind in Porto Cervo, dem Musterdorf der Costa Smeralda, ihrem Portofino, ihrem Saint-Tropez. In einer schönen, natürlichen, vor einem Jahr noch völlig wilden Bucht ist ein Hafen entstanden. Etwa dreißig Vergnügungsschiffe mit Segeln oder Motor sind an einer nagelneuen Mole vertäut. Eine Holzbrücke beschreibt einen graziösen japanischen Bogen über den kleinen Fjord, der Landungssteg und Geschäftsviertel trennt. Der Italiener Vietti hat die Häuser entworfen. Niedrig, übereinandergeschachtelt, weiß und rosa, mit alten Ziegeln gedeckt, entsprechen sie genau dem architektonischen Klischee, das sich seit kurzem an den Ufern des Mittelmeers breitgemacht hat. Der Blick begegnet keiner einzigen geraden Linie; die Mauern sind geschwungen, die Dächer runden sich zu kleinen Kuppeln, und die Geschäfte, die geschützt unter einem halbkreisförmigen Arkadengang liegen, strengen sich ungeheuerlich an, jeden Winkel von neunzig Grad zu vermeiden. Wie viele Bögen, wie viele Rundungen! Als ob man Sardinien, als Strafe dafür, daß es sie so lange Zeit mißachtete, unter einer Lawine von weichen Linien betäuben müßte.

Was wird in den Geschäften verkauft? Ich weiß wohl, daß der Hafen erst vor wenigen Wochen eingeweiht worden ist (bei dem von Karim veranstalteten Fest im Freien machten sich die Bauern aus den Bergen über die gevierteilten Schweine her, noch ehe sie richtig gebraten waren, sagt mir Gerhard); der augenblickliche Zustand ist provisorisch. Aber eben deswegen wird mich nichts besser über Geschmack und Absichten des Konsortiums unterrichten als die Wahl der zuerst eröffneten Geschäfte. Ich zähle: 1. eine bereits mit Ölschinken versehene Bildergalerie; 2. ein Antiquitätengeschäft, das zwei herrliche, antike sizilianische Vasen ausstellt (fünfhunderttausend Lire beide zusammen) und vier schöne venezianische Seestücke aus dem 18. Jahrhundert (zweieinhalb Millionen alle vier); 3. ein Geschäft mit Pseudokunsthandwerk; 4. ein Geschäft mit Keramikkacheln; 5. eine Zweigstelle der Bank von Sardinien; 6. eine Kurzwarenhandlung; 7. ein Geschäft mit Seeartikeln; 8. ein

Tabakladen, in dem sich auch ausländische Zeitungen und Schundromane finden; 9. ein Drugstore; 10. ein Nightclub; 11. ein Restaurant, das ausgezeichnete Mahlzeiten zu einem festen Preis von tausenfünfhundert Lire serviert; 12. ein Damenfriseur. Ich suche den Barbier. Welch verrückte Idee! Ich bin hier nicht im Süden, sondern im bürgerlichen Westen. Die Bedeutung eines Barbierladens als Mittelpunkt des sozialen Lebens würde den Passagieren der Jachten entgehen. Man hat gut daran getan, alle Mühe auf die Haare ihrer Gefährtinnen zu verwenden. Vielleicht bin ich zu empfindlich, aber der Sieg des Damenfriseurs über den Barbier ist für mich eine Niederlage der südlichen Kultur.

Wer schlendert vor diesen Geschäften hin und her? Wer belebt die einst verlassenen Ufer? Die übliche Fauna der Boote. Kein einziger Sarde. Ich betrachte das regelmäßige, ovale Gesicht der Verkäuferinnen, ihre fette, gepuderte Haut. Auch sie sind wie die Architektur Importware und den Klischees der Badeeleganz nicht weniger konform.

Zwei uniformierte Wächter, deren Gürtel voller Patronen stecken, machen zwischen den rosa Häusern und dem Meer ihre Runde; eine andere reizende Neuheit in dieser einst leeren Gegend.

Der tiefere Grund für Porto Cervo? Man braucht ihn nicht weit zu suchen. Wer Geld hat, ist Herr, das zu tun, was er will. Aber Khan und seine Mitarbeiter denken nicht so. »Wir schaffen einen hübschen Wohnstil, wir geben den Sarden Arbeit . . .«

»Wie viele Arbeiter sind auf den Baustellen von Porto Cervo beschäftigt? Mehrere tausend?«

»Ich denke, etwa zweihundert.«

»Ah!«

». . . Wir bringen Bequemlichkeiten in ein Dorf, das keine hatte.«

Wenn der Gedanke an das, was den Sarden nützlich sein könnte, den Förderern der Costa Smeralda je gekommen ist, wie ist es dann zu erklären, daß ein Ei im Drugstore sechzig Lire kostet, während man es für fünfunddreißig auf dem sardischen Markt findet? Warum wird eine Zweiliterflasche Wein in Olbia für vierhundert Lire verkauft und eine Einliterflasche in Porto Cervo für fünfhundert Lire? Warum zahlt man hier für eine winzige Dose Pastete sechshundert Lire? Und diese Häuser, die am anderen Ende des Hafens als Villen angeboten werden, welcher Sarde könnte sich für zwanzig Millionen ein Haus kaufen? Und das Bauland, das augenblicklich fünftausend Lire pro Quadratmeter und fünfzig Millionen pro Hektar kostet? Sind wir wirklich in einem Dorf wie jedem anderen oder sind wir . . .? »Nun ja, die Folgen werden indirekt sein!«

Wie im Fluge kehren wir nach Liscia di Vacca zurück. Ich denke an das wunderbare Dorf San Pantaleo, das wir gestern besucht haben, das einzige alte Dorf an der fünfzigtausend Hektar umfassenden Costa Smeralda: nicht am Meer gelegen, sondern unter phantastischen Felsblöcken in den Bergen. Lange, flache Häuser wie in Holland, eines neben dem anderen um einen quadratischen Platz herumgebaut. Dieser Platz verrät mehr als nur guten Geschmack: er beweist ein tiefes Gefühl für die notwendige Beziehung zwischen Linien, Licht und Raum.

Gerhard beklagt sich über die Langsamkeit der Sarden, über die Schwierigkeit, spezialisierte Arbeiter zu bekommen, über die Unerfahrenheit der Werkmeister. In dem Bungalowhotel wurden die Einrichtungen für die Klimaanlage außerhalb der Zimmer unter den Fenstern angebracht! Bevor man zu bauen anfangen konnte, verloren die Notare ein Jahr, um die Bauern, die ihr Land nicht loslassen wollten, zur Unterschrift zu bringen. Das Fehlen eines Katasters komplizierte die Verhandlungen noch mehr. Über alles hatte man sich schließlich geeinigt, nur nicht über einen Küstenstreifen, den ein dickköpfiger Eigentümer nicht abtreten wollte. Die Legende erzählt, Aga Khan habe eine Million geboten, und der andere habe geantwortet: zwei. Das ist eine Legende, aber sie zeigt die Auffassung der Sarden vom Geld. Jetzt besitzen sie viele Millionen. Das merkwürdigste ist, daß dieses unfruchtbare Gebiet bei der Aufteilung innerhalb der Familien den Jüngsten, den Schwachen und Unfähigen gegeben worden war, und nun sind die Benachteiligten über Nacht steinreich geworden! Was tun sie mit dem Geld? Nichts. Nachdem einmal der Eisschrank, das Fernsehen, die Einheitsmöbel und das Auto angeschafft sind, leben sie weiter wie zuvor, *mit* Eisschrank und Fernsehen, die oft nicht funktionieren, weil es nicht überall Elektrizität gibt. Sie reisen nicht, sie vergrößern nicht ihr Haus, sie legen sich vor ihre Hütte in den Schatten, um die Kühle zu genießen. Die schlechte Straße, auf der wir fahren, hätte seit langem auf die Initiative der Region hin instandgesetzt werden müssen; auch hier haben Unsicherheit und Nachlässigkeit für alle Projekte Verspätung gebracht. Schwarzhut erhebt sich beim Vorüberfahren des Jeeps. Gerhard winkt mit der Hand, aber fährt nicht langsamer. »Ihr findet diese Leute wunderbar, sie machen euch

Spaß, sie sind für euch eine Abwechslung nach Paris. Aber wenn ihr mit ihnen arbeiten müßtet, so wäret ihr mit eurem Urteil vorsichtiger.«

Ich lese in dem bemerkenswerten Aufsatz Pasolinis über die ›Poesia popolare italiana‹, daß in den sardischen Ritournellen neben den in der italienischen Volksdichtung häufigen Aufzählungen aus dem Bereich der Botanik (Rosen, Nelken, Oliven, Palmen, Granatäpfel usw.) und der Ornithologie (Nachtigallen, Grasmücken, Tauben usw.) auch Minerale genannt werden, und zwar mit einer absoluten und fast an Besessenheit grenzenden Vorliebe für Gold und Silber. Diese Vorliebe erklärt sich gewiß auch durch den Dialektreim ›oro-goro‹ (Gold-Herz). Soll ich daraus schließen, daß die Sarden, obwohl sie keinerlei Sinn für Silber als Geld haben, Silber als Metall sehr schätzen?

Seit der Zeit der Römer war Sardinien begehrenswert durch seine Silberminen, die lange einen der wichtigsten Reichtümer der Insel darstellten. Balzac, der von Aiaccio auf einem Korallenschiff losgefahren war, um sich die Silbergewinnung näher anzusehen, landete an einem Aprilmorgen des Jahres 1838 in Alghero. Aber eine Marseiller Gesellschaft war um mehrere Tage schneller gewesen als er.

Silber war also seit urdenklichen Zeiten für die Sarden jene geheimnisvolle, harte Substanz, die in dem Herzen der Berge steckt (die Assoziation Gold-Herz spielt vielleicht mehr auf dieses Herz an als auf das sentimentale Herz der Romanzen). Die nahe Verbindung zu dem wertvollen Metall hat bei den Sarden wahrscheinlich die Gewöhnung an das Silbergeld verzögert. Wie sich ihre Beziehung zum Wasser aus der alten Strenge ihres Quellenkultes erklärt, so muß ihre Schwierigkeit, mit Banknoten umzugehen, von ihrer alten Freundschaft oder Ehrfurcht für die Berge und ihre Geheimnisse herrühren. Es wird ihnen ebenso schwerfallen, frohen Herzens ihren neuen Reichtum zu nutzen wie sich ohne Scheu auszuziehen und im Meer zu baden. Noch ist es nicht so weit, daß die Wasser- oder Metallbäche leicht zwischen ihren Fingern hindurchfließen.

Hunde, Schweine

Schwarzhut kommt gegen fünf Uhr herunter, um unseren Mülleimer fortzutragen. Wir hatten nicht gewagt, ihn darum zu bitten. Er holt unsere Abfälle, um sie seinem Schwein zu geben, und schenkt uns dafür zwei Eier, Obst, selbstgebackenes Brot. Der alte Brauch des Naturalienhandels. Er kommt inmitten seines gewohnten Hundegefolges: da ist Whisky, ein schöner Schäferhund, den ihm ein Ingenieur aus Cagliari in Pension gegeben hat; Balzano, eine Mischung aus Fox und Jagdhund, der eine Trübung im Auge hat und unter schrecklichen Zuckungen leidet, wenn er nicht auf seinem Lieblingsplatz, dem hinteren Sitz in Gerhards Jeep, liegt; schließlich eine kurzbeinige Bastardhündin, die am meisten an Schwarzhut hängt. Die Hunde wohnen in den Höhlen Schwarzhuts, sie springen, schnüffeln und spielen mit ihm in seinem dunklen Paradies, das voller Erinnerungen an sein Vorleben steckt. »Wir haben sie streunend gefunden«, sagt er mir von der kleinen Bastardin.

»Sie gehört allen, deswegen haben wir sie Rom genannt.« Das ist seine Meinung von der Hauptstadt: ein charakterloser Ort, der niemandem gehört. Ein öffentlicher Platz voller Kuppler, die sich um seinen Besitz streiten. Dante war im übrigen kaum anderer Ansicht. Schwarzhut bückt sich, packt mit beiden Armen unseren Abfalleimer und steigt aufrecht und majestätisch zu der Felsnische hinauf, in der ihn sein Schwein erwartet. Was sind für ihn die ein- oder zweihundert Millionen, die man in irgendeiner Bank für ihn eingezahlt hat? Sind sie nicht ein armseliges Gut, verglichen mit dem Glück, in gutem Einvernehmen mit seinen Hunden, seinem Schwein zu leben? Schwarzhut ist den Helden meiner Lieblingsromane nicht unterlegen – Don Quichotte, Queequeg, dem Idioten, die man alle als ›minus habens‹ sieht, damit man nicht zugeben muß, daß sie das Leben meistern. Es ist das Geheimnis ihrer Überlegenheit, das sie für mich so fesselnd macht. Wie kann man sicher sein, daß man sich nicht eine völlig falsche Meinung über sie bildet? Um sie zu lieben, ihnen zu vertrauen, sich im Kontakt mit ihrer bestürzenden Einfachheit zu stärken, darf man nicht die Angst haben, betrogen zu werden.

Bohnen

Wir stiegen die Berge wieder hinab. Das Meer, völlig unbeweglich und klar, glättete sich beim Sonnenuntergang. Nicht ein Boot kräuselte die Oberfläche. Die unzähligen kleinen Buchten und Meerzungen waren leer. In der Ferne hörten wir einen schweren, regelmäßigen Schritt auf uns zukommen. Ein Bauer holte uns ein und ging mit uns weiter. Er trug einen schweren Eimer voller Bohnen, die er oben auf den Bergen gepflückt hatte. Von kleiner Statur, untersetzt, das Gesicht braun, fast schwarz und von tiefen Falten durchzogen, rief er laut nach zwei braunen, sehnigen Kühen, die ihre Schnauzen zwischen den Asphodelien hin- und herwiegten. »Gehören die Ihnen, diese Kühe?« fragte ich ihn. Nein, es waren nicht seine, sie gehörten der Schwiegermutter von Battista, dem kleinen Kaufmann auf dem Platz. Wie die Bohnen und alle anderen, mühsam dem Berg entrissenen Gemüse. Er kümmerte sich darum, daß die Kühe auf die Weide kamen, und bestellte die Felder: dann teilte er mit dem Eigentümer in zwei gleiche Teile. Ich bemerkte nicht die kleinste Spur von Bitterkeit in seinen Worten. Er trug freudig den Eimer, den er mit den Früchten seiner Arbeit gefüllt hatte, und gewiß lieferte er nicht weniger freudig die Hälfte ab. Wir blieben an einer Stelle stehen, von wo man einen besonders schönen Blick auf das Meer hatte. »Gehen Sie nie fischen?« fragte ich. Er schaute mich mit einem verwunderten Lächeln an, das mich beschämte. Fischen gehen. Vielleicht hatte er nie daran gedacht. Es war klar, daß ich von woanders kam, wenn ich einen solchen Gedanken hatte. »Sehen Sie«, sagte er mit einem rührenden Zögern, so als fürchte er, mich in meiner Begeisterung zu verletzen, »wir lieben das Meer nicht . . .« Das Meer war für ihn nur eine Begrenzung des Landes, es bot keine Möglichkeiten für Bohnenfelder. Aber schaute er es wenigstens manchmal an? Er nahm den Eimer von der einen in die andere Hand und versuchte zu verstehen, was ich gemeint hatte. Er folgte seinen beiden Kühen mit den Augen, und das Meer war wirklich vor uns wie eine schwarze Fläche ohne Bedeutung, von der es noch nicht einmal zu sprechen lohnte.

Männchen, Weibchen

Wie eine Reise aus der Welt ist ein Tag, an dem man das Haus nicht verläßt. Unsere Einsamkeit wird nur von dem Besuch des immer würdigen, höflichen und diskreten Schwarzhut gestört, der von seinen drei Hunden umgeben am Eingang seiner inneren Höhle Wache hält. Pili Brunda wies mich auf ein merkwürdiges Treiben auf unserer Terrasse über dem Meer hin: ein Fähnlein Ameisen, das die Krumen unserer Mahlzeit gefunden hatte, machte sich auf, die restliche Kolonne zu holen; dann begannen sie die Beute fortzutragen, jedes Tier im Kampf mit einer Last, die weit größer als es selbst war. Aber an der Stelle, an der ihre Straße sich durch zwei Steine hindurchzwängte, hatte sich ein Eidechsenmännchen aufgepflanzt, und hopp! verschlang es die Krume, ohne eine weitere Anstrengung zu unternehmen, als die Zunge herauszustrecken. Die erschreckte Ameise drehte sich mehrmals um sich selbst; dann eilte sie zurück zum Ausgangspunkt, packte einen neuen Speiserest und machte sich unter ihrer Last wieder auf den Weg bis zu dem verhängnisvollen Durchgang, wo ihr die Krume von dem nichtsnutzigen Saurier abermals fortstibitzt wurde. »Sieh mal an«, sagte ich zu Pili Brunda, »seit wir hier sind, hatte ich die Italiener vergessen. Hier, in diesem Handel zwischen einem passiven Männchen und vielen fleißigen Weibchen, die sich für es abrackern, haben wir ein symbolisches Bild für sie.« Warum sind bloß die Sarden so anders? Warum singen sie nicht, warum machen sie den Frauen nicht den Hof und verschlingen sie nicht mit den Augen? Warum bewahren sich die Frauen auf dieser Insel ihre Würde? Warum enden die Beziehungen zwischen den beiden Geschlechtern nicht zwangsläufig in einer schiefen Verbindung? Warum ist das Komödiantentum der Zugeständnisse und gegenseitigen Demütigungen in diesem Land unbekannt? Warum? Warum?

Ehe

Costantino Zunnui, Schafhirte von Fonni im Zentrum Sardiniens, schrieb auf die Bitte Franco Cagnettas hin sein Leben auf. Er war von seinem zehnten Lebensjahr an Hirte gewesen und hatte alle Schwierigkeiten seines Berufes kennengelernt, einschließlich einer zwanzig Monate dauernden Haft wegen Beteiligung an einem Diebstahl von vierzig Schafen. Aber seiner Standhaftigkeit, seinem Stolz und seinem Humor, die exemplarisch gesteigert den sardischen Charakter zeigen, konnte nichts etwas anhaben. Als Koch bereitete er dem Bischof an einem feierlichen Besuchstag im Gefängnis von Oristano folgenden Empfang:

»Unterrichtet vom Kaplan, daß ich nicht beichten wollte, kommt der Bischof mit allen Wärtern in die Küche. ›Guten Tag.‹ – ›Guten Tag, Exzellenz.‹ Er nähert sich, um sich die Hand küssen zu lassen, aber ich: nichts. Ich behandle ihn wie meinesgleichen. Er hatte am Finger einen goldenen Ring, so groß wie eine kleine Käseform – seine Macht. Für dieses Gold, wer weiß wie viele Schafe ich dafür kaufen könnte, wenn ich aus dem Gefängnis komme. Der wertvolle Diamant zerrte schließlich an meiner Geduld, die schon von dem Kaplan mitgenommen war. Ich rührte gerade die Spaghetti. ›Was für schöne Vorräte und Lebensmittel.‹ Sie bringen eine Flasche Marsala, und der Bischof will mich nach sich trinken lassen. ›Nein danke.‹ Es ging mir doch gut in der Küche, und er war mir egal. Der Bischof kam näher. ›Bitte schön, wie heißen Sie?‹ – ›Zunnui Costantino, Sohn des verstorbenen Michele aus Fonni.‹ – ›Ah‹, sagt der Bischof, ›Sie stammen von dem überaus seligen Bischof Zunnui der Diözese von Fonni ab.‹ – ›Ja‹, sage ich, ›ich bin der Sohn eines seiner Vettern.‹ – ›Bei Gott, ähnlich sind Sie ihm nicht, wenigstens nicht in der Frömmigkeit.‹ – ›So ist es‹, habe ich ihm gesagt. ›Er hat angefangen im großen zu stehlen und ich im kleinen. Wir können nicht dieselben Ideen haben.‹ Er hat ›Oh!‹ gesagt und mich kaum gegrüßt.«

Es gelang Costantino nach Frankreich auszuwandern. Er fand Arbeit, lernte Lesen und Schreiben und kehrte dann nach Fonni zurück, um seine Cousine zu heiraten.

»Ich gehe wegen der Formalitäten zu Pater Canudu, dem Pfarrer, er sagt mir, daß ich zweihundertsiebzig Lire zahlen muß. ›Wenn man seine Cousine heiratet, befiehlt die Katholische und Apostolische Kirche, zweihundertsiebzig Lire zu bezahlen!‹ – ›Nein‹, sagte ich, ›um meine Cousine zu heiraten, muß ich nicht zweihundertsiebzig Lire bezahlen. Es ist eine Heirat wie die anderen, ich zahle nichts.‹ – ›Dann geh‹, sagte der Priester fast zornig. Ich gehe zu meiner Cousine und sage: ›Hör mal, ich möchte dich so gern heiraten, aber die Katholische und Apostolische Kirche sagt, daß ich zweihundertsiebzig Lire zahlen muß. Ich bin aus Frankreich zurückgekommen wegen des Versprechens, aber wenn ich für dich zweihundertsiebzig Lire zahlen muß, heirate ich nicht.‹ Anna Zunnui ist Analphabetin, aber sie versteht so manches, und darum habe ich sie dazu gebracht, mit mir in einem gemieteten Zimmer zu wohnen. Der Fall war merkwürdig, denn es war vielleicht der erste dieser Art. Ich ließ meine Schwestern zu Hause allein zurück, denn mein Vater war während meines Aufenthalts in Frankreich gestorben, und meine Mutter, als ich meine Strafe in Oristano absaß. Die Verwandten grüßten uns nicht mehr. Ein Jahr vergeht, da wird Anna schwanger. Die Verwandten kamen nicht, aber die Weiber, die mit dem Pfarrer vertraut waren und in seinem Dienst standen, und sie sagten, die Sache sei eine Todsünde. Anna weinte oft vor Scham. Ich überzeugte sie nach einer Weile, daß alles Lüge und Betrug sei, und sie begann zu verstehen und legte sich eine dicke Haut gegenüber den Tadlerinnen zu. Doch der Priester ließ uns keine Ruhe. Trotzdem zahlte ich die zweihundertsiebzig Lire nicht. Ein Monat war vergangen, und das Kind sollte auf die Welt kommen, da ruft mich der Pfarrer und sagt, wenn ich nicht zahlen wolle, müßte ich zum Bischof von Nuoro gehen. Ich wollte mich dieser Verpflichtung nicht entziehen. ›Gut, wenn Sie mir die Reise und Verpflegung zahlen, gehe ich nach Nuoro.‹ Nach Tagen kommt die Magd des Pfarrers und sagt, daß meine Gefährtin zum Pfarrer kommen soll. Sie kam gleich mit einem Brief zurück, dem ich dem Bischof nach meiner Ankunft bringen sollte, und mit dem Geld. Um neun Uhr an dem festgesetzten Tag klopfte ich an die Tür des Bischofspalastes. ›Was wünschen Sie, junger Mann?‹ fragte mich ein Geistlicher, der mir die Tür öffnete. ›Ich wünsche mit Seiner Exzellenz zu sprechen.‹ – ›Sie ist in der Messe‹, antwortete er. – ›Wann kann ich zurückkommen?‹ – ›Um zwölf Uhr.‹ Pünktlich um zwölf war ich an der Tür und klopfte, und derselbe Mann öffnete mir. ›Ist er bereit?‹ – ›Jetzt ist er zu Tisch, dann legt er sich ein wenig nieder!‹ antwortete er. Diese Herren machen auch im März ein Schläfchen, sagte ich mir. ›Also, Hochwürden, wann kann ich wieder kommen.‹ – ›Gegen drei Uhr.‹ – ›Zu spät für mich, denn ich muß nach Fonni zurück. Nehmen Sie diesen Brief und übergeben Sie ihn geschlossen dem Bischof und sagen Sie ihm, daß Zunnui von heute an niemanden mehr mit seiner Angelegenheit belästigen wird.‹ In fünf Minuten war er zurück. ›Treten Sie ein‹, sagte mir jener vornehme Diener des Herrn. Ich fand mich in einem großen Amtszimmer wieder, auf einer Wand sah ich ein großes Bild, ›Monsignor Zunnui‹ stand unter meinem Vetter. Der Bischof saß da, die Hände auf dem Tisch. Er hatte einen ähnlichen Diamanten am Finger wie den, den ich in der Küche gesehen hatte. ›Wer bist du‹, sagte er. ›Exzellenz, ich bin Zunnui Costantino, Sohn des verstorbenen Michele aus Fonni, ich will meine Cousine heiraten, aber die zweihundertsiebzig Lire, die der Pfarrer haben will, zahle ich nicht.‹ – ›Soso‹, sagt er, ›du bist Zunnui, ich weiß schon seit langem, daß zwei Briefe des Pfarrers deinetwegen da sind. Wie stellst du dir das vor? Du willst heiraten, ohne zu zahlen, wo doch ein Kirchengesetz sagt, daß du zahlen mußt, um deine Cousine zu heiraten!‹ – ›Exzellenz‹, sage ich, ›mir ist es egal, ob meine Gefährtin schwanger ist. Es geht mir gut mit meiner Gefährtin, und wenn ich zahlen muß, bleibe ich, wo ich bin. Ich wohne dann lieber zur Miete als bei mir zu Hause.‹ – ›Nun‹, sagt der Bischof, ›ich kann für dich eine Ausnahme machen, die ich sonst für niemanden mache. Aber du darfst es nicht weitersagen. Du brauchst nur die Hälfte zu zahlen.‹ Jetzt hat er wie ein Händler geredet, sage ich mir, und ich antworte ihm, ich Zunnui: ›Exzellenz, da Sie mich die Hälfte zahlen lassen können, heißt das, daß die Katholische und Apostolische Römische Kirche mich ebensogut nichts zahlen lassen kann. Ich bin entschlossen, meine Cousine nicht zu heiraten, wenn ich zahlen muß.‹ – ›Warten Sie meine Befehle ab. Ich schreibe an den Heiligen Vater, ich kann nichts anderes mehr tun!‹ Danach schreibt er an den Heiligen Vater, und ein wenig später läßt mir ein Priester ausrichten, daß ich in die Kirche gehen kann, um mich trauen zu lassen. Ich gehe wegen der Formalitäten ins Rathaus und finde Agostino Cicalò, der mir sagt, ich müsse sechzig Lire zahlen. ›Nein‹, sage ich, ›ich brauche nichts zu bezahlen, weil mir der Heilige Vater geschrieben hat, daß ich nichts zu bezahlen brauche.‹ Und ich zeige ihm den Brief. ›Was tut das‹, sagte Cicalò Agostino, ›der Brief geht mich nichts an, du mußt mir sechzig Lire für die Arbeit im Rathaus geben.‹ – ›Und ich‹, sage ich, ›ich zahle nichts, und wenn ich zahlen muß, dann heirate ich nicht. Es geht mir gut so. Und du, du mußt mir die Papiere umsonst ausstellen . . .‹ Nach diesen Worten gehe ich zum Pfarrer, und an dem Tag, an dem ich heiraten sollte, war in Fonni auch der Bischof wegen irgendwelcher Angelegenheiten. Ich klopfe und will mit Pater Canudu, dem Pfarrer, sprechen, aber er faßt sich mit den Händen in die Haare und sagt: ›Einen Augenblick.‹ Er verschwindet und kommt mit dem Bischof zurück. ›Ciao, Zunnui.‹ – ›Ciao, Exzellenz!‹ – ›Was willst du noch?‹ – ›Ich komme, weil sie mich auf dem Rathaus sechzig Lire zahlen lassen wollen und ich nicht zahlen will.‹ Er schaute mich scharf an und stand dann lächelnd auf, legte mir die Hand mit dem Diamanten auf die Schulter und sagte: ›Man sieht, daß du es mit den Pariser Organisationen zu tun gehabt hast. Nun gut, kümmere dich nicht um die Gemeinde und laß dich sofort in der Kirche trauen.‹ Ich grüßte ihn und ging fort. Er hatte recht, dieser schlaue Fuchs, daß ich zu den Organisationen in Frankreich gehört hatte. Wir vertrauten unser offenes Haus einer Nachbarin an und gingen uns trauen zu lassen. Bei unserer Rückkehr gab es Fleisch und alles andere, aber wir hatten nur uns selbst als Gäste. Und so habe ich meine Heirat ausgenützt, um Rache an den Frömmlern zu nehmen.«

Grausame Milch

Aus Abneigung gegen die Theorien Lombrosos und seines Schülers Niceforo, der die Schädelformen in der Barbagia untersuchte und die zahlreichen Verbrechen dort auf eine pathologische Degeneration zurückführt; aus Schrecken über den Kommissar, der noch 1953! die Notwendigkeit betonte, die Bevölkerung von Orgosolo mit Flammenwerfern zu vernichten; aus angeborener Antipathie gegen die Polizei, von der wir ein so großes Aufgebot in der Nähe des Sopramonte gesehen hatten, längs der gewundenen Straßen, die von Nuoro nach Oliena, von Oliena nach Orgosolo, von Orgosolo nach Mamoiada führen, in einem herrlichen, von rotstämmigen Korkeichen beschatteten Tal; aus Zorn gegen den Führer des italienischen Touring-Club, der nun den Glockenturm von Orgosolo und die vielen Wildschweine, Hasen und Rebhühner einer Erwähnung wert findet, ohne zu sagen, daß das Tier, das dort am meisten gejagt wird, der Mensch ist; aus Verwunderung über die noble Haltung und das stolze Benehmen der Bewohner; aus Anerkennung der Umfrage Franco Cagnettas; aus Bewunderung für den Film von Vittorio De Seta; schließlich, um das Problem abzuschließen und nicht die Legende des sardischen Brigantentums aufzubauschen, habe ich ein wenig voreilig behauptet, daß der Staat den Banditen schaffe.

Hier einige neue Fakten aus der Zeitung: vor zehn Tagen haben nächtliche Vagabunden hundertzweiundzwanzig Schafe abgeschlachtet und sie dann auf der Erde liegen lassen, ohne auch nur eines zu stehlen. Warum dieses Gemetzel? Rache genügt nicht als Erklärung. Man müßte verstehen, warum sie sich an den Schafen rächen, warum das Gebiet von Orgosolo, das nicht zu den ärmsten Sardiniens zählt, das einzige in Europa ist, in dem das Verbrechertum diese fanatische, absurde Form annimmt.

Ist vielleicht die Milch schuld daran? Maria Giacobbe, die aus ihren Erfahrungen als Lehrerin in Orgosolo ein wertvolles Buch gemacht hat, wunderte sich darüber, daß man die Kinder schon von klein an mit Kaffee und Wein ernährt (und was für ein Wein in Oliena, er könnte auch den kräftigsten Mann zugrunde richten!). Sie bekam die folgende Erklärung: »Der Kaufmann gibt uns Kredit für Wein und Kaffee. Aber der Besitzer der Schafe gibt uns keinen Kredit für die Milch. Er sagt, es wäre für ihn günstiger, sie sofort zu Käse zu verarbeiten, wenn wir sie nicht gleich bezahlen.«

Sehen sie vielleicht zwischen der Milch, die sie nicht

von den Schafen bekamen, als sie sie brauchten, und dem Blut, das sie jetzt grundlos vergießen, eine ebenso zwangsläufige wie geheimnisvolle Beziehung, die wir nicht verstehen?

Vor acht Tagen sah ein Autofahrer, der gegen Mitternacht nach Nuoro fuhr, einen Baumstamm quer über der Straße liegen. Er wechselte den Gang und fuhr in größter Eile zurück, doch nicht so schnell, daß nicht die Kugel einer Maschinenpistole einen seiner Reifen traf. Er konnte fliehen und Alarm geben. Dank dieses Umstandes gerieten nur ein Bus und drei Autos in die Falle. Den Passagieren wurden Geld, Uhren und Schmuck fortgenommen. Auf derselben Straße fährt alle zwanzig Minuten eine Polizeistreife vorbei.

Der Bandit stieg in den Bus und sagte den Reisenden: »Wir suchen jemand, den wir umbringen müssen, aber ich sehe ihn hier nicht.«

Gestern zwischen drei und fünf Uhr morgens wurden auf einer anderen Straße der Barbagia abermals sechs Autos von einem Baumstamm aufgehalten und die Insassen ihrer Wertsachen beraubt.

Der Ehrenkodex der sardischen Briganten, der ihnen nur denjenigen anzufallen erlaubt, der sie persönlich beleidigt hat, ist offensichtlich sehr entartet. Merkwürdigerweise sind sie sich dessen selbst bewußt, da sie das Bedürfnis haben, eine blutige Auseinandersetzung vorzuschieben, um die Reisenden auszurauben.

Ich hätte nie eine so malerische Bestätigung dafür erwartet, daß biologische und wirtschaftliche Gesichtspunkte nicht genügen, um die immer dunklen Gründe für das Banditentum in der Barbargia aufzuhellen. Unter dem Titel ›Raub, Polizei und schwangere Verlobte‹ hier

ein Brief, der Rassisten wie auch Marxisten Lügen straft. »Sehr geehrter Herr Direktor, ich bin ein seit vier Jahren entlassener Polizist und lese oft in Ihrer Zeitung von all den Verbrechen, die auf der Insel verübt werden. Es ist ganz so, wie Sie in Ihrer Zeitung sagen: die Gewohnheitsverbrecher beherrschen das Feld. Und wissen Sie warum? Ich glaube, daß dies so ist, weil die Kommandantur alle die Polizisten entlassen hat, deren Verlobte schwanger waren. Das ist mein Fall und der vieler anderer.«

Letzte Neuigkeiten. Nuoro – eine wohlhabende Familie. Die Frau ist eben niedergekommen, der Mann hinausgegangen, um die Hebamme nach Hause zu begleiten. Zwei maskierte Männer brechen in das Zimmer ein. Die Frau, aufgefordert, die Schlüssel zur Truhe zu übergeben, packt einen Revolver und schießt. Man entdeckt, daß einer der maskierten Toten der Polizeioberst ist, der andere der Mann der Hebamme.

In der Nähe von Alghero ein einsames Nachtlokal um halb neun Uhr abends. Fünf maskierte Banditen dringen ein, stellen die Männer gegen die eine Wand, die Frauen gegen die andere, nehmen Schmuck und Wertsachen, drohen, einer Frau den Finger abzuschneiden, die ihren Ehering nicht abliefern will. Drei Komplizen warten draußen auf Neuankömmlinge und drängen sie ins Innere. Erst um halb eins, nach vier Stunden, verschwindet die Bande. Etwa hundert Personen sind ausgeraubt worden. Die Beute: ungefähr zehn Millionen. Der Raub ging mit ausgesuchter Höflichkeit vonstatten. Der Anführer ließ neue Platten auflegen, das Licht je nach dem Rhythmus der Musik dämpfen oder heller werden, den Opfern zu trinken anbieten. Zum erstenmal hat man es in Sardinien mit einer so gutorganisierten Unternehmung zu tun – und so weit von der Barbagia entfernt. Die Banditen waren wie die Hirten von Orgosolo ge- kleidet, doch sie trugen keine Gamaschen. Die Polizei fragt sich, ob sie nicht zu einer internationalen Bande gehören, die aus Korsika oder Italien gekommen sind (über Alghero, den größten Flughafen Sardiniens). Soll- ten sie nicht verkleidet gewesen sein, müßte man die Voraussetzung für das Verbrechertum in Sardinien neu untersuchen.

Winde

Gerhard lädt uns ein, auf der Terrasse ein wenig Musik zu hören. Seine Lieblingsplatten: das Klarinettenquin- tett von Brahms und ein herrlicher Schubert, den ich durch ihn kennengelernt habe – die große posthume Symphonie in C-Dur, von Furtwängler dirigiert. Ich bitte ihn, den ersten Satz mit jenem Hornruf aufzulegen, den man unmöglich nicht gleich ein zweites Mal hören will.

»Wohin ruft es Sie«, fragt Gerhard. Ich bin ein wenig verwirrt. »Ja«, fährt er fort, »wenn Sie glauben, ich hätte Sie nicht beobachtet . . . Das Horn Schuberts ruft Sie zu den großen wilden Wäldern, den unbewohnten Gipfeln, den noch einsamen Küsten. Es vermittelt Ihnen die Reinheit, die Sie hier verdorben finden, Sardinien vor der Invasion der bösen Kapitalisten . . . Aber Sie irren sich, mein Lieber. Bevor wir Techniker und Kapitalisten hierher brachten, war die Costa Smeralda keineswegs ein hübsches Fleckchen Erde, bewahrt von allem modernen Schmutz: sie existierte einfach nicht, sie war das Nichts, die Leere, der Tod. Glauben Sie, daß es wirklich so verachtenswert ist, gesundes Leben in einem Land zu schaffen, das ohne uns weiterhin nicht existierte?«

Ich erkenne an, daß die von den Leuten des Konsortiums unternommenen technischen Anstrengungen erstaunlich sind. Dieser Jachthafen zum Beispiel . . . Aber kann man sich nicht über den Zweck streiten?

»Welchen Vorteil sehen Sie darin, aus dem Nichts Geschäfte mit Antiquitäten und Souvenirs zu schaffen?«

»Nun spielen Sie nicht den Idealisten! Sardische Arbeiter haben diese Läden gebaut und werden andere bauen. Fragen Sie sie nur, ob sie nicht glücklich darüber sind, Arbeit gefunden zu haben. Und es gibt noch auf Jahre hinaus Arbeit! Und dann denken Sie an Kalabrien, an Lozère, an alle diese Gegenden, die durch den unaufhaltsamen Prozeß der Landflucht leer werden. Wir können uns rühmen, die einzigen zu sein, denen das Gegenteil gelungen ist – die Wiederbevölkerung einer verlassenen Gegend.«

Von der Höhe der Berge kehrt dröhnend das Echo des Hornes zurück.

Eifersucht

Krise in unserer Beziehung zu den O.

Wir hatten Battista gefragt, ob nicht eine Frau aus dem Ort kommen könnte, um ein wenig bei uns zu putzen. Er zeigte uns ein kleines Haus nebenan, in dem mit Frau und Sohn ein Arbeiter wohnte, der aus dem Inneren Sardiniens, aus Perfugas, gekommen war. Sie erklärte sich bereit zu kommen. Er, schmächtig, nervös, mit scharfem Blick, fuhr sich mit der Hand in die Haare, ohne etwas zu sagen. Wir legten sein Schweigen als

Zustimmung aus und sprachen über die Zeiten. Konnte sie um Mittag kommen? Um diese Stunde gingen wir zum Meer hinunter. Sie wäre allein im Haus gewesen. »Um Mittag, es ist recht.« Aber ihr Mann hob den Kopf und rief zornig, daß nie und nimmer seine Frau um zwölf Uhr arbeiten ginge. Mußte sie ihm vielleicht das Essen machen? Nein, er aß auf der Baustelle in Porto Cervo. War Mittag zu spät für die Mahlzeit des Kindes? Nein, auch das nicht. »Im übrigen«, fügte er hastig mit der Redlichkeit eines Missionars hinzu, der seinen Glauben vor Häretikern bezeugt, »ich habe mir immer geschworen, daß meine Frau, solange ich bei guter Gesundheit bin, nicht arbeiten geht, niemals.« Und er wiederholte mehrmals in affirmativer Form: »Solange ich gesund bin, wird meine Frau niemals arbeiten gehen.« Die Frau saß währenddessen abseits, aufrecht, dickköpfig, mit ironisch verzogenen Mundwinkeln, bereit, die schrecklichsten Stürme zu bestehen. Es wurde vereinbart, daß sie um halb zehn kommen würde.

Wir verstehen uns prächtig mit Francesca. Sie kommt mit ihrem kleinen Jungen. Der fünfjährige Natalino will absolut kein Italienisch lernen. Er klettert auf die Felsen, wo er auf Sardisch lange Selbstgespräche führt. Sie läßt ihn herumlaufen und kümmert sich nur um ihn, wenn sie ihn wegen seiner Unarten schilt. Das Gegenteil der italienischen Mutter. Als Frau gibt sie jeden Tag einen Beweis ihres Charakters. Sie hat ganz allein eine Ratte getötet.

Gestern baten wir sie, von Wollkugel die Laken zu holen, die diese uns gewaschen hatte. Francesca kehrte mit leeren Händen zurück: Wollkugel hatte sich geweigert, ihr die Laken auszuhändigen. Wir eilen zu den O., um das

Rätsel zu lösen. Die Fäuste in die Hüften gestemmt, redet Wollkugel schon von weitem auf uns ein. »Bei Ihnen muß *ich* saubermachen. Ich werde zu Ihnen kommen und die Arbeit machen!« Natürlich war davon nie die Rede gewesen, und es wäre uns nie in den Sinn gekommen, diese Millionärin zu bitten, sich für uns zu bemühen. »Sie haben mich beleidigt! Sie haben mich beleidigt!« schreit sie. Die Eifersucht bläht ihr die Backen auf, und ihre Haare sträuben sich. Pili Brunda versucht ihr gut zuzureden: »*Sie* sind doch eine Dame! Sie haben ein Haus, Sie müssen sich um Ihren Mann kümmern, um die Kinder und die Tiere!« Aber sie ist eigensinnig. »Sie haben mich beleidigt! Sie haben mich beleidigt!«

In der Tiefe ihrer uralten Gewohnheit an Isolierung und Frustration kann sie einfach die Geselligkeit nicht dulden, die Gleichzeitigkeit und Polyphonie sozialer Beziehungen. Daß Francesca uns sieht, mit uns spricht, uns hilft, ohne daß *sie* dabei ist, bringt sie ganz aus der Fassung. Da sie abseits von der Welt gelebt hat, meint sie nun, die ganze Welt müsse von ihr abhängig sein. Sie ist bereit, unseren Fußboden zu scheuern, bloß damit wir in Liscia di Vacca nur sie als Bekannte und Freundin hätten. Brrr! Die Vorstellung eines Dritten ist wie ein Feuerwirbel unter ihre schwarzen Röcke gefahren.

Zwischen der Mißbilligung des Gatten und dem Geschrei Wollkugels bleibt Francesca hartnäckig. Sie kommt weiterhin. Natalino schwingt sich auf die Felsen und brummt, mit Bezug auf uns, wie mir scheint, wenig liebenswürdige Wörter. Vielleicht nutzt er seine Unkenntnis des Italienischen aus, um uns nach Herzenslust beleidigen zu können. Ist er böse auf uns, weil seine Mutter arbeitet? Eifersüchtig auch er, Natalino?

Wenn wir den Schinken leid sind, beschließen wir, uns ins Auto zu setzen und uns eine Stunde lang auf der Straße durchschütteln zu lassen, bis wir zum nächsten Dorf mit einem Restaurant gelangen. Heute abend setzten sich an den Tisch, an dem wir aßen, ein gedrungener, braungebrannter junger Mann, der sich begnügte, uns in die Augen zu sehen, ehe er sich niederließ, und ein blondgelockter Vierziger, der sich, ehe er Platz nahm, in Verbeugungen und Lächeln erging, prego, darf ich, grazie, danke. Der Dunkelhäutige bestellte eilig das Tagesmenü, während der Gelockte den Kellner mit unzähligen überflüssigen Ermahnungen belästigte. Sie begannen zu essen – der erste schnell und schweigsam, der zweite mit emphatischen Gesten und Zungenschnalzen nach jedem Bissen. Nach dem ersten Gang säuberte er sich mit typischer Ungeniertheit die Zähne. Der andere spannte die Kinnbacken an und fixierte einen Zipfel des Tischtuchs. Kräuselhaar warf spöttische Blicke auf die essenden Gäste, Arbeiter, zwei oder drei sehr bescheidene Sommerfrischler, dann betrachtete er uns und bewegte sich auf seinem Stuhl hin und her wie einer, der betonen möchte, wie wenig er eine Gesellschaft schätzt, die ihn nur eine bedauerliche Notwendigkeit zu ertragen zwingt.

Nach zwei Worten, die wir auf Französisch austauschten, nahm er hastig den Zahnstocher aus dem Mund, um uns zu sagen: »Ich habe die Franzosen sehr gern!« Dann folgten Ah!s und Oh!s, unterbrochen von Seufzern und Zungenschnalzen, und allmählich erzählte er uns in seinem kosmopolitischen Kauderwelsch seine Geschichte:

er war Toskaner, er kam aus Montecatini, wo sein Vater ein Hotel besaß, hier seine Karte, wir sollten sie aufheben, falls wir einmal dort vorbeikämen, er hatte die Hotelierschule in der Schweiz besucht, dann Perfektionskurse in Deutschland und Frankreich, jetzt war er seit kurzem zum *Chef de réception* des Hotels Cala di Volpe ernannt worden, des Besitztums von Aga Khan, in dieser Steinwüste! Ach! welch ein Land, wenn er das gewußt hätte, wäre er vorsichtiger gewesen, aber ein Vertrag ist ein Vertrag, nicht wahr? Noblesse oblige, zum Glück habe er etwas gefunden, um sich zu zerstreuen . . . wir verstanden, nicht wahr? Frankreich und Deutschland, ach! das war etwas anderes, auch in dieser Hinsicht, aber er konnte sich nicht beklagen, mit einem solchen Gehalt lohnte es sich, den Gürtel etwas enger zu schnallen, Kellner! der Fisch war noch nicht gar . . .

Der andere, Dunkelhaarige, ballte seine Fäuste auf dem Tisch. »Und Sie«, fragte ihn Pili Brunda, »sind Sie von hier?« – »Von Cagliari.« – »Arbeiten Sie hier?« – »Ich bin Landmesser.« – »Haben Sie viel Arbeit?« – »Wir machen die Straßen.« – »Sardinien gefällt uns so gut! Vor allem Cagliari . . .« – »Nuoro ist besser. In Cagliari redet man zuviel.«

Der Toskaner betrachtete den Sarden mit größter Verblüffung, als habe er ein prähistorisches Wesen vor sich, dessen Unwissenheit seine Grobheit erklärt. Er konnte nicht begreifen, daß man absichtlich Einsamkeit und Stummheit wählte, anstatt allen Sensationen in einem immerwährenden Durst nach Vergnügungen nachzulaufen. Während einer Mahlzeit den Mund zu halten – das waren so viele Worte, die sich nicht emporschwangen, so viele Kontaktmöglichkeiten weniger, so viele verlorene Gelegenheiten, ein fremdes Ohr mit einem vielleicht angenehmen Klang zu erreichen! Der freundliche Gelockte neigte sich zu uns herüber, und da er nicht wagte, den finstren, nervösen Sarden zu berühren, drückte er meinen Arm, ungeduldig, zwischen uns wieder den warmen Strom der Sympathie fließen zu lassen. Wie gerne hätte er dem Schwarzhaarigen ein wenig von seiner Ungezwungenheit vermittelt! Wie bedauerte er ihn, so widerborstig zu sein! Was hätte er nicht gegeben, um ein Lächeln auf seinen Lippen zu sehen!

Schließlich rief er den Kellner, um bei einem Berufskollegen eine beruhigende Komplizität zu finden. Sich in den Dienst anderer zu stellen und mit der eigenen Person zu zahlen, um ihnen zu gefallen, war denn das etwas so Entehrendes? Aber der *cameriere* des kleinen Restaurants von Arzachena war nicht gesprächiger oder anfälliger für Verbeugungen und Augenzwinkern als alle Sarden. Das Konsortium würde sich seine Diener auf dem Kontinent suchen müssen! Des Streites müde, bestellte Kräuselhaar schließlich vier Gläschen Grappa, die er uns zuschob, während er uns bat, auf das Wohl der Costa Smeralda zu trinken. Was wir gerne taten, auch der Landmesser, in dessen Augen ein schalkhaftes Licht blitzte. Gleich danach ging er fort. Auch wir erhoben uns und ließen unseren Freund einsam zurück, das Herz überquellend von unnützer Herzlichkeit.

Fade Milch

Gestern waren die Ziegen auf der kleinen Insel verschwunden. Als ich am Haus der Orecchioni vorbeiging, sah ich auf der Schwelle die Schwiegertochter sitzen. Das ist nicht ihre Gewohnheit. Sie geht sehr selten von zu Hause fort. Dabei hält nichts sie dort zurück: sie hat keine Kinder, sie kocht nie. Aber wie stickig ihr Haus auch immer sein mag, sie liebt seine Dunkelheit. Ihre Haut ist fettig und milchig wie die aller jungen Frauen der Gegend, die glauben, daß ein weißes Gesicht und weiße Arme die äußeren Zeichen von Reichtum und folglich Schönheitskriterien sind – in einem Land, in dem die kleinste Arbeit einen den brennenden Strahlen der Sonne aussetzt!

Als ich sie fragte, ob sie wüßte, warum die Ziegen verschwunden seien, schaute sie mich mit ihren runden, sanften Augen an. Dann näherte sie ihre blassen Lippen einander und machte: »Bou!« War ihr Mann in der Nähe? »Bou!« Warum waren die Eltern ihres Mannes nicht da? »Bou!« Würden sie bald wiederkommen? »Bou!« Ich ging fort; sie kehrte eilig in ihr Haus zurück, in ihr unterirdisches Bad von Milch und Weiße.

Fest

Wollkugel erklärte mir das rätselhafte Verschwinden der Ziegen. Sie hatten sie mit den Hunden gefangen und getötet. Für das Fest. Was, ich wußte nicht, welches Fest? Aber das Dorffest. Eben in diesem Augenblick las der Priester in der Kirche die Messe. Und wieso war sie dann nicht in die Kirche gegangen? Aber sie war doch in Trauer. Eine ihrer Schwestern – vor sechs Monaten. Sie hätte dieser Feier nicht wie allen anderen Messen im Dorf beiwohnen können, die etwa alle vier Wochen gehalten wurden, denn diese Messe, die Messe von heute, war nicht nur eine religiöse Feier, sondern ein

Fest. Wenn man in Trauer ist, kann man nicht zu Festen gehen, nicht wahr?

Die Erklärungen wurden immer verworrener, als ich genau wissen wollte, was für ein Schicksal die Ziegen gehabt hatten. Ich verstand schließlich, daß sie am Vorabend bei den Festschmäusen in jedem Haus verzehrt worden waren. Die Zeremonie mußte mit einer gewissen Heimlichkeit umgeben worden sein, da uns sowohl die Vorbereitungen wie auch der Vollzug dieser Liebesmähler völlig entgangen waren, obwohl wir bei Battista zur gewohnten Stunde das gewohnte Glas Bier getrunken hatten und noch lange in der ungewöhnlich stillen Nacht draußen gewesen waren.

Jetzt erst achtete ich auf die Hunde Schwarzhuts. Sie schliefen, endlich einmal fern von ihrem Herrn – riesig, gesättigt. Keine andere Spur des Festes. Ich staunte, wie diese Bauern das Geheimnis ihrer Orgien zu wahren gewußt hatten.

Pferd

Ein Mann in Gamaschen, weißen Hosen und Schafspelz kam an den Strand geritten, als wir uns gerade anschickten, mit dem Boot hinauszufahren. Hinter ihm saß ein kleiner Junge. Beide ritten sie ohne Sattel. Sie kamen von Tempio Pausania und hatten fünfzig Kilometer zurückgelegt, um bei dem Fest dabei zu sein. Ihr Beruf war, sich auf den Sattel zu schwingen, wenn ein Dorfheiliger gefeiert wurde, und für wenig Geld fromme Bildchen zu verkaufen. Er ließ mich seine Bilder sehen: eine Madonna im reinsten Stil Saint-Sulpice. Ich kaufte ihm zwei ab. Sie waren vom Pferd gesprungen. Das schweißgebadete Tier näherte einen Huf dem Wasser, zog ihn aber gleich furchtsam wieder zurück. Weder der Mann noch sein Sohn konnten schwimmen. Das Pferd konnte schwimmen, aber es hatte Angst, allein ins Wasser zu gehen. Ich stieg ins Wasser; die beiden warfen mir den Halfter zu; das Tier hinter mir blähte die Nüstern und entblößte die Zähne. Wir beschrieben einen großen Bogen im Meer. Die beiden am Ufer gebliebenen Reiter spornten mit lauter Stimme ihr Pferd an. »Baladino! Baladino!« Baladino schnaubte und tat sein Bestes. »Er hat Wasser so gern«, sagte mir sein Herr, als ich ihn wieder ans Ufer gebracht hatte, »und er darf nie baden!« Als das Pferd trocken war, sprangen ihm der Bilderverkäufer und sein Sohn geschickt auf den Rücken, grüßten mit der Hand und ritten davon, aufrecht, erhobenen Kopfes, die Faust in der Hüfte, den steinigen Pfad hinauf, anderen Festen, anderen Ziegengelagen entgegen.

Hüte

Heute abend, als wir zum letztenmal bei Battista ein Bier bestellen, lädt er uns in seinen Salon ein und bietet uns Bier, Cinzano, Vernaccia (ein achtzehnprozentiger Weißwein) und Oliven an. Seine weißhäutige Frau gesellt sich zu uns. Sie öffnet einen nagelneuen Schrank, der an der Wand steht, und holt ein Porzellanschwein voller Likör heraus, das sie Pili Brunda reicht: »Das ist für Sie, ein Geschenk.« Das Mobiliar ist dasselbe wie im Haus der Kinder Schwarzhuts: es ist das einzige, das in Olbia und im nördlichen Teil der Insel zu finden ist. Es zeigt deutlich, was die Italiener von Sardinien halten. Die Insel ist für sie eine Kolonie, in der die Unwissenheit der Bevölkerung so groß ist, daß sie sich einbilden, ihre schlechtesten Waren dort absetzen zu können. Ich bin sicher, daß diesen Bauern, die von Geburt an nichts anderes sehen als Meer, Himmel und Felsen, ein guter Geschmack angeboren ist, den man nur zu festigen brauchte. Doch man hat sie mit Schund überschwemmt, um dann zu sagen: seht, sie lieben nur Schund!

Battista hat drei Kinder. Ich frage ihn, wo sie in die Schule gehen. Die Schule! Es gab einmal eine mit einer Lehrerin aus La Maddalena, aber man hat sie aufgelöst. »Eine Schule auflösen?« – »Ja, die Gemeinde konnte die Miete nicht mehr zahlen.« – »Aber untersteht die Schule nicht dem Staat?« – »Der Staat«, erklärt Battista, »zahlt die Ausstattung der Schule, die Bänke, die Tafel, aber die Gemeinde muß für die Räume sorgen. Bis jetzt hat man ein kleines Haus für zwanzigtausend Lire im Jahr gemietet. Aber jetzt, mit dem Touristenboom und der Preiserhöhung hat der Besitzer den Vertrag nicht erneuert und das Haus privat vermietet.« – »Und die Schule«, sage ich, »wo wird man sie unterbringen?« – »Niemand weiß es. Vielleicht in einem ambulanten Omnibus. Und man sagt: bereitet eure Kinder auf die neue Ära Sardiniens vor, lehrt sie mit den Touristen zurechtzukommen, aber die Schule, die nimmt man uns weg!«

Battista schüttelt entmutigt den Kopf. Obwohl er schlau genug war, als erster einen kleinen Laden einzurichten, bemerke ich, daß ein Nichts ihn dazu bringen würde, plötzlich seinen Handel aufzugeben und sich wie die O. in ein heiteres, gleichgültiges Höhlenleben zurückzuziehen. Er reibt sich mehrmals die Stirn, eine Bewegung, die ich ihn oft habe wiederholen sehen, um der Versuchung des Rückzugs zu widerstehen, der Versuchung, ein für allemal darauf zu verzichten, Schinken zu schneiden und sich um Kunden zu kümmern.

Ich sprach mit ihm über das Fest und fragte ihn über die Religiosität im Dorf. »Wir sind Katholiken«, sagte er mir, »aber nicht so sehr, daß wir jeden Tag in die Kirche gehen. Wir gehen sonntags in die Kirche. Es gibt keine Priester hier, noch nicht einmal sonntags. Damit einer kommt, muß man ihn bezahlen. Der von San Pantaleo, der kommt, wenn wir ihn bezahlen, hat ein wunderschönes Auto, einen Ford Konsul. (Battista hat sich einen Fiat Sechshundert gekauft.) »Zahlt ihr ihm die Reisekosten?« – »Ja, und auch die Ehre, seine Messe zu hören. Und dann natürlich das Essen. Die Kirche ist voll, wenn er kommt.«

Das Herz tut mir weh, als ich Battista Lebewohl sage. Gewiß werde ich den Laden, den kleinen Platz, die Häuschen von Liscia di Vacca nie mehr in ihrem primitiven Zustand sehen. Unnötig mir zu sagen, daß ich mir die üblichen Illusionen eines Städters über das Landleben mache: doch diese Leute waren im tiefsten Grunde glücklich, auch bevor sie plötzlich ein solides Bankkonto hatten. Niemand möchte sein Leben ändern (außer Battista vielleicht, der von Ferien in Venedig oder in den Bergen träumt, anstatt hier seinen Schinken zu schneiden). Aber das Leben wird sich ändern, gegen ihren Willen, und gegen ihren Willen wird es auch sie ändern. Wenn die Bars, die Jukeboxes, das Neonlicht den Frieden ihrer Nächte verschönen wird, wenn gebräunte Sirenen zu Tausenden ihre milchweißen Schäferinnen ersetzt haben werden, wenn das neue Leben sie unter seinem anmutigen Lärm begraben haben wird.

Es ist sehr schwer zu erfahren, was sie von der Costa

Smeralda denken, ebenso wie es sehr schwer ist zu erfahren, was sie von irgend etwas anderem denken. Es gibt kein geheimnisvolleres Volk als diese sardischen Bauern – geheimnisvoll in ihren Anfängen, geheimnisvoll in ihren Nuragen, geheimnisvoll in ihrem Verhalten gegenüber der tausendjährigen Malaria, die ihnen die Erfindungsgabe genommen, aber Charakterstärke gegeben hat, geheimnisvoll in ihrem einsamen Mut und ihrer heiteren Apathie.

Sie freuen sich, daß sie bald elektrischen Strom, eine asphaltierte Straße haben werden. Ahnen sie etwas von den Umwälzungen, die das Licht und den Asphalt begleiten werden? Als ich auf den kleinen Platz trete, sehe ich um ein Polizeiauto nicht weniger als fünfzehn Polizisten stehen. Sie werden ihr Quartier in einem Haus aufschlagen, das sie hinter dem Laden Battistas gemietet haben. Alles Neapolitaner, wie es scheint. Sie stehen im Dämmerlicht in einer Reihe, ungeschickt noch und fremd. Ab morgen wird man auf der Straße von Cala di Volpe und Porto Cervo an ihrem Jeep vorbeifahren. Liscia di Vacca, das ein Dörfchen aus vorgeschichtlicher Zeit geblieben war, hält wie viele Orte des Südens seinen Einzug in die Zivilisation durch die Kaserne. Man hatte noch nie Gendarmen gebraucht. Aber das Echo des Überfalls von Alghero, die Gerüchte über die neuen Villen und den Reichtum ihrer Bewohner, die Angst, die dem Fortschritt auf dem Fuße folgt, der Einfluß Aga Khans haben erreicht, was jahrhundertelange Einsamkeit und Würde zu vermeiden gewußt hatten.

Hätte ich die Schwiegertochter der O. nach der Costa Smeralda gefragt, so hätte sie »Bou!« gemacht. Eine Blase, aufgestiegen aus der dumpfen Tiefe ihrer Milch.

Schwarzhut sagte mir als ganze Antwort: »Das Haus von Madama ist schön.« Er sagte dies mit dem gleichen Ausdruck, mit dem uns Wollkugel in die Küche ihres Sohnes geführt hatte. Aber vielleicht tat ich Unrecht daran, in dem Verhalten der O. Ironie zu sehen? Die sparsamen Worte, mit denen Schwarzhut von dem Haus Madamas sprach, verrieten die Gleichgültigkeit seiner Gefühle. Er hätte mir ebenso gut sagen können: »Die Tramontana ist aufgekommen« oder: »Sturm heute abend.« Er stellte fest, daß es ein Haus mehr gab, ein weißes Haus, und damit Schluß. Er war nicht bereit, sich durch ein Haus mehr oder weniger, durch hundert Häuser mehr oder weniger, beeindrucken oder gewinnen zu lassen. Diese so unwichtigen Einzelheiten konnten seinen Höhlenfrieden in keiner Weise stören. Ich machte mir Vorwürfe, unser letztes Gespräch auf ein so nichtiges Thema gebracht zu haben. Wir schwiegen lange im Angesicht des Meeres.

»Wenn Sie von mir sprechen«, sagte er, »warum nennen Sie mich Schwarzhut? Man könnte meinen, daß ich einen alten Hut habe. Neuhut wäre besser.« Dann fügte er hinzu, verwirrt, daß er so viel von sich selbst gesprochen hatte, den Blick in die Weite gerichtet: »Das Leben, das man hier führt, verlängert das Leben. Kommen Sie bald wieder zu uns zurück.«

Ein Buchhändler, ein Philosoph und ein Töpfer

Als wir zum zweitenmal nach Cagliari kamen, hatten wir den ganzen östlichen Teil Sardiniens umfahren; das flache, neblige Olbia wiedergesehen; die kleine, steile, mit der Hacke in den Granit gehauene Insel Tavolara bewundert; eine kilometerlange Heide am Meer durchquert, ohne einem einzigen Auto zu begegnen; uns in abenteuerlichen Kurven auf eine Hochebene geschraubt, die wie ein versteinertes Geweih mit weißen Zweigen gespickt war; die Höhe bei Arbatax wieder verlassen und in einer Porphyrbucht gebadet, die des Prunks nicht unwürdig war, an den der persische Klang dieses Namens denken läßt; in einem kleinen Hafenrestaurant einem Streit zwischen einem korpulenten Franzosen reiferen Alters und seiner jungen Landsmännin beigewohnt, die von ihrer Mutter in die Arme jenes Herrn gestoßen wurde; in Villasimius hinter einem Feigenkaktuswald einen ungeheuren, milchweißen Strand entdeckt und abermals gebadet, verfolgt von unseren Schatten auf dem Grund; schließlich eine Uferstraße an einer Küste eingeschlagen, die ebenso schön gezeichnet war wie die amalfitanische, aber noch völlig unberührt.

Cagliari. Hundertachtzigtausend Einwohner. Die einzige richtige Stadt in Sardinien, mit abgegrenzten Vierteln, einer großen Promenade am Ufer, die auf einer Seite von Arkaden, auf der anderen vom Hafen begrenzt wird, mit engen, steilen Straßen im Inneren und einer von Bastionen eingeschlossenen Oberstadt. Das Ganze ähnelt im Kleinen Neapel, nur weniger Lärm, Gewimmel, Schmutz. Für eine südliche Stadt ist Cagliari außergewöhnlich gepflegt. Die Straßen der Oberstadt, wo das kleine Volk wohnt, erinnern an Chiaia durch ihre Enge und Dunkelheit, durch die von Fenster zu Fenster aufgehängte Wäsche und die vielen ›bassi‹ – Wohnungen, die aus einem einzigen Zimmer bestehen, das direkt auf die Straße geht. Aber das Innere dieser Zimmer ist

sauber und ordentlich; kein Geruch von Verfaultem oder Abfall verpestet das Halbdunkel; die Kinder sehen gesund und gut gepflegt aus; kleine Mädchen laufen uns nach, aber aus Vergnügen; Bettelei scheint völlig unbekannt. Wieder frage ich mich, wieso Sardinien der Geißel der Überbevölkerung zu entgehen vermag, die Süditalien so bedrückt. Hat man hier ein System der Geburtenkontrolle? Welches? In den von mir herangezogenen Untersuchungen wird versichert, daß die Familien in Sardinien sehr groß seien, daß die Eltern sich moralisch verpflichtet fühlen, jedes Jahr, oder später alle zwei Jahre ein Kind zu haben, und daß die geringe Bevölkerungsdichte (51 Bewohner pro Quadratkilometer im Gegensatz zu einem Durchschnitt von 159 in Italien) sich durch die späten Heiraten und die häufige Ehelosigkeit erklärte. Um sich schicklich zu verheiraten, muß man tatsächlich für Aussteuer, Kirche und Hochzeitsmahl so viel ausgeben, daß viele Verlobte ihre Hochzeit aufschieben, wenn sie nicht ganz darauf verzichten. Dieses Resignieren vor absurden Bräuchen ist typisch für die Sarden; die einfallsreicheren jungen Sizilianer umgehen das Hindernis der Ausgaben, indem sie Flucht vortäuschen (mit dem Einverständnis der Eltern). Wenn sie dann mit vorgespielter Reue zu Hause wieder auftauchen, verheiratet man sie in aller Eile ohne Aussteuer und Feierlichkeiten. Im übrigen schienen mir die Sarden, mit denen ich zusammentraf, keineswegs den Wunsch zu verspüren, sich übermäßig zu vermehren. Mit einem gesunden Menschenverstand, dem ich in ganz Süditalien nicht ein einziges Mal begegnet bin, vertraute mir ein Ingenieur aus Cagliari an: »Wir haben zwei Kinder. Das ist reichlich genug, wenn wir uns anständig um sie kümmern wollen.« Das Viertel der ›bassi‹ in Cagliari wimmelt nicht von Kindern; wenn es hier auch große Familien gibt, so fehlt es doch nicht an Einsichtigen, die einen ausgeprägten Sinn für die menschliche Person und für Verantwortung haben. Francesco Compagna sagt zwar: »Solange die wirtschaftliche Lage schwierig, solange ihre Arbeit unstet, sporadisch und ungewiß ist, solange Landarbeiter und städtisches Proletariat von der Hand in den Mund leben, wird der Süden das Kaninchengehege Italiens bleiben; die Familien würden eine Geburtenregelung erst akzeptieren, wenn man ihnen die Hoffnung auf eine rasche Verbesserung ihres Schicksals gäbe« – aber diese Überlegungen lassen die psychologische Seite des Problems außer acht. Ich habe gerade die Geschichte der neapolitanischen Eheleute Testa gelesen. Sie haben achtzehn Kinder und wollen noch mehr haben. Von einer gewissen Menge an ist es tatsächlich so, als hätten sie gar keine: das Viertel, die soziale Hilfe, die Gemeinde nehmen sie ihnen ab. Der südliche Charakter zeigt sich hier in aller Deutlichkeit: Unwissenheit, erotische Bequemlichkeit, abergläubische Furcht, der Natur zuwider zu handeln, Vertrauen in das Schicksal, Sehnsucht nach dem Mutterschoß, in dem ein unbestimmtes Leben wimmelt, Weigerung, das Kind als ein selbständiges Individuum anzusehen. Der Journalist – es ist Domenico Rea – der davon berichtet, drückt sich noch schärfer aus: »*Viele* Kinder befreien die Eltern von den sozialen Pflichten, denen sie nachkommen müßten, wenn sie nur eines oder zwei hätten.« Die Sarden, die ebenso arm, wenn nicht noch ärmer sind als die Neapolitaner, setzen nicht auf den südlichen Mythos der Vermehrung, und ich kann nicht umhin, mich darüber zu wundern und diese außerordentliche Weisheit mit dem Einfluß ihrer ›Madre Mediterranea‹ mit ihrem doppelten Geschlecht und ihrer doppelten Natur zuzuschreiben.

Wahrhaftig, die ganze Stadt scheint unter diesem anspruchsvollen Schutz zu stehen, so viel Zurückhaltung und Anstand zeigt sich in den Straßen, die dabei ohne besondere Sehenswürdigkeiten sind. Man würde vergeblich nach einem Palast oder einer Kirche suchen, die zu besichtigen wären, und wenn man nicht die vier Etagen der ›Rinascente‹ hinauf- und hinuntersteigen will, muß man sich damit begnügen, aufs Geratewohl loszuwandern oder, wie wir es tun, obwohl wir nicht allzu oft ins Museum zu gehen pflegten, hinauf in die Altstadt zu klettern und die archäologische Sammlung zu besuchen. In dem winzigen Raum, in den wir zurückkehren, um die marmorne Muttergöttin wiederzusehen, finden wir, gut getroffen in ihrer bronzenen Steifheit, mehrere andere Figuren: den Überbringer von Opfergaben aus Teti, mit seinem mondrunden Gesicht und den kugelförmigen, symmetrischen Augen der beiden Brüste; den Stammeshäuptling der Uta, ernsthaft wie sein Helm, auf einen knotigen Stock gestützt; den Stammeshäuptling der Serri mit erhobener, ruhegebietender Hand; die Bogenschützen mit ihren gepunkteten Röcken; den Gestikulierenden, der seine knochigen Arme ungestüm schwenkt; die lustigen Krieger mit vier Augen, vier Armen, zwei Schilden, dem mit Fühlern versehenen Helm; die beiden Ringer, schmaler als Plastiken Giacomettis; den Flötenspieler, dessen Glied mehr hervorragt als sein Instrument; die Mütter voll respektvollen Stolzes auf ihren Sohn; den in einem Boot

hockenden Affen, Bild der Seele, die dem Tod entgegen-
fährt.

Wichtige Buchhandlung im Zentrum. Ich möchte
Bücher über Sardinien sehen. Ein junges Mädchen führt
mich zu der Abteilung mit Broschüren, Alben, kleinen
Schriften. Die meisten sehen veraltet aus, so als lägen sie
dort schon seit hundert Jahren. Dabei sind einige vor
kurzem erst neu gedruckt worden, aber in altmodischem
Format und mit einer archaischen Typographie. Sardinien scheint im letzten Jahrhundert weit mehr Reisende,
Neugierige, Wissenschaftler und Geographen angezogen zu haben als in unserem. Das wichtigste Werk ist das
des piemontesischen Grafen Alberto della Marmora, der
die Insel von Grund auf erforschte und auf französisch
eine monumentale ›Voyage en Sardaigne‹ veröffentlichte, die man heutzutage in italienischer Übersetzung
erwerben kann. Mehrere Franzosen besuchten die Insel
und brachten interessante Berichte mit: Domenech, Autor von ›Pasteurs et bandits‹, Vuillier, Liebhaber der
vergessenen Inseln, der ›Iles oubliées‹, Antoine Claude
Pasquin Valery (oder Valéry?), Bibliothekar am Hof von
Louis-Philippe, der zu erotischer Idealisierung neigte,
da er in Cabras nur die »köstliche Reinheit und überle-
gene Anmut« der jungen Mädchen sah, ihren »sehr vollen Busen«, und La Marmora vorwarf, die Bedingungen
der Fischer in allzu schwarzen Farben gemalt zu haben.[17]
Der bedeutendste Sardologe des zwanzigsten Jahrhunderts – zumindest was die Publikationen angeht –
scheint mir ein gewisser Carta Raspi zu sein, von dem ich
etwa fünfzehn beschreibende oder historische Arbeiten
durchblättere. Ich frage die Verkäuferin nach Herrn
Carta Raspi. Lebt er noch? Kann man ihn besuchen? Sie

errötet, entwischt in einen hinteren Raum und kehrt mit einem noch jungen Mann zurück. Der Autor und Verleger so vieler gelehrter Abhandlungen ist niemand anderes als der Besitzer der Buchhandlung. Sein rundes, pergamentenes Gesicht zeigt die gleiche Melancholie wie die Arbeiten, die er druckt. Er antwortet mit einer etwas müden Höflichkeit auf meine Fragen. Ich bin nicht der erste, der ihn über seine Insel befragt, seit kurzem reißen die Besucher in seinem Laden nicht ab. Er scheint weniger glücklich darüber als mißtrauisch. »Was wollen Sie, man kommt hier nie umsonst her.« Mehr als der Touristenstrom würde ein Ende der Auswanderung Sardinien nützen. Die Besten gehen fort. Sobald ein Arzt etwas kann, wandert er aus, wenn auch nur nach Sizilien. Niemand könnte hier mehr als eine bestimmte Summe für die schwierigste Operation bezahlen ... Die Anwälte, die Ingenieure, die Lehrer folgen der gleichen Überlegung und gehen fort ... Seine Lieblingsbeschäftigung? Die Jagd.

Milde Nacht unter den Arkaden. Das Fehlen einer adligen oder reichen Schicht gibt der ruhig einherschlendernden Menge einen ganz anderen Charakter als auf dem ›lungomare‹ von Neapel. Niemand denkt daran, sich aufzuspielen, die Überlegenheit seiner Geburt oder seines Vermögens zur Schau zu stellen. Die Kundschaft der Schmeichler existiert nicht. Man geht spazieren, ohne sich um den Nachbarn zu kümmern, mit einer Freiheit des Benehmens und Denkens, die in weniger einheitlichen Städten unmöglich wäre. Der Ausländer – und die Ausländerin! – kommen und gehen, ohne Gegenstand aufdringlicher Neugier oder eigennütziger Dienstfertigkeit zu sein.

Den berühmtesten Roman Grazia Deleddas, ›L'Edera‹, angefangen. Auf Seite 38 stoße ich auf die Bedeutung der beiden Worte, die mich seit dem Schiff aus Genua nicht in Ruhe lassen: *Pili Brunda*. Pili Brunda, die so diskrete Huldigung des jungen Mannes mit den Kohlenaugen, der auf der Schiffsbrücke hockte. Die Worte sind ganz einfach Sardisch, sie bedeuten ›Blondes Haar‹ auf Sardisch. Der fast unlesbare, rührselige Roman Grazia Deleddas hat keine andere Bedeutung als einige Brocken dieser Sprache zu vermitteln, die, mehr als ein Dialekt, ein ursprünglicher Ableger des Lateinischen ist.

In der Nähe von Cagliari ist Antonio Gramsci geboren. Die ›Lettere‹ wieder zur Hand genommen. Von den beiden bedeutendsten Ideenschriftstellern, die Italien in diesem Jahrhundert hervorgebracht hat, Croce und Gramsci, hat die offizielle Kultur leider(!) den ersteren gewählt. Das Geschwätz, das die Literaturkritik, die Essayistik, die Geschichtsschreibung vergiftet; die Gewohnheit, sich hohler Worte zu bedienen und den Gegenstand der Auseinandersetzung in allgemeinen Betrachtungen zu ertränken, der Mißbrauch, der mit nachgebeteten Grundsatzerklärungen getrieben wird, finden in dem berühmten Philosophen aus den Abruzzen ihren Gewährsmann.

Gewiß wiegt von den beiden Übeln, unter denen der junge Italiener leidet, das erste, nämlich die bis zum Alter von fünfundzwanzig Jahren genossene Erziehung schwerer; aber das andere, die Schwierigkeit, seine Gedanken präzis zu formulieren, ist auch keine kleine Qual. Wie viele zweifellos begabte junge Leute dieser Art habe ich mit den zu großen Worten, deren Sinn sie nie recht begriffen haben, im Kampf liegen sehen. Viele junge

Köpfe sind durch eine schlechte Lehrzeit für immer verdorben. Nach einigen Jahren, wenn Gleichgültigkeit hinzukommt, kämpfen sie nicht einmal mehr. Friedlich schütteln sie den Kopf zu den Kadenzen ihrer Rede: für jede Bagatelle, selbst um einen schlechten Roman zu beurteilen, müssen Freud, Einstein und der gebieterische Ruf ›dieser Welt, in der wir leben‹ herhalten und die fehlenden Argumente ersetzen.

Gramsci unterscheidet sich von Croce wie Tacitus von Cicero, Machiavelli von Bembo, Stendhal von Chateaubriand. Seine Prosa zeigt die Raschheit eines beweglichen Geistes. Er hält sich nicht für verpflichtet, den Gelehrten zu spielen, weil er die schwierigsten Dinge behandelt. Sein Werk verweist das Croces in den Schatten, wie ein Mann, der sich an unseren Tisch setzt, uns interessanter erscheint als eine auf die Wand gemalte, stehende Figur in *pompa magna*.

Zwölf Kilometer entfernt das kleine Dorf Assemini, der Mittelpunkt der sardischen Töpferei. Was erfinden die Keramiker in einem Land, in dem die Phantasie gleich Null ist? Wir halten am Eingang des Dorfes vor einem großen Backsteingebäude, das nach der Straße hin offen steht. Zwischen schrecklichen Vasen im Stil Accolay steht ein bemerkenswerter vierhenkeliger Krug. Über Bauch und Henkel zieht sich ein Muster mit Eicheln und Blattwerk, aus dem Hirschköpfe und -geweihe hervorschauen. Das Ganze blaßgrün mit graugrünen Reflexen, um die Ähnlichkeit mit einer aus dem Wasser gezogenen, triefenden Amphore voll submariner Versteinerungen zu betonen. Der wie ein Hirschkopf geformte Verschluß nimmt auf merkwürdige Weise das Motiv wieder auf, das die im Museum von Cagliari ausgestellten nuragischen Votivdegen schmückt. Zufall oder Nachahmung? Wir rufen nach dem Töpfer, der aus dem hintersten Winkel eines weiträumigen, von mächtigen Maschinen durchschüttelten Schuppens kommt. Ein junger, untersetzter, verschlossener Mann mit einem leuchtenden, scheuen Blick. Seine braunen Arme sind fahl von Staub. Wir kaufen ihm den Krug mit den Hirschen ab, sechstausend Lire. Sind keine anderen da? fragen wir ihn. Nein, es sind keine anderen da, jedes Stück gibt es nur einmal.

Er packt den Krug in ein altes Stück Zeitung ein, das er von der Erde aufhebt. Hat er kein festeres Packpapier? Nein, er ist Töpfer, kein Kaufmann. Er stellt Krüge her, Verkaufen interessiert ihn nicht. Und wirklich, seine Finger, so geschickt, wenn sie den Ton modellieren, mühen sich ab, um ein anständiges Paket zu machen. Er holt Kleingeld aus seinem Schuppen, wir folgen ihm, und welche Überraschung! In einer Ecke des großen Raumes, mitten in den Staub auf den Boden gestellt, eine riesige Amphore mit einem Gürtel von Engels- und Dämonenköpfen; ringsum ein dichtes Pflanzengewucher; als Verschluß oben zwei wunderschön geformte Figuren, ein gebeugter Christus und sein Geißler, Figurinen von einer halb nuragischen, halb flämischen Zartheit und Intensität, eine wunderbare Vollendung des einfachen Barock. Kein anderes Land als Sardinien ließe ein solches Meisterwerk im Staub und in der Vergessenheit eines Schuppens. Die Geißelungsamphore ist nicht verkäuflich, sagt uns der junge Mann. Sein Vater hat sie entworfen. Er schickt sie von Zeit zu Zeit zu einer Ausstellung, dann nimmt er sie zurück und stellt sie auf die Erde. Was wird er damit tun? Er weiß es nicht. Steht sie da nicht gut? Wir drehen sie nach allen Seiten und entfernen den Staub. Er sieht zu, wie wir das Werk seines Vaters betrachten: wieviel glücklicher er aussieht als vorhin, als er den Hirschkrug, den wir gekauft hatten, in Zeitungspapier einpacken mußte!

Sizilien

Die Herren und die anderen

Alles war anders, als wir erwartet hatten. Wir glaubten, Sizilien sei schöner, aber wir fanden die Landschaft dort nicht so klar wie in Sardinien; vor allem das Licht schien uns schwer und alt wie vergilbtes Papier. Wir meinten in Begeisterung zu geraten vor Bauwerken, vor Kultur und Vergangenheit, doch die schreckliche Gegenwart schnürte uns die Kehle zu. Wir rechneten mit der antiken Lauterkeit und Eleganz, doch Lärm und Unordnung traten uns entgegen.

Die Überraschungen begannen sofort, kaum waren wir im Morgengrauen im Angesicht der morgendlichen Küste auf die Schiffsbrücke getreten. Welch häßliches Morgengrauen, welch häßliche Küste! Der berühmte Monte Pellegrino, der Palermo beherrscht, ist ein höckriges, kahles Stück Kalk, ein großer Schutthaufen, der in das schlammige Wasser abbröckelt. Und Häuser, überall Häuser! Der Gegensatz zu der schwarzen, nackten, zwischen Himmel und Meer so fein geschnittenen Küste Sardiniens ist verblüffend. Wie viele Häuser hier, am Ufer aufgereiht, an die Abhänge gekrallt, in die fernen Täler gekauert! Hinter Palermo sieht man riesige Dörfer, wirres, wimmelndes Leben, das sich an den Bergen festklammert.

Am Kai ein Chaos. Eine dichte, lärmende Menge starrt uns neugierig an. Die Männer verrenken sich die Köpfe, um nicht ein Bröckchen des leckeren Bissens zu verlieren, den ihnen der Anblick Pili Brundas bietet. Ambulante Händler feilschen mit billigen Ansichtskarten, Miniaturkarren, Strohhüten und dunklen Brillen. Ohne sich im mindesten um unsere ablehnende Haltung zu kümmern, sagen sie uns immer wieder ihr Sprüchlein auf. Welch ein Unterschied zu dem Empfang in Sardinien, der ganz Zurückhaltung und Würde war! Ich werde mir bewußt, daß man dort noch nicht einmal versucht hat, uns irgend etwas zu verkaufen. Kaum an Land, gepackt von der Leidenschaft zu sehen, um jeden Preis zu sehen, und folglich alle die unvergleichlichen Schauspiele verachtend, die Palermo für den bereit hält, der Augen hat, stürzte ich mich in die Museen, dann in die Kathedrale und in die Kirchen mit den Mosaiken. Ich erinnere mich an die Hochzeit in der Cappella Palatina, an die ungewöhnliche Form der Hüte, an eine Gruppe von Ausländerinnen, die beseligt die Decke ansahen, an meinen eigenen Wunsch, lieber in die faszinierende Welt sizilianischer Hochzeiten einzudringen als in die der Touristen und des Tourismus, der Kunst und Geschichte. Schon hatte ich den Plan aufgegeben, mich mit den verschiedenen Stilen zu beschäftigen, die man auch woanders finden kann, und beschlossen, mich der Neugier für Menschen und Sitten, die man nur hier findet, zu überlassen.

Später lernte ich das wunderbare Folklore-Museum kennen, das der große Pitré, einer der Gründer der Demopsychologie und Autor von fünfundzwanzig Bänden in der ›Biblioteca delle Tradizioni Popolari‹ in einigen niedrigen, von Bäumen versteckten Räumen eingerichtet hat. Heute wird es von Giuseppe Cocciara geleitet, einem der bedeutendsten Ethnologen Europas. Man findet dort primitive Arbeitsgeräte, Trachten, magische

Gegenstände, die heute noch in Gebrauch sind, wie die Knoten, die den geliebten Menschen an einen binden, die Scheren, die den bösen Geistern den Weg abschneiden sollen, auf Glas gemalte Votivbilder, Krippen, Verzierungen von Karren, die bis an die Zähne bewaffneten Marionetten der Paladine Frankreichs: die ganze bunte, dramatische Welt dieses so überaus sensiblen und erfinderischen Volkes.

An jenem Tag, dem ersten nach unserer Ankunft, besuchten wir nur die berühmtesten Museen. Die Metophen von Selinunt: man hätte sie nicht hierher bringen sollen, in diese Stadt, die karthagisch, muselmanisch, normannisch, angovinisch, spanisch, aber nie griechisch war. Den ›Trionfo della morte‹: von dem wunderbaren Fresko im Palazzo Abbatelli wissen wir nur, daß keine sizilianische Hand an ihm gearbeitet hat. Das langgestreckte, zum Skelett abgemagerte Pferd – ein Tier für den Zöllner Rousseau – der auf ihm reitende Tod mit den glatten Knochen, kahlköpfig, einer Leichenhalle entflohene Gespenster, stammen aus einer Schule Burgunds oder aus einer Werkstatt Kataloniens, oder ein Schüler Pisanellos hat zusammen mit einem Künstler aus Ferrara daran gearbeitet. Das Thema des Todes beherrscht Sizilien, aber nach einem Rundgang durch Palermo wundere ich mich nicht mehr, daß kein Sizilianer es dargestellt hat. Kann man in Sizilien vom Tode sprechen? Ist er nicht zu nah, zu alltäglich, versteckt selbst in den Symbolen des Lebens? Lampedusa ist gescheitert, und auf welche Weise! Wie kann man den Tod aus den vertrauten Bildern herauslösen, in denen er untergründig herrscht, aus dem Sommer, der mörderischen Sonne, der konturlosen Zeit?

Welche Wunderdinge auch immer in Palermo aufbewahrt werden, Palermo ist, wie Neapel, eindrucksvoller als seine Museen. Auf allen Plätzen verkünden die Zeitungen heute mit großen Buchstaben: »Sieben Polizisten und zwei Zivilisten von der Explosion zweier mit Sprengstoff beladener Giulietta zerrissen.« Das aufsehenerregendste Verbrechen, das die Mafia seit einer Weile in jener Gegend verübt hat. Die Mafia! Kaum angelangt, treten uns schon der Lärm von Explosionen und der Geruch von Blut entgegen. Man braucht nur jeden Morgen die Zeitung zu lesen, um zu begreifen: es vergeht in dem westlichen Teil der Insel kein Monat, kein Mondzyklus, ohne daß der Faden mehrerer Menschenleben barbarisch abgeschnitten wird. Die Explosion von zwei Autos hätte die öffentliche Meinung nicht sonderlich erregt, wenn die Anzahl der Opfer nicht so hoch gewesen wäre.

Ich kaufe so viele Zeitungen wie möglich; es ist noch zu früh, um Genaueres zu erfahren. In den Artikeln wimmelt es von Anspielungen auf den wilden Kampf, in dem sich mehrere Mafiagruppen gegenüberstehen – Rivalen bei der Eroberung Palermos. Die Eroberung Palermos! Es handelt sich also um eine Stadt, die nicht dem italienischen Staat gehört, wie ich es noch glaubte, solange ich mir in der Cappella Palatina den Hals verdrehte, um die Martern der Heiligen auf den Wänden zu betrachten. Das ist eine Neuigkeit, die ich weit aufregender finde! Bewaffnete Banden streiten sich um Palermo! Ein Bäcker, ein Garagist und sieben Vertreter des Staates mußten für diesen Krieg zahlen! Die Zeitungen berichten ausführlich von der Karriere der Opfer, von ihren Verdiensten, sie sprechen mit lauter Stimme von der Ungeheuerlichkeit des Attentats, aber vermeiden seltsamerweise, auf die Beweggründe hinzuweisen. Viele Anspielungen auf die ›Kontrolle‹ der Baugelände, aber so versteckt, daß ich mich doch lieber genauer informieren werde.

Der Schriftsteller Sciascia sagt mir ungerührt: »Wenn die Mafia schießt, so steckt sie in einer Krise. Je stärker sie ist, um so weniger macht sie auf sich aufmerksam.«

Die Führer von Palermo erwähnen außer den Kirchen zwei öde, langweilige Straßen, die sich in der Mitte der Stadt schneiden, Via Maqueda und Corso Vittorio Emmanuele, die beiden einzigen Straßen Palermos, die wohl dem Staat gehören (und auch das ist nicht sicher), zumindest aber die beiden einzigen herrschaftlichen Straßen. Herrschaftlich, das heißt für Herren, für anständige Leute, und da Palermo unbestreitbar die Großstadt Europas ist, in der es am wenigsten Herren gibt, sind diese beiden Straßen, deren Läden eine Tür, ein Schaufenster und einen Lagerraum haben, über alle Maßen langweilig. Kaum hat man jedoch diese allzu ehrwürdigen Alleen verlassen, so wird man von dem eigentlichen Handel dieser schamlos feilschenden Stadt eingefangen, von dem bettelnden, wimmelnden, stinkenden Handel in den unzähligen Gäßchen, ausgebreitet auf ebener Erde, auf Pflastersteinen und Staub.

Erstickender, blendender Markt von Palermo! Obst und Gemüse aller Art und Farbe häufen sich zu phantastischen Gebilden auf: kleine, feste Tomaten vom schönsten Rot; violette Auberginen, längliche und die, die man tunesische nennt, fleischig und oval wie ein Rugbyball; gewundene Kürbisse von über einem Meter Länge; Berge von Oliven mit einem Zweig Rosmarin gekrönt;

Zwiebeln, Sellerie, Zitronen, Bergamotten und Koloquinten. Etwas weiter weißliche Fleischstücke, auf die man duftenden Jasmin gesteckt hat; Bündel von Kaldaunen, rauh wie Schafspelze; Hunderte von Fischarten, platte und klebrige, rosafarbene und gewölbte, der menschentötende Schwertfisch, eine schwarze Klinge anstelle der Nase, zusammengesunkene Tintenfische, Kalamari; Stapel von durchlöcherten Käsen; lange Reihen von schwitzenden Wurstwaren. Große cremefarbene Schirme schützen diese Anhäufung zweifelhafter Lebensmittel, die von den Verkäufern mit schrillen Schreien angepriesen werden, vor der Sonne. Die erste Wahl haben die Fliegen. Tausende und aber Tausende von Fliegen wirbeln freudig von den Haufen zu verkaufender Lebensmittel zu den Haufen verfaulter Lebensmittel, die man hinter die Verkaufstische geworfen hat. Ich habe beim Lesen immer die Aufzählung von Farben und die Beschreibung von Gemüsen übersprungen, aber heute beneide ich die Schriftsteller, die eine malerische Feder führen. Man müßte wiedergeben: der verschwenderische Aufwand an Rot, Gelb und Grün, die Samtigkeit der Pfirsiche, die Fleischigkeit der Birnen, die Wölbungen der Wassermelonen, alle Arten von Rundungen, alle Schätze des Fruchtfleisches; die Vibration Hunderter von Fingern, die die grauäugigen Fische befühlen, drücken, auf ihren leuchtenden Bauch drehen; das verwegene Aussehen dieser aufgereihten, auf einen Jasminstengel gespießten Kadaver; die letzte Parade des Federviehs, das an einer Schnur hängt, den Körper nackt, aber den Schwanz im vollen Prunk aller Federn; Elend und Schmutz, durch ein Übermaß an Zurschaustellung kompensiert; die absurde Neigung zur Anhäufung selbst

ungenießbarer Waren; die Kunst, sich durch die Augen für die zahllosen Kränkungen des Lebens zu entschädigen. Und dann: die rauhen, zischenden Stimmen der zwischen aufeinandergetürmten Käfigen, Steigen und Abfallhaufen plündernden Buben; die Litanei der Obst-, der Gemüse- und Fischnamen, von den unermüdlichen Verkäufern in gleichbleibend tiefer Tonlage mit aufdringlicher Stimme vorgetragen; den lastenden, von Sonnenstrahlen gesprenkelten Halbschatten; den infernalischen Geruch verfaulter Lebensmittel.

Bald gehöre ich mir nicht mehr. Meiner selbst enteignet, wie man es wohl in Palermo sein muß, werde ich zu der schwellenden Pflanzenwelt, über die meine Finger im Vorbeigehen streichen, zu dem klebrigen Kot, auf dem mein Fuß rutscht. Ich bin Pflanze, Abfall, Getöse. Ich bin schmierig und ich stinke. Ich ähnele einem lebendigen Schwein, das aus Unrat seine Suhle macht. Ich schwelle, ich möchte anschwellen, ich möchte in die Körper dieser riesigen, mich zermalmenden Käuferinnen hineingleiten.

O einzigartige Rasse der ›mamme‹! Ich glaubte nur schlanke Frauen zu lieben, aber diese hier sind keine Frauen mehr, und es ist möglich, sie auf eine andere, aber kaum mehr humane Weise zu lieben. In diesen engen Gängen, in denen man zwischen zwei Reihen üppiger Gemüseweiber eben aneinander vorbeikommt, braucht man nur seinen Körper der Berührung mit ihrem überquellenden Fleisch zu überlassen, diesen unerschöpflichen Reservoiren von Milch und Nachsicht. Ich lieferte mein Knie aus, meinen Ellenbogen und spürte ein unbekanntes Leben, in dem der blinde Genuß der Berührung jeden Ehrgeiz zunichte macht. Berühren, berühren bis zum Überdruß! Berühren und eindringen, berühren und verschwinden! O Weichheit des Fettes, das alles aufzunehmen vermag! Frauen sind sie schon lange nicht mehr (wenn ich eine Palermitanerin schön finde, so ist sie zwischen zwölf und vierzehn Jahren alt). Und Mütter? Sind sie es? Was haben sie für ihre Geschöpfe anderes getan, als sie in die Welt zu setzen? Palermo wimmelt von kleinen Kindern, die mitten auf der Straße spielen, essen, schlafen, pissen, sich selbst überlassen, ohne Aufsicht, ohne Erziehung. Mit zehn Jahren fangen sie an, sich ihren Lebensunterhalt zu verdienen. Erziehung! Welch unsinniger Gedanke in dieser Stadt! Nein, diese auf phantastische Art watschelnden ›mamme‹ leben nur um ihrer selbst willen, in der großartigen Selbstherrlichkeit ihrer urtierhaften Körper. Was alles geht im verborgenen in ihnen vor? Wieviel Verdauung, wie viele Sekretionen, welche Ströme von Flüssigkeit, welche Wasserfälle von Säften? Und über allem diese Milch, die unendliche Milch der Güte, die fließt und fließt . . .

Religion in Palermo

Ich nähere mich einer Heiligennische hinter der Auslage eines Obsthändlers, der seine Wassermelonen in scharlachrote Scheiben schneidet. Die grüne Schale glänzt in den Sonnenflecken, der Saft spritzt hervor. Rote und blaue Glühbirnen leuchten trotz des Tageslichtes in der Behausung der Heiligen. Es würde sich zweifellos nicht schicken, wenn eine Persönlichkeit dieses Rangs von dem Glanz kürbisähnlicher Pflanzen verdunkelt würde. Ein Briefkasten unter der Nische fordert die Gläubigen zur Nächstenliebe auf. Ein verbindlicher Rat:

»Es ist nutzlos, das Schloß aufzubrechen, da die Opfergaben jeden Tag entfernt werden.«

Die Mütter bekreuzigen sich, wenn sie an der Nische vorübergehen. Wem ist sie geweiht und unter welchen Umständen wurde sie angebracht? Einem Mafiaführer war es gelungen, sich wegen mangelnder Beweise unzählige Male freisprechen zu lassen bis zu dem Tag, als er einen ruhigen, sympathischen jungen Mann umgebracht hatte, dessen einziges Verbrechen darin bestand, daß er das Grab seiner Eltern nach der Schließung des Friedhofs besuchen wollte. Dieses Mal schien das Maß des Mörders voll zu sein. Doch er wurde nochmals freigesprochen, und da die Intervention zu seinen Gunsten nur eine himmlische sein konnte, ließ er an seiner Straßenecke eine Nische anbringen und weihte sie der heiligen Rita, der Schutzheiligen für ausweglose Situationen. Sie hatte ihm, laut der Inschrift, die nach seinen Angaben fromm in den Marmor graviert worden war, die »Gnade« gewährt, ihn zu »heilen«, »in einem Augenblick, da alle Hoffnung verloren schien«.

Nach den Straßen mit den Lebensmitteln die Straßen mit den Schuhen. Kilometerlang Schuhe, auf der Erde aufgereiht, rote, grüne, blaue, gelbe, ein buntes Durcheinander nebeneinander liegender Oberleder, Tausende von Füßen, zufrieden sich zu berühren, ehe sie paarweise fortgehen, eine Euphorie des Beisammenseins, ein Jubel, sich in allen Farben auszubreiten. Dann folgen die Haufen mit den Kleidungsstücken, Stoffballen, Stapel von sonnenvergilbter Wäsche. In den weißen Büstenhaltern könnte man Melonen unterbringen. Auslagen mit Geschenken blitzen ein wenig weiter unten: nach Schuhen und nach Geschenken scheinen die Palermitaner am gierigsten zu sein. Es gibt die ›anständigen‹ Geschenke, die man in den herrschaftlichen Straßen zu sehr hohen Preisen verkauft, und den Schund, um den man auf der Straße feilscht – Ketten, Broschen, Geschirr, Toilettenbeutel, Thermometer, Spielsachen. Dann der Kitsch der magischen Talismane. Die roten Hörner, die man in der Tasche haben und berühren muß, um den bösen Blick abzuwehren; Körperteile aus Weißblech oder Wachs, Bäuche, Brüste, Augen, Beine, die man in den Kirchen aufhängt, um wieder gesund zu werden; und dieser merkwürdige Trödelkram, der die Aufmerksamkeit Pili Brundas auf sich zieht: eine Art Schlüsselbund oder Anhänger, bestehend aus einem halbkreisförmigen Bügel und darin, sich um die Achse, die beide Kiefer verbindet, drehend, eine runde, geldstückgroße Metallscheibe. Auf der Vorder- und Rückseite der Medaille stehen völlig unverständliche Zeichen. Pili Brunda ersteht für mich einen dieser Anhänger bei einem kleinen, buckligen Jungen, der sie aus einem Bauchladen verkauft – bei einem dieser vielen schon verbrauchten und doch lebhaften kleinen Jungen Palermos, die auf der Suche nach ein paar Lire durch Palermos Straßen wandern. Einer von ihnen vertraute, als er groß geworden war, Danilo Dolci alle Berufe an, die er vor dem Militärdienst ausgeübt hatte. Kapernsammler, Sammler von Besengras, Klempner, Erdarbeiter, Konditor, Froschjäger, Schneckensammler, Sammler von Wildgemüse, Olivensammler, Sammler von liegengelassenen Oliven, Sammler von Kohlen auf Eisenbahnschienen, Bleisammler auf den Schießplätzen der Polizisten, Wiederverkäufer gebrauchter amerikanischer Kleidungsstücke, Eisverkäufer, Samenverkäufer, Wasserverkäufer, Schnekkenverkäufer, Fischer von Süßwasseraalen, Verkäufer geschmuggelter amerikanischer Zigaretten, Alkoholschmuggler, Abhänger von Waggons, Dieb von Friedhofskreuzen.

Unser kleiner Buckliger ist noch beim Trödelkram. Pili Brunda möchte gar zu gern wissen, was das, was sie gekauft hat, bedeutet; und als wir am Ende der dunklen, bevölkerten Gasse auf eine der breiten langweiligen, ›herrschaftlichen‹ Straßen kommen, bietet sich uns ein ›anständiger‹ Geschenkladen an. In der Auslage dieses ›anständigen‹ Ladens, die sorgsam von einem Schaufenster geschützt wird, entdecken wir eine ganze Reihe des gleichen Trödelkrams, der also nur ›anständiger‹ Trödelkram sein kann. Wir stoßen die Ladentür auf, und ein sehr höflicher Herr unterrichtet uns, daß die rätselhaften Zeichen nur halbe, zwischen Vorder- und Rückseite aufgeteilte Buchstaben sind. Dreht man die Scheibe schnell um ihre Achse, so setzt man die Buchstaben wieder in ihrer vertrauten Form zusammen. Sehen Sie, sagt uns der Herr. Wir sehen: TI AMO (ich liebe dich) oder BACIAMI (küsse mich). Das ist alles. Der Trödelkram beschränkt sich auf diese armseligen Botschaften. Ein wenig enttäuscht gehen wir fort, aber nicht ohne daß eine Vorahnung uns daran gehindert hätte, vor diesem ›anständigen‹ Herrn in dem kühlen Halbdunkel seines Ladens die Inschrift unseres Trödelkrams zu entziffern, den wir von einem buckligen Jungen in dem stinkenden, schwülen Halbdunkel des Markts gekauft haben. Wir müssen um die Ecke der ›herrschaftlichen‹ Straße herumgehen und uns vom Strudel der Menge einfangen lassen, ehe wir uns entschließen können. In einem Eingang holt Pili Brunda den mir geschenkten Anhänger hervor, dreht die Medaille und zeigt mir triumphierend die Inschrift: SEI FESSO. Ein Wort, nicht vor ›Herrschaften‹ auszusprechen, ein Wort, eifersüchtig für die *strade non signorili* aufzusparen, ein Wort, unter die Gerüche, die Farben, die Fliegen der wüsten Gedärme zu mischen!

Entzückt, dem kleinen Buckligen Gelegenheit gegeben zu haben, sich über einen Ausländer und Touristen lustig zu machen, drang ich in den Laden eines Friseurs ein und bat ihn, mich zu rasieren. Er setzte mich in einen Sessel, seifte mir das Gesicht ein und begann mit dem Ritus. Entgegen der verbreiteten Meinung über die italienischen Friseure pfiff dieser kleine, untersetzte, dunkelhäutige, sehr konzentriert arbeitende Mann nicht, schaute nicht mit für ihn vorteilhaftem Ausdruck nach rechts oder links und handhabe seine Geräte auch nicht aufs Geratewohl. Lustige Barbiere gibt es nur in der Oper. Eine peinlich genaue Zeremonie, dieses Rasieren! Ist das Gesicht endlich sauber und glatt, wird es mit Alkohol besprengt und mit einer Ölcreme eingerieben. Daraufhin massiert der Barbier mit seinen erfahrenen Fingerspitzen die Wangen und das Kinn, den Hals und den Rand der Lippen. Er fächelt mit einem Handtuch, und wunderbare Kühle strömt aus der ventilierten Haut. Ein süßer Schauer breitet sich bis zu den Fingerspitzen im ganzen Körper aus. Ich glaubte die Feierlichkeit beendet. Gewöhnlich lassen es die italienischen Barbiere damit bewenden. Aber als ich mit einem tiefen Seufzer die Augen öffnete, packte der meine streng meine Nasenspitze und schnitt mir mit der anderen Hand mit unvergleichlichem Geschick ein Haar ab, das aus meinen Nasenlöchern hervorsah. Ich ging fort, bereit, auf die Freundlichkeit, den Humor, den Einfallsreichtum der sizilianischen Friseure zu schwören. Und ich hätte diese fix und fertige Meinung über den Charakter der Palermitaner mit fortgenommen, wenn mir Pili Brunda nicht noch am selben Abend eine Passage aus dem letzten, so bemerkenswerten Buch Danilo Dolcis gezeigt hätte. Ein Barbier erzählt, daß er einen Kunden verloren habe, nur weil er ihm nicht in seinen Mantel geholfen oder weil er sich nicht in so vielen Höflichkeitsbezeugungen ergangen hatte wie der Friseur von gegenüber; oder wegen eines vergessenen Haares. »Wegen eines vergessenen Haares« – wieder einmal hatte ich in meiner Begeisterung für das so amüsante Benehmen meines Barbiers die Leichtfertigkeit eines Reisenden bewiesen, der dem ›bezaubernden‹ italienischen Temperament zuschreibt, was sich leider durch den Konkurrenzkampf erklärt, der in dem hellen Laden eines Friseurs in Palermo nicht weniger grausam ist als auf einer Kohlenhalde der Ruhr.

Trost und Heuchelei

Ich muß sagen, daß ich es voraussah, und deswegen wollte ich zwar zurückkehren, wollte aber fünf Tage lang warten, bis ich wieder dort erschiene: in der Mitte eines kleinen, runden Platzes, gut sichtbar auf dem schmierigen Gestell, sah ich den Schwertfisch, kaum um einige Scheiben verkürzt, den Kopf immer noch genau so stolz aufgerichtet. Fünf Tage lang hatte ich an diesen von den Fliegen und den Schreien der Verkäufer erbärmlich gedemütigten, düsteren, glänzenden, wilden Schwertfisch gedacht, fünf Tage lang hatte ich mich gefragt, wie lange man wohl brauchte, um sein köstliches Fleisch zu verkaufen, und siehe da, fünf Tage hatten nicht genügt, und es mußten vielleicht noch fünf weitere vergehen, ehe der Preis so stark fallen würde, daß die Mütter sich ein Stück von dem nunmehr verfaulten, herrenlosen Tier abschnitten. Für den Augenblick begnügten sie sich damit, den Fisch, diesen unnachgiebigen Herrn des Marktes, aus der Ferne zu betrachten. Die schwarze Klinge war in unnützer Wut gegen den Himmel gereckt. All dies – das schwarze Schwert über dem zerschnittenen Körper, die an dem Fleisch saugenden Fliegen, der ehrerbietige Kreis der Frauen, ihre resignierten Blicke, das Warten auf die ersten Anzeichen einer den Zauber lösenden Zersetzung – ergab ein so eindringliches Bild des Verfalls, daß ich in das Reich der Toten floh, um Ruhe und Frieden zu finden.

Achttausend sind es, aufgereiht in den Katakomben des Kapuzinerklosters: aufrecht gegen die Wand gelehnt oder in auseinanderfallenden Särgen liegend, die Männer in wollenen Bußgewändern, die Frauen in Spitzenkleidern, die Prälaten in ihren Soutanen mit ihrem Namen auf einem Stück Papier; achttausend Leute, noch in gutem Zustand, sehr mager natürlich und vor allem sehr blaß, der Lebensfreude, die Farbe ist, beraubt, aber sonst alle Zeichen des Lebens behaltend in dem grauen Tageslicht, das aus den Kellerfenstern dringt: Haltung, Züge, Alter. Eine außergewöhnliche Galerie von Gespenstern, von denen man nicht mit Bestimmtheit zu sagen vermag, ob sie diesseits oder jenseits des Todes sind, ähnlicher jenen Phantomen, die man mit einem letzten Lebenshauch in den Konzentrationslagern gefunden hat, als wirklichen Kadavern. Sie schauen aus ihren Augen, oder vielmehr aus den schwarzen Höhlen, die ihre Augäpfel schützten; sie strecken die Hand aus; andere haben den Kopf verloren, der auf die Erde gerollt ist. Diese Toten stammen vom Ende des 19. Jahrhunderts und sind die wohlhabendsten Bürger der Stadt. Ich stelle sie mir gepflegt, wohlriechend, geputzt vor, jeden in seiner eigenen Nische. Doch man hat sie in ihren alten, mittlerweile zerfransten Kleidern in eine Reihe gestellt, nachdem eine oberflächliche Konservierungstechnik – Eindringenlassen von Feuchtigkeit in einen trockenen Raum – sie vor der Verwesung geschützt hat. Staub und Spinneweben haben sich über ihre Glieder gelegt; die Särge sind geplatzt; die Bretter, die ihre Körper stützten, sind zusammengesunken und die Körper übereinandergefallen. Aber ebenso wie die Gleichgültigkeit der Lebenden gegenüber dem unterirdischen Schicksal ihrer Toten, ebenso wie die Unordnung, die Vernachlässigung und Verlassenheit dieser Gänge, die nach Verliesen riechen und wie Rumpelkammern aussehen, scheint mir die Strafe dieser Toten das uniforme Grau zu sein, in dem sich nicht nur ihre Kleidung, sondern auch ihr Fleisch aufgelöst hat, diese farblose Ewigkeit, Strafe für ihre bunte Freude zu Lebzeiten.

Auf jeden Fall sind sie nicht allein im Tode, und wenn sie auch die Farben verloren haben, so haben sie doch immer noch Gesellschaft. Das Gefühl des Todes wird in Palermo auf sehr merkwürdige Weise empfunden, nach diesen Gespensterreihen zu schließen, für die das Glück des Beieinanderseins in den Augen ihrer Verwandten Ehrbezeugungen und Grabpflege ersetzt. Was können sie, die Verstorbenen, mehr verlangen als Gesellschaft? Zusammen sein! Den Zauber der Berührung spüren! Sind sie nicht glücklich, der kalten Abgeschiedenheit des Grabes entgangen zu sein? Sind sie nicht glücklich, daß man ihnen erspart hat, was sie auf der Welt – in dieser und der anderen – am meisten fürchten: die Einsamkeit? Was kann ihnen das trübe Licht und die weiße Stille anhaben: sie sind Seite an Seite.

Gesellschaft: größtes Glück für die Lebenden wie für die Toten.

Der Sizilianer Elio Vittorini hat in einem seiner besten Bücher, ›Erica‹, die Bedeutung der Gesellschaft erklärt. Häßlich auf der Welt für ein kleines Mädchen ist das, was es nicht gegeben haben könnte. »Wenn es die Katzen nicht gegeben hätte! dachte sie. Wenn es rote Kleider nicht gegeben hätte! Wenn es die Eisenbahn nicht gegeben hätte! Sie dachte und dachte und Entsetzen befiel sie. Und ihre Schrecken waren keine Wölfe, waren keine Menschenfresser: ihr Schrecken war, in einer Welt zu erwachen, in der es irgend etwas weniger gäbe.« Alle Toten sind dort unten, in den Katakomben, an der Seite von Toten; und ich, der ich einen Augenblick lang der Menge entfliehen wollte, stehe plötzlich vor einer anderen Menge, einer Menge, in der sich der tiefe Wunsch der Palermitaner ausdrückt, nie mit sich allein zu sein. Zerlumpt vielleicht, bedeckt mit Staub, aber nicht allein – also gerettet!

Beim Hinaufsteigen ans Tageslicht stieß ich an zwei dicke Frauen, die herabkamen. Warum sollten sie sich dünn machen? sagte ich mir. Ich hatte plötzlich verstanden. Eine dicke Frau ist niemals allein, sie ist immer mit ihrer eigenen Person behaftet, sie trägt Kilo um Kilo überflüssigen Fleisches und Fettes mit sich herum, die ihre Individualität vervielfachen. Auf diese Weise gibt sie sich selbst Sicherheit und gibt sie anderen. Und niemals wird sie beschließen, sich zu ändern. Der Ehemann, der eine magere Frau hätte, müßte jeden Morgen in einer Welt aufwachen, in der etwas fehlte. Die Ästhetik der Schlankheit gilt für die Zivilisation des Paares, für einen Mann und eine Frau, die einander in einem Kampf gegenüberstehen, der ihre eigene Einsamkeit bloßstellt. Die italienische Zivilisation ist eine Zivilisation nicht des Paares, sondern der Familie. Sich in eine Lage zu begeben, in der man sich sehen muß, wie man ist, widersteht dem italienischen Charakter. Lieber sich in der sanften Gewißheit der Gesellschaft auflösen. In Sizilien reicht der Kreis der Familie nicht aus. Die menschliche Familie genügt dort nicht zum Glück und zur Beruhigung, in Sizilien muß man die Tiere einschließen, die Fliegen, man muß die Gesellschaft bis zum Unrat auf der Straße ausdehnen, bis zum Abfall, bis zu den Parasiten, die man absichtlich in seinem Körper gedeihen läßt. Wie sollte man die Religion, den Aberglauben des Wurmes anders erklären? Eine Quacksalberin vertraute Danilo Dolci das folgende an: »Die Würmer, die bekommen die Kinder mit der Milch, wenn sie geboren werden. Sie sind sehr nützlich für uns, die Würmer. Wer erhält uns am Leben? Wenn wir gegessen haben, wer verdaut unsere Nahrung? Sind es nicht sie, die sie verdauen? Wenn der Kessel kocht, dann kocht er das, was wir hineinwerfen: die Würmer kochen die Nahrung im Magen. Die Bissen kommen durch die Kehle hinunter und gelangen in den Sack: Säcke haben wir zwei, einen zum Urinieren und einen für die Nahrung. Die Würmer fressen die Bissen, und sie müssen auch für uns verdauen. Wenn einer keine Würmer hat, dann kann er nicht verdauen. So ist der Wille des Herrn; und wenn die Würmer nicht am Leben bleiben, so bleibt niemand am Leben.«

Die Frauen sind laufend schwanger; aus welch anderem Grunde, als um sich ›besetzt‹ zu fühlen? Ein Gefühl, das über die Gefühle für die Familie hinausgeht. Kaum befreit, scheinen sie sich auch weniger um das neue Kind zu kümmern, als danach zu suchen, wie sie ihre augenblickliche Leerheit los werden könnten, von der eine neue Schwangerschaft sie rechtzeitig befreit. Nicht die Geburt erleichtert sie, sondern der Beginn einer neuen Schwangerschaft.

Abfälle (weisen wir als gewissenhafter Chronist auf die unglaubliche Art der Müllabfuhr hin, die, laut einigen öffentlichen Bekanntmachungen an den Wänden, nicht städtisch ist, sondern ein Privatunternehmen, die Firma Vaselli, die das ihr überlassene Vorrecht der Müllabfuhr genauso ausübt, wie man sich das vorstellt: wenig oder gar nicht: einige hungrige Straßenkehrer stochern ein wenig in den Abfallhaufen einer Stadt von sechshunderttausend Einwohnern herum, die fast keine Kanalisation und meist nicht einmal Wasser hat . . .), Fliegen, Würmer und außerdem: Ruinen. Die Bewohner leben mit ihren Ruinen, die mehr als zwanzig Jahre alt sind und aus der Zeit der amerikanischen Bombenangriffe stammen. Hunderte halb zusammengestürzter Häuser, Reste geborstener Mauern stehen noch im Herzen Palermos; niemand denkt daran, sie fortzuräumen. Auch sie leisten Gesellschaft – sie füllen den Himmel. Wenn das Geld zum Wiederaufbau fehlt, nun gut, dann bleiben sie eben, auseinanderbröckelnd, aber treu wie die verfaulten Nahrungsmittel, die unter die Auslagen geworfen werden, ganz nah zu denen, die obendrüber ausgestellt sind.

Wie könnten die Sizilianer gern allein sein wollen? Zu zehnt, zu zwölft in ein einziges Zimmer gepfercht, wie können sie ahnen, daß es ein größeres Glück gibt, als sich aneinanderzudrücken, um den Stürmen des Lebens zu widerstehen?

Ich ging vor dem Abendessen in dem verwahrlostesten Viertel Palermos spazieren; es liegt rings um die Kathedrale – ein weißes, ausgeblichenes, staubiges Viertel, ohne das freudige Leben der Geschäftsstraßen, ein Viertel, in dem die baufälligen, nur noch aus einem geteerten Erdgeschoß bestehenden Häuser wie finstere Höhlen offenstehen. Kleine Buben verlungern ihre dumpfe, larvenhafte Kindheit auf dem bloßen Erdboden. Das einzige, was sie beunruhigt, sind die dicken, schwarzen, gefräßigen Fliegen, die auf dem Abfall sitzen. Auf der Schwelle seiner elenden Wohnung, in der ein Durcheinander von zerfetzten Sesseln zu sehen war, rieb und kratzte ein Mann energisch an einigen Kalbs- und Schweinsfüßen, die oberhalb des Gelenkes abgeschnitten waren. In einer von Fliegen schwarzen Tonne steckten etwa fünfzig andere. Die Fliegen saugten an dem Fuß, der Mann kratzte ihn ab, der abgekratzte Fuß kam von der Tonne in ein Becken, und die Fliegen stürzten sich wieder darauf. Welch seltsame Wirkung haben fünfzig Tierfüße! Fünfzig weiße, fette, kränkliche Füße auf der Schwelle eines Loches, das eine Familie beherbergt, dazu die Hartnäckigkeit eines Mannes, der sich plagt, sie abzukratzen, und die Beharrlichkeit der Insekten, die sie ständig wieder schwarz machen. Ich glaubte erst, daß er Sessel flicke und daß ihm die einmal gewaschenen und richtig behandelten Füße als Füße für die in seinem Zimmer aufgehäuften Sessel dienten. Ich wagte ihm keine Fragen zu stellen. Aber der Grund für seine Hartnäckigkeit entging mir. Als ich, geschützt vor den Blicken dieses Mannes, eine Miene aufsetzen konnte, die ihn nicht beleidigen würde, kehrte ich wieder um und fragte ihn, warum er so eifrig bei seiner Arbeit sei. Ich hatte unrecht gehabt, ihn aus einer gewissen, hier ganz unangebrachten menschlichen Achtung nicht zu fragen. Er antwortete mir offen und traurig, daß er dabei sei, aus diesen Füßen eine Bouillon zu bereiten, eine Bouillon für sich und seine Familie. Er erkannte sehr deutlich, was ich dachte, und doch versuchte er nicht auszuweichen, ebenso wie er mir nicht böse dafür war, ein so glückliches Leben zu führen, daß ich mich über seine Tätigkeit wunderte und ihm Fragen stellte. Was die Traurigkeit betrifft, die ich in seiner Stimme bemerkte, so drückte sie vielleicht eher eine schickliche Gewohnheit aus als ein wirklich empfundenes Gefühl. Dieser Mann steckte nicht so tief in seinem Elend, daß er nicht das objektive Grausen vor seinem infernalischen Kampf um eine so scheußliche Speise verstand, und er versuchte nicht, einen Fremden dadurch zu schockieren, daß er nicht darunter zu leiden schien – eine solche Feinfühligkeit ist nicht selten in Sizilien. Aber in seinem Innersten war er keineswegs niedergeschlagen; er kratzte an seinen Füßen mit einer gewissen Fröhlichkeit; fünfzig abzuschabende Füße, das war immer noch besser als ein einziger, und Wolken zu bekämpfender Fliegen waren immer noch besser, als sich selbst ausgeliefert zu sein.

Es wäre unmöglich, dachte ich beim Fortgehen, hier als Beamter, als Beobachter, in einer neutralen Position zu leben. Um Palermo, das Elend und die Verkommenheit einer halben Million Menschen zu ertragen, muß man entweder Apostel oder Zyniker sein. Apostel wie Danilo Dolci oder Zyniker wie Giuseppe Tomasi di Lampedusa.

Danilo Dolci, in Triest als Sohn einer slawischen Mutter und eines lombardischen Vaters geboren, studierte anfänglich in Mailand Architektur. Nach dem Krieg trat er in Nomadelfia einer Vereinigung von Waisenkindern bei, die Don Zeno Saltini, ein aufgeklärter Priester, gegründet hatte, den seine zweifelhafte Orthodoxie bald zum Angriffsziel der Kirche machte. Damals kam Dolci nach Sizilien und ließ sich zuerst in Trappeto nieder, einem Fischerhafen bei Palermo, wo sein Vater Eisenbahner gewesen war; später ging er nach Partinico, einem bedeutenden landschaftlichen Knotenpunkt, von wo er nicht mehr fortgegangen ist. Er hat eine Witwe aus diesem Ort, Mutter von fünf Kindern, geheiratet, denen er noch zwei hinzufügte, hat sieben Waisen adoptiert, ist in Hungerstreik getreten, damit der unrechtmäßige Fischfang abgeschafft würde, wurde vor Gericht zitiert, weil er Gegenstreiks hervorgerufen hatte, das heißt, die Streikenden ermutigt hatte, nicht eingeplante öffentliche Arbeiten auszuführen, hat mehrere aufsehenerregende Prozesse gewonnen, aufs neue gehungert für den Bau von Stauwerken zur Bewässerung, in offenem Streit sowohl mit nationalen Behörden wie mit lokalen Grundbesitzern gelebt, Analphabeten unterrichtet, Untersuchungen über Palermo und seine Umgebung veröffentlicht, auf seine Architektenlaufbahn verzichtet, solange es noch lichtlose, zerfallene Häuser in Sizilien gab, Kongresse organisiert, deren letzter, über das Thema des Elends in der Welt, in Palma di Montechiaro stattgefunden hat, einem der zurückgebliebensten Dörfer Siziliens und ausgerechnet ein Lehen der Fürsten von Lampedusa, des Donnafugata aus dem ›Gattopardo‹, so als ob Dolci darauf habe hinweisen wollen, daß es dort, wo der stolze Edelmann sich von dem prächtigen Frack Calogero Sedaras blenden ließ, wichtigere Leiden zu beheben gab als den Ärger eines Fürsten, der einen Parvenu in die Salons seines Palastes aufzunehmen gezwungen ist.

Viele Leser in Italien, Frankreich und der ganzen Welt haben vor einigen Jahren begeistert den ›Leoparden‹ entdeckt, und man muß sagen, daß der Roman von Giuseppe Tomasi, Herzog von Palma und Fürst von Lampedusa, anfänglich blenden kann. Man erfährt immer gern, besonders in unserem Jahrhundert, in dem der Fanatismus des Fortschritts einen jeden Morgen bei der Kehle packt und einem immer neue Aufgaben auferlegt, daß die Geschichte mit der gleichen Unfehlbarkeit wie die Sterne zyklischen Revolutionen unterworfen ist, deren unausweichliche Rückkehr zum Alten sozusagen ihre Wirkung aufhebt. Ein Romancier, der rät, sich unter den Nachthimmel zu legen und auf den Tod zu warten, während die anderen sich abmühen, die Ordnung der menschlichen Dinge zu ändern, wirkt zwangsläufig sympathisch. Man findet es plötzlich lächerlich, irgend etwas am Lauf der Welt zu ändern versucht zu haben, anstatt sich auf der Erde auszustrecken und seine besten Kräfte auf die Betrachtung des Firmaments zu verwenden. Tomasi di Lampedusa ist ein Meister in der Kunst, den Leser davon zu überzeugen, daß alle Bemühungen, die er unternommen haben mag, um seinem Nächsten zu helfen, kein anderes Motiv haben als ein

kindisches, armseliges Bedürfnis nach Betriebsamkeit. Das geht auf die Salvatore Carnevale, die Sozialisten, die Danilo Dolci! Am Abend des Plebiszits, mit dem Sizilien seine Zustimmung zu der Angliederung an das piemontesische Königreich gibt und die Ersetzung der verrotteten Feudalmonarchie der Bourbonen durch die dynamische bürgerliche Monarchie Vittorio Emmanueles und Cavours billigt, schreibt Fabrizio Salina alias Giuseppe Tomasi verächtlich: »Man schickte unter dem Donner der Petarden eine Botschaft an den König (den neuen) und eine andere an Garibaldi; ein bißchen Feuerwerk in den italienischen Farben kletterte über dem dunklen Dorf in einen sternenlosen Himmel. Um acht Uhr war alles zu Ende, und nur die Dunkelheit herrschte, wie jeden Abend seit Menschengedenken.« Wie zufrieden der Fürst mit seiner Erfindung gewesen sein mußte, daß der Himmel nicht funkelte, daß selbst die Sterne sich versteckt hatten, um nicht dieser lärmenden Kundgebung schlechter Erziehung beizuwohnen!

Zu sagen, daß nichts zähle angesichts der ewigen Naturgesetze, hat immer dazu gedient, soziale Ungleichheit, Unterdrückung und Elend zu rechtfertigen, und daher tut der Leser nach dem ersten Augenblick der Verzauberung gut daran, sich zu fragen, ob ein solches Buch in einer Zeit, da die Sozialisten in Sizilien, manchmal um den Preis ihres Lebens, unerläßliche Reformen durchsetzen, nicht falsch und irreführend ist. Elio Vittorini, der als erster im Auftrag eines großen Mailänder Verlages das Buch in Händen hatte, lehnte es strikt ab. Wenn er auch zweifellos einen Irrtum in geschäftlicher Hinsicht begangen hat, so kann man ihm doch nur zustimmen, erinnert man sich an seinen persönlichen

Kampf als Marxist und an seine Entscheidung ... In Sizilien kann konsequente Literatur keine hedonistische Literatur sein, sondern nur Oppositionsliteratur.

Es ist gewiß nicht verwunderlich, daß ein intelligenter und sensibler Aristokrat wie Giuseppe Tomasi das Bedürfnis empfand, sich zynisch eine Philosophie aufzubauen, die ihm erlaubte, sich der Meditation über ewige Wahrheiten zu überlassen und die kleinlichen Zufälligkeiten der Geschichte zu übersehen. Mußte er sich nicht vor sich und den anderen dafür rechtfertigen, auf der Insel der ärmlichen Hütten sieben Paläste oder Villen zu besitzen? Und war das Ziel nicht erreicht, wenn er die anderen davon zu überzeugen vermochte, daß – Hütte oder Palast – die Form unserer Behausung keine Bedeutung hat, solange wir alle sterblich sind und sich die Erde auch ohne uns in den Himmeln dreht? Das ist die ganze Philosophie des Fürsten. Wenn es auch nur natürlich ist, daß sich müßige Patrizier mit dieser Philosophie über das bestehende Elend hinwegtäuschen, in dem ihre Bauern verkommen, so kann ich mir doch weniger die Begeisterung von Millionen von Lesern erklären, die den ›Leoparden‹ als ein Brevier der Weisheit zitieren.

Eine der – wirklich recht schwachen – Novellen, die man nach dem Tod Lampedusas unter seinen Papieren gefunden hat, zeigt deutlich, warum ihm der Begriff des Fortschritts eine gefährliche Kinderei zu sein scheint. Im Jahre 1848, sagt er, während der Revolution, zerstörte eine Bombe die schöne Decke seines palermitanischen Palastes und beschädigte für immer die Wandmalereien eines der großen, mit grauen und weißen Fliesen ausgelegten Säle. Denselben Palast vernichteten ein Jahrhundert später die ›liberators‹ (zu verstehen als die amerikanischen Flugzeuge) von Grund auf. Wie sollte man also das Zeitalter der Bomben und Flugzeuge nicht anschwärzen, das die Dummheit und Grausamkeit besitzt, eines von den sieben Wohnhäusern einer unschuldigen Familie in Trümmer zu schießen? Auch hier kann man die Bitterkeit des Besitzers ohne weiteres verstehen, aber es wird schwierig, den Pessimismus des Romanciers ernst zu nehmen.

»Die Heuchelei Lampedusas ist Ihnen nicht entgangen«, sagen mir einige Freunde in Palermo (ein Dichter, ein Arzt, ein Buchhändler, deren Namen ich aus bald ersichtlichen Gründen nicht nennen kann). »Aber was Dolci betrifft, so sind Sie weit vom Schuß!«

»Dolci?« antworte ich. »Ist er nicht der bewundernswerte Mann, der . . . ?«

»Alles Bluff, alles Farce, selbst seine Heirat mit einer Witwe aus Partinico. Wir werden Sie zu einem jungen Mann bringen, der lange mit ihm gearbeitet und den dieses Erlebnis entmutigt hat.«

Wir kommen zu X, der in seiner Wohnung sizilianische Antiquitäten sammelt, mit denen er handelt. Ein junger, schlanker Mann mit Bürstenschnitt und einem leidenschaftlichen Blick, fast etwas klösterlich aussehend. Wir betrachten seine Ware, die sorgfältig ausgesucht ist. Der Dichterfreund versucht, ihn auf Dolci zu bringen. X schüttelt den Kopf und legt eine Platte auf, ein altes sizilianisches Klagelied, das in den Schwefelbergwerken gesungen wurde. Offensichtlich hat er Dolci aus sehr schwerwiegenden, sehr schmerzlichen Gründen verlassen und fürchtet jetzt, daß man es persönlichen Auseinandersetzungen zuschreiben könnte, wenn er jetzt Schlechtes über ihn sagt. Er bietet uns Obst an, wir essen schweigend, was im Süden immer eine Geste der Annäherung und des Friedens ist. Der Buchhändlerfreund fragt X nach seinem Geschäft, und X, der sich auf einmal nicht mehr zurückhalten kann, zeigt uns seine Zimmer, in denen nichts ist als vorübergehend deponierte Antiquitäten, das ganze Elend seines Lebens.

»Sehen Sie, das Schwerwiegendste, was man gegen Danilo sagen kann, ist, daß er, statt Lehrer, Ärzte, Soziologen auszubilden, nur eine Bürokratie zustande gebracht hat. Wer wie ich lange im Zentrum gearbeitet hat, findet sich ohne jede Qualifikation, unfähig, woanders zu arbeiten. Die Leiter des Zentrums bekommen mindestens zehntausend Lire im Monat und haben ein Auto. Danilo wohnt im schönsten Haus von Partinico . . . Sie leben von den Millionen, die von ausländischen Komitees geschickt worden sind.«

»Aber«, sage ich, »haben sie nicht die Gegend verändert? Gibt es nicht in Partinico eine Art Volksuniversität?«

»Danilo hat außer seiner Bürokratie absolut nichts geschaffen. Was bleibt von der zehnjährigen Erfahrung? Nur zwei lächerliche Institutionen. Eine Art Abendschule mit stellungslosen Lehrern, die zehntausend Lire im Monat bekommen und unfähig und gleichgültig sind. Eine Ambulanz, in der man sich umsonst untersuchen lassen und umsonst Medikamente bekommen kann.«

»Lächerlich und überflüssig, diese Ambulanz«, meint der Arzt-Freund. »Ärztliche Hilfe ist für alle in Sizilien gratis. Dolci schreibt, daß die Kinder noch mit magischem Brimborium geheilt werden. Das ist nicht wahr! Fälle ärztlicher Zauberkünste sind sehr selten geworden.

Nur ein paar uralte Frauen üben noch den Beruf der Quacksalberin aus. Das Problem ist heute nicht das Fehlen von Ärzten, sondern ihre Überbelastung. Wegen eines Nichts, wegen eines Kopfwehs läuft man zum Arzt. Ich habe ein Jahr lang in der Krankenstation von Partinico gearbeitet, dann hat es mir gereicht, nur Erkältungen zu behandeln.«

»Danilo«, beginnt X wieder, »entmutigt die zuständigen Leute. Wissenschaftler, Lehrer, Soziologen kamen zu ihm: alle gingen sie angeekelt wieder fort. Danilo verkündet Programme, die er nicht ausführt. Was ist zum Beispiel auf dem berühmten Kongreß über das Elend in Palmo di Montechiaro im Jahre 1960 geschehen? *Wir* wollten etwas Konkretes tun und Berufsschulen einrichten. Danilo hinderte uns daran. Es wurden Berichte verlesen, Reden. Man machte Fotos, die in der ganzen Welt veröffentlicht wurden. Dann kehrte Danilo nach Partinico zurück – und Palma blieb, als wäre er nie gekommen, genauso, wie es immer gewesen war mit seinen ekelerregenden alten Gemäuern, seinen Krankheiten, seinen Wunden, seinem Analphabetismus und seiner Verkommenheit.«

»Auf jeden Fall«, sage ich, »kann man nicht leugnen, daß Dolci mit seinen Büchern Alarm geschlagen hat . . .«

»Seine Bücher! Das wenige, was er selbst geschrieben hat, finde ich für meinen Teil unnütz. Was die Umfragen betrifft, so haben wir sie gemacht. *Wir* haben verlangt, daß man an Ort und Stelle die Berichte der Bauern, der Schäfer und Bettler sammeln soll. Danilo hat im übrigen unrecht, wenn er nur informieren will. Wozu? Wenn der Staat und die öffentlichen Körperschaften nicht eingreifen, dann kann es die private Initiative auch zu nichts bringen. Wer hat die großen Siege der Nachkriegszeit errungen, die Agrarreform, den Achtstundentag? Die Gewerkschaften, die Linksparteien, die Sozialisten und Kommunisten. Danilo ist ein Opfer seines Jesuitentums und seines Theokratismus: er wünscht sich Schüler und bekommt nur Bürokraten. Der Hungerstreik hat vielleicht anfangs in einem begrenzten Milieu einen Sinn gehabt, dann aber . . .«

Der Dichter-Freund, der bis dahin geschwiegen hatte, wirft lebhaft ein: »Nein, Dolci hat niemals irgend etwas vom Charakter der Sizilianer verstanden! Die Sizilianer sind heftig, rebellisch, stolz. Der Hungerstreik schien ihnen ein feiger, unverständlicher, menschenunwürdiger Ausweg.«

Ich frage sie, warum, wenn sie einstimmig das Werk Dolcis verurteilen, keiner seiner Mitarbeiter dies je öffentlich getan hat.

»Deswegen«, antwortet mir der Buchhändler-Freund, »weil die Feinde Dolcis so sind, daß man gezwungen ist, ihn gegen sie zu verteidigen. Er hat die reaktionärste Rechte auf dem Hals, und den Kardinal von Palermo Ruffini, einen der mutmaßlichen Führer der Mafia. Ruffini hat erklärt, daß die drei Wunden Siziliens seien: der Kampf gegen die Mafia, Danilo Dolci und der ›Leopard‹!«

»Danilo«, fügt X hinzu, »bedient sich der Niedrigkeit seiner Feinde wie eines Schildes, unter dem er ungestraft seine Amtsüberschreitungen begehen kann.«

Die Unterhaltung war für keinen von uns angenehm gewesen. X scheint besonders mitgenommen. Er sieht mich an, als wolle er mir sagen, ich solle seine Anklagerede vergessen, wenn ich dächte, er habe sie aus irgendeinem Ressentiment heraus gehalten. Wir bleiben einen Augenblick lang schweigsam angesichts der enormen Vergeudung von Millionen, von Talenten und von Hoffnungen. Ein ironischer Zufall hat gewollt, daß Dolci eines seiner letzten Bücher eben ›Vergeudung‹ genannt hat. Man vergeudet Wasser, man vergeudet Erde, man vergeudet Menschen in Sizilien, schreibt er oder ließ er schreiben. Und nun hat er selbst, stark durch Unterstützungen aus der ganzen Welt, durch seinen Ruhm und die Hilfe unzähliger Freiwilliger, in zehn Jahren nicht eine einzige Berufsschule zu gründen vermocht. »Danilo«, schließt X, »hat uns nur eines gelehrt: zu wissen, wie eine Organisation nicht sein darf.«

Unmöglich daran zu zweifeln, daß X die Wahrheit sagt. Wie unangenehm Dolci auch immer sein mag und wie sehr er auch die anderen zu übervorteilen sucht, all dies wäre nichts, wenn er etwas Ähnliches zustande gebracht hätte wie das Volkskulturzentrum in Roggiano-Gravina, das wir in Kalabrien besucht haben. Aber ist an Dolcis Scheitern wirklich nur Dolci schuld? Ist er nicht im Charakter der Sizilianer unüberwindlichen Hindernissen begegnet? Sind die Sizilianer so stolz, wie der Dichter-Freund poetisch behauptet? Zerstören Fatalismus und Resignation nicht auch den besten Willen? Ich bringe diese Einschränkung nur aus Gewissenhaftigkeit, denn für die Zuverlässigkeit, die Begeisterungsfähigkeit und den Ernst von X habe ich die besten Beweise; und wie sollte man nicht beeindruckt sein von dem Schmähkonzert auf den heuchlerischen Missionar, den vermeintlichen Gandhi von Partinico?

Aber es ist wahr, daß es zu nichts mehr führt, von den

grausigen Straßen Palermos zu schreiben? Diese Straßen, wohin meine Freunde vielleicht so lange nicht mehr gegangen sind, daß sie ruhigen Herzens versichern können, die Krankheiten seien verschwunden und für die Kinder würde genügend gesorgt. Erinnern sie sich nicht mehr daran, wie verpestet die Luft am Hafen von den Ausdünstungen der verfaulenden Schiffe ist? Sehen sie die Ruinen nicht mehr, die elenden Häuser, die Lumpen, die toten Ratten? Und scheint es ihnen genug, Augenkrankheiten mit der Verteilung von Salben zu bekämpfen? Der kleine Junge, den wir auf einem Abfallhaufen sitzen sahen, rieb sich mit einem speckigen Tuch Pomade in sein rotes Auge.

Agrigent

Überlagerung, Vermischung, Verquickung, Anstekkung: das beherrschende Thema in Sizilien. Zu beginnen mit der Küche. Gerichte ›alla siciliana‹ sind immer ein schwer verdauliches Gemisch aus den verschiedensten Dingen. Zum Beispiel die ›girelli‹, Kalbskroquetten, gefüllt mit Parmesan und Schinken, oder die berühmte ›caponata‹, das sizilianische Nationalgericht aus Auberginen, die mit Kapern, Kürbis, Tomaten und Oliven zu einem klebrigen Brei zusammengekocht werden. Ich sehe darin ein Bild für die vielen Kulturen, die vielen sich überlagernden Stile. Ja, die Sizilianer waren Griechen, Karthager, Römer, Byzantiner, Araber, Normannen, Spanier, Neapolitaner, Italiener, aber Sizilianer sind sie nie gewesen, oder es ist schon so lange her, daß sie es nicht mehr sind! Und ihr ganzes Drama liegt darin, nicht zu wissen, was sie sind, zu vielen Zeiten und zu verschiedenen Rassen anzugehören, keinen wirklichen Bezugspunkt zu haben, zu viele verschiedene Erfahrungen durchgemacht zu haben, ohne sie verschmelzen zu können oder sich selbst wiederzufinden.

Kalabrien, Apulien, Lukanien, die nie so stark mit Fremden durchsetzt wurden, bewahren ein Gesicht, eine Linie, eine in sich geschlossene Persönlichkeit.

Ganz von Sardinien zu schweigen! Die beiden Inseln sind beide gleich weit hinter dem Italien Roms oder Mailands zurück, aber aus entgegengesetzten Gründen. Man könnte Sardinien ohne allzuviel Mühe ›entwickeln‹, die Leute lesen, schreiben, bauen, fischen lehren, und das Ergebnis wäre zweifellos überraschend. Aber die Sizilianer! Haben die Sizilianer nicht schon einmal alles gewußt? Haben sie nicht von Empedokles bis zu Pirandello hin alles geschrieben? Haben sie nicht ebensoviel gebaut wie irgendein anderes großes Volk? Und das ist der springende Punkt. Sie haben so viel gewußt, daß sich ihr Wissen verwirrt hat und sie gar nichts mehr wissen. Das Problem des Tages in Sardinien ist die ›Rinascita‹, die Wiedergeburt. Geld und Technik sollen ein Land zu neuem Leben erwecken, das einfach eingeschlafen war, sich aber in seinem Schlaf alle Fähigkeiten erhalten hat. Sizilien zum Leben zu bringen, wäre absurd. Niemand spricht hier von ›Rinascita‹.

In Kalabrien und Sardinien unterhält man sich über den Wind, die Schafe, die Geburt, den Tod. Wenige Dinge zählen außer diesen elementaren, absoluten Prinzipien. Jedesmal aber, wenn ich einen Sizilianer anspreche, lasse ich mich gleichsam auf einen Kampf ein, dessen Ausgang unsicher ist. Mit wem habe ich es zu tun? Welche Saite werde ich berühren? Die griechische Feinsinnigkeit, die punische Brutalität, den muselmanischen Fatalismus, den spanischen Stolz, die neapolitanische Verschlagenheit?

Das ist noch nicht alles. Die verschiedenen Tendenzen kämpfen im Inneren eines jeden Sizilianers, und jeder verrät früher oder später etwas von der Härte dieses Kampfes. Zum Beispiel wird der Sarde, der das Gegenteil des Neapolitaners ist, nicht versuchen, sich durch eine Gegenüberstellung mit dem Neapolitaner zu charakterisieren. Der Bewohner Palermos dagegen verbietet es sich ständig, dem Bewohner Neapels zu ähneln: ein Beweis dafür, daß er in sich das Vorhandensein dieser Ähnlichkeit spürt und daß es ihn quält. Der Sizilianer, der in seinem Charakter alle Züge des südlichen Menschen vereinigt, will sich von den anderen Südländern unterscheiden. Seine reichen Gaben rufen eine krankhafte Empfindlichkeit in ihm hervor, die ihm verbietet, nur mit einer einzigen Komponente seiner polymorphen Natur identifiziert zu werden. Aber welchen Spaß man mit ihnen hat! Bei jeder Begegnung gibt es dramatische Aufwallungen, Pausen voller Leidenschaft und Begierde und unerfüllte Wünsche nach Universalität.

Südliche Mutlosigkeit. Die Traurigkeit des Kalabresen und Sarden ist Melancholie; der Sizilianer leidet, weil er nicht alle seine Persönlichkeiten auf einmal leben kann.

Bevor man auf dem Weg über Porto Empedocle nach Agrigent kommt, fährt man am Geburtshaus Pirandellos vorüber. Ein bescheidenes, hübsches Landhaus, von dem man die auf dem Hügel gebaute moderne Stadt, einen Schlupfwinkel der Mafia, sehen kann, das wüstenähnliche Tal der Tempel, Erinnerung an die griechische Hegemonie, und die riesige Wasserfläche, die friedlich mit ihren Wellen das tollste Nacheinander des Gegensätzlichen bedeckt. Der Tourist hat nur Augen für das Tal der Tempel, aber der kleine Junge sah gleichzeitig das klassische und das kriminelle Sizilien, das Sizilien der Weisheit und das Sizilien der Gewalt, beide geadelt durch das Meer, beide gleich wahr für das Kind. Der Pirandellismus, der nichts weiter als die Feststellung der Unmöglichkeit für einen Menschen, nur dieser eine Mensch zu sein und nicht auch ein anderer, nicht zehn andere zugleich, hat sich dem in Agrigent Geborenen sehr zeitig aufdrängen müssen, lange ehe seine philosophischen Studien ihn dazu brachten, über die Krise des Subjektivismus im Westen nachzudenken. Zu welcher Art, zu welcher Gemeinschaft gehörig mag sich der Bürger einer Stadt fühlen, die Akragas unter den Griechen, Agrigentum unter den Römern, Kerkent unter den Muselmanen hieß, und deren moderner Name zwischen Agrigento, abgeleitet von der lateinischen Bezeichnung, und Girgenti, aus der arabischen Besatzungszeit, schwankt? In welcher Schicht soll er seine Wurzeln schlagen? An welche Wahrheit sich halten? Wie den Widersprüchlichkeiten entgehen? Wie sich nicht daran gewöhnen, die Widersprüchlichkeiten in der Persönlichkeit anderer zu beobachten? Und was ist schließlich natürlicher, als mit dem Drama des Lebens auch das Drama seiner Widersprüchlichkeiten in Worte zu fassen?

Agrigent mit seinen steilen, gewundenen Sträßchen, mit den Abgründen, die es umgeben, seinen bunten Schaufenstern, seinem Platz voller Spaziergänger ähnelt den mittelalterlichen Städten der Toscana. Wir saßen vor einer bauchigen, gefüllten ›cassata‹, die eben gekaufte Zeitung lag noch zusammengefaltet auf meinen Knien, als ich meine Nachbarin ihre Augen auf zwei schwarzgekleidete Frauen richten sah, die auf den Platz getreten waren, Mutter und Tochter, deren Gesichter, oder was davon unter den Schleiern hervorschaute, sie mit einem Bild in der Zeitung zu vergleichen schien. Sie gingen wie alle Frauen hierzulande sehr aufrecht, den Oberkörper ganz gerade, ohne sich um die zahllosen Blicke zu kümmern, die plötzlich auf sie gerichtet waren. Ich schlug eilig meine Zeitung auf, aber sie waren schon am hinteren Ende des Platzes verschwunden, eingehüllt in ihre schwarzen Schals, ehe ich sie identifizieren konnte. Neues in der Affäre Tandoj, las ich auf der ersten Seite. Der Kommissar Tandoj war vor einigen Jahren in Agrigent durch eine Kugel aus dem Hinterhalt getötet worden, und der Mord war unbestraft geblieben. Aber Ansehen und Rang des Opfers verhinderten, daß Stille und Vergessenheit den Mörder wie sonst einhüllten. Von Zeit zu Zeit erhebt sich eine Stimme, um anzuklagen oder zu dementieren. Die Witwe des Kommissars hat gestern eine Aussage gemacht. Sie war es, die eben in Begleitung ihrer Mutter über den Platz ging. Die Umstände des Verbrechens klären sich auf, aber die Beweggründe sind immer noch geheimnisvoll genug, und ehe man die Wahrheit – wenn es eine gibt – über den Kommissar Tandoj und das seine Person umhüllende Geheimnis erfahren wird, muß die Justiz durch alle Höhen und Tiefen einer pirandellesken Untersuchung gehen.

Der Knoten der Handlung ist in Raffadali zu suchen,

einem Dorf in der Nachbarschaft Agrigents. Wir fuhren am Abend hinauf. Von weitem erkennt man nur eine Ansammlung grauer Dächer, die sich inmitten des gelben, verbrannten Landes vor dem Himmel übereinandertürmen. Die Straße führt in den oberen Teil der Stadt und erweitert sich dort zu einem Platz, von dem wir einen jener unendlichen, herrlichen Rundblicke genossen, die im Inneren Siziliens einem so häufig geboten sind. Herabfallende Hügel, so weit das Auge reicht, beschienen von der untergehenden Sonne; und um den ›klassischen‹ Charakter der Landschaft zu vervollkommnen, galoppierten zu dreien angespannte Maulesel im Kreise um die abschüssigen Tennen. Ein Unwissender hätte geglaubt, bei einem Volk friedfertiger Bauern zu sein. Das einzige Beunruhigende: der Platz, von dem man das Schauspiel genoß, war trotz der endlich aufkommenden kühlen Luft völlig verlassen, während in dem Labyrinth der erdrückend heißen, abschüssigen Gäßchen verborgenes Leben wimmelte. Wir drangen hinein: ärmliche Frauen und Kinder hockten auf der rissigen Erde vor der Schwelle ihrer elenden Behausungen. Männer ritten auf Mauleseln vorüber. Der Geruch heißen Mistes machte die Dämmerung infernalisch. Wenige Blicke hefteten sich auf uns. Gedämpfte Stimmen murmelten in unserem Rücken.

Auf niedrigerer Ebene, aber mit fast ebenso grausamen Auswirkungen wie in Palermo, ist Raffadali der Kampfplatz feindlicher Gruppen, die sich um seine Eroberung streiten. Jede dieser Gruppen nennt man in der bildlichen Sprache der Mafia eine ›cosca‹. Die ›cosca‹ ist die Blätterkrone der Artischocke. Ein Bild, das den geschlossenen, hierarchischen, geheimen Charakter der

Organisation sehr deutlich macht. Eine ›cosca‹ hat ihre Führer, die bestimmen, ihre Mittelsmänner, die die Befehle weiterleiten, ihre Totschläger, die diese Befehle ausführen. Der Mord an dem Kommissar Tandoj geschah nach den Regeln. Zwei Führer aus Raffadali, die seinen Tod beschlossen hatten, beauftragten zwei Mittelsmänner, den Richtspruch auszuführen; diese wiederum übertrugen das Geschäft für zweihunderttausend Lire einem jungen Bauern. Die Zeitungen nennen die Führer ›Bosse‹ und die Totschläger ›Killer‹, ohne diese Worte in Anführungszeichen zu setzen, denn nicht nur die Methoden, sondern auch das Vokabular der amerikanischen Gangster ist auf die sizilianische Mafia übergegangen. In Raffadali gibt es bei einer Bevölkerung von zwölftausend Bewohnern schätzungsweise nicht weniger als fünfzig berufsmäßige Killer.

Eine politische Hierarchie vervollständigt die kriminelle. Die Mafia begnügt sich nicht damit, die rentablen Geschäfte einer bestimmten Gegend – Baugelände, Straßen- und Häuserbau, Schlachthöfe, Mühlen, Schwefelbergwerke, Obst- und Gemüsemärkte – durch den rituellen Vorgang der Einschüchterung zu ›kontrollieren‹ (1. Brand eines Lagers oder Beschädigung einer Maschine auf Kosten des Unternehmens, das sich nicht unter den ›Schutz‹ der Totschläger stellen will; 2. nächtlicher Schuß, der den Widerstrebenden streift, ohne ihn zu treffen; 3. Mord). Sie muß sich auch der Komplizität und Unterstützung mehrerer politisch aktiver Männer versichern, die sie kauft, indem sie ihnen die für ihre Wahl notwendigen Stimmen verschafft.

Im Gegensatz zu dem, was man gewöhnlich glaubt, hat ein Verbrechen in Sizilien nichts mit Temperament oder Heißblütigkeit zu tun. Ein Mord geschieht mit den genauesten Vorsichtsmaßnahmen. Er ist nicht offen, persönlich, Mann gegen Mann, sondern vorgeplant, zusammengekocht wie eine Auberginen*caponata*. Ich verstehe nicht, daß Pitré die Mafia als eine erbitterte Form des Individualismus definiert hat. Seiner Ansicht nach fordert der Mafianer die absolute Freiheit: er stellt sich gegen den Staat, weil er es nicht erträgt, irgendeiner Beschränkung seiner Eigenmächtigkeit unterworfen zu sein. In Wahrheit ist der Boß nichts weniger als ein wilder Wolf. Er zieht zweihunderttausend Lire aus seiner Tasche, um einen Meuchelmörder auf einen Unbequemen zu hetzen; nicht ohne überdies zu wissen, daß er mit dem Schutz hochgestellter Persönlichkeiten in den Gemeinderäten, im regionalen Parlament von Palermo, im nationalen Parlament in Rom rechnen kann. Er ist nicht so sehr ein Rebell wie ein großer Wähler.

Aber warum wollte man sich des Kommissars Tandoj entledigen? War er nicht ebenso unwirksam wie alle anderen Polizisten in Sizilien? Während seiner vierzehnjährigen Amtszeit in Agrigent gab es bei den unzähligen Verbrechen in der Provinz – darunter zwölf Morde an politischen Führern – keines, das nicht völlig straffrei ausgegangen wäre. Also? Spielte der Kommissar ein doppeltes Spiel? Wurde er als Verräter liquidiert?

Eine andere Hypothese beschäftigte eine Weile lang das Untersuchungsgericht. Die Frau Tandojs, die hübsche Witwe, die heute morgen über den Platz ging und vor der Presse schwor, ihr Mann sei die Lauterkeit selbst gewesen, die schöne Leila betrog ihn. Mit dem Bruder eines Abgeordneten des regionalen Parlaments. War es ein Verbrechen der Leidenschaft? Bediente sich der

Liebhaber der Mafia, um den Rivalen beiseite zu schaffen? Das Gerücht wurde von der Mafia selbst ausgestreut, um die Spuren zu verwischen. Denn die Mafia tötet nicht wegen einer Frau. Die Männer, die von fern oder nah ihre Hand in den Angelegenheiten der ›cosca‹ haben, beflecken sich nicht mit Verbrechen der Leidenschaft. Das ist eine absolute Regel. Die Bosse interessieren sich nur für Macht und Geld. Die Mafia ist von Natur aus so eindeutig männlich, daß es nur ein einziges lukratives Geschäft gibt, das sie nicht gekapert hat: die Prostitution.

Die letzte Hypothese, die richtige zweifellos: Kommissar Tandoj wurde am Vorabend seiner Abreise nach Rom umgebracht, damit er in der Hauptstadt nicht erzählte, was er von dem Einverständnis zwischen Mafianern und Politikern in Agrigent wußte. Daß er die Verbrechen beider unbestraft ließ, beweist nicht sein doppeltes Spiel oder seine Unfähigkeit, ganz im Gegenteil. Er war der erste hochstehende Polizeifunktionär, der die Teilergebnisse seiner Untersuchungen nicht veröffentlichte. Eine unerläßliche Vorsichtsmaßnahme, wenn er bis zu den wirklich Verantwortlichen, bis zu den Bossen in Rom, Abgeordnete oder Minister vielleicht, vordringen und sich nicht mit der Gefangensetzung von Komparsen auf törichte Weise die Finger verbrennen wollte. Tandoj schickte sich an, Dinge zu enthüllen, die zu einem ungeheuren Skandal geführt hätten, von weit größerer Tragweite als die Obszönitäten der ›dolce vita‹. Wenn er hätte beweisen können, daß die Provinz von Agrigent von Mördern regiert wird? Und nicht nur die Provinz von Agrigent, sondern Sizilien, und nicht nur Sizilien, sondern ein großer Teil des politischen Lebens

in Italien? Wenn er zu denen gehört hätte, die Unordnung der Ungerechtigkeit vorziehen und ein für allemal, grausam und mit unwiderleglichen Dokumenten in der Hand, die Umstände in Sizilien aufgeklärt hätte, das geheime Einverständnis zwischen Reichen und Gaunern, die Schwäche der Zentralregierung, die Abhängigkeit der vom Staat verlassenen Bauern? Wenn es ihm zu beweisen gelungen wäre, daß es in Sizilien keine andere Möglichkeit gibt, als zur Mafia zu gehören oder ihr zu gehorchen? Aber psst! Ruhe! Der Kommissar erhielt rechtzeitig eine Kugel in den Rücken, und wieder einmal ist die Nacht der Zweifel und unbeweisbaren Gerüchte auf Sizilien gefallen: kein anderes Licht ist aufgekommen als der bleiche Blitz eines Schusses.

Um den ständigen Gedanken an Verbrechen zu vergessen, planen wir, in ein Restaurant zu gehen, das heute abend mit großem Pomp am Strand von Agrigent eingeweiht wird, ein Restaurant-Dancing, ›das modernste Etablissement an der Küste‹. Ich stellte tausenderlei Vermutungen über den Ort an und fragte mich, ob es bei dem seit acht Tagen während Rummel möglich sein würde, dort Platz zu finden. Meine erste Überraschung ist, den kleinen Badestrand in wenig einladender Dunkelheit zu finden – am Sonntag, und um neun Uhr abends! Wir fahren ein wenig durch die einsamen, dunklen Gäßchen, bis wir durch einen glücklichen Zufall eine Neonreklame mit den gesuchten Worten: ›Le Colonne‹ sehen. Wir müssen das Auto zurücklassen und zu Fuß einen ausgetretenen Weg bis zum Strand weitergehen, der eher einem schlammigen Abfallplatz gleicht. Aber plötzlich, hundert Meter weiter, sich mit vollem Neonglanz im Wasser spiegelnd, vier Säulenstümpfe, eine

Reproduktion der Überreste des Castor- und Polluxtempels, des Wahrzeichens von Agrigent. Wir kommen an das Tor einer Umzäunung: rechts Tische und Stühle eines Cafés, ohne die Spur eines Besuchers; hinten eine als Restaurant eingerichtete Terrasse, ebenfalls leer; einige Hütten auf der dritten Seite mit einer Bühne für das Orchester; schließlich auf unserer Seite eine Schranke, vor der sich einige Neugierige drängen. Die Mitte des Rechtecks nimmt eine sehr geräumige, aber ebenfalls leere Tanzfläche ein. Drei faul auf der Bühne sitzende Musiker probieren ihre Instrumente. Etwa zehn Kellner in weißen Jacken und schwarzen Hosen lungern in der Nähe der Küchen auf der Erde. Da wir Hunger haben, wagen wir die Tanzfläche in Richtung Restaurant zu überqueren. Dieser Schritt, den wir nicht ohne Furcht unternommen haben, ruft nicht die geringste Reaktion hervor, weder bei den Musikern, die weiterhin zerstreut in ihre Mundstücke blasen, noch bei den Kellnern, die weiter in aller Ruhe die Sterne betrachten.

Nach fünf Minuten entschließe ich mich, mit meiner Gabel an mein Glas zu schlagen. Ein großer Lümmel nähert sich gähnend; er hat die Speisekarte vergessen; er kehrt um, sie zu holen; er kommt zurück. Wieder sind mehrere Minuten verstrichen, denn die Entfernungen sind riesig in diesem Lokal, das gebaut ist, um etwa hundert Gäste und Tänzer aufzunehmen, aber sie offensichtlich lieber erwartet, als sich um sie kümmert. Es ist klar, daß unser Erscheinen für diese als ›camerieri‹ verkleideten Bauern ebenso unpassend ist wie das der Säulenschäfte im Meer. Ich bitte den großen Lümmel, mir zu erklären, was alles in ein Fleischgericht hineinkommt, das ich seit langem probieren möchte. Er antwortet mir, daß das Gericht aus Fisch bestehe. Nein, sage ich, ich bin sicher, daß es nicht aus Fisch, sondern aus Fleisch besteht. »Beh . . .« sagt er und geht fort, setzt sich vor seine Küche und schickt mir den jüngsten der Kellner, ein Kind von zwölf Jahren, intelligent und fix. Inzwischen haben einige Gaffer mit ihren Familien die Schranke durchschritten. Bewohner des Dorfes, die heruntergekommen sind, um mit ihren Kindern frische Luft zu schöpfen. Sie setzen sich an die Cafétische und bestellen ein Bier. Die Männer tragen Sandalen, eine Jacke, ein offenes Hemd ohne Krawatte, die Frauen billige, bedruckte Kleider, die Alten ihre wollnen, schwarzen Ladenhüter. Das Orchester hat einen Modeschlager zu spielen begonnen, dessen Worte ungefähr sind: »Mamma, ich werde dich nie verlassen, ich werde dich nie verlassen, mamma.« Wir tanzen – als einzige. Eine dunkelhäutige, schwangere Sängerin steigt auf die Bühne, und das Personal, plötzlich belebt durch die weibliche Anmut wie durch elektrischen Strom, erhebt sich mit einem Schlage. Die Serviette unter dem Arm, stehen sie breitbeinig um das Mikrofon herum. Einige Paare kommen auf die Tanzfläche; Kinder folgen ihnen; die größeren tanzen zusammen, aber die kleineren, die kaum laufen können, hängen sich an die Röcke ihrer Mütter und wollen auf den Arm genommen werden. Die Paare tanzen also zu dritt. Die Mutter drückt das Baby an ihr Herz, und der Vater, der seine Frau nur noch bei den Fingerspitzen einer Hand hält, schaut zu – der ewige Joseph – wie seine Füße einsame Tanzfiguren auf dem Zementboden ausführen. Schließlich bleibt einer von ihnen stehen, verläßt die Tanzfläche und setzt sich vor sein Bierglas, während seine Frau, die Augen schimmernd vor himmlischer Glückseligkeit, mit dem winzigen Geschöpf am Hals sich weiter dreht und wiegt.

In der Pause kommen zwei Neuankömmlinge durch die Schranke und überqueren langsam die leere Fläche. Der Größere und Dickere hat einen Bürstenschnitt, einen untadeligen Anzug, eine Krawatte, eine goldene Krawattennadel, ein goldenes Armband um das Handgelenk, einen goldenen Siegelring, Schnallenschuhe. Sein Gefährte gleicht ihm aufs Haar, nur daß er kleineren Formats ist, daß er keine Krawattennadel trägt und sein Armband aus Silber ist. Verstohlen mustern sie die Anwesenden. Jeder antwortet, sobald der Befehl an ihn ergeht, mit Senken der Augen. Obwohl wir uns nicht auf dem Marktplatz eines Lehnsdorfes befinden, sondern in einem neonerleuchteten Dancing, das amerikanisch gefärbte Melodien für Leute spielt, die eigentlich gekommen sind, um sich zu entspannen, geht die Besitznahme und Belehnung nach einem seit Jahrtausenden festgelegten Ritus vor sich: der Herr der Gemeinde und seine Leibwache lassen sich von ihren Vasallen huldigen, deren Respekt und Unterwerfung sich in fast nicht wahrnehmbaren Zeichen des Kopfes, der Wimpern und der Hand ausdrücken.

Als die schnelle, schweigsame Zeremonie zu Ende ist, lassen sich die beiden Männer ein wenig entfernt von der Menge in der Nähe unseres Tisches nieder. Ich höre sie ein fremdes Paar tadeln, Römer oder Mailänder, das einzige fremde Paar außer uns. Einen Mann und eine Frau dieser Art, sagt der Große, Dicke, müßte man von einem solchen Ort verjagen. Der Doppelgänger auf niedrigerer Ebene stimmt mit einem Kopfnicken zu, und die beiden Kollegen nehmen mit ihren scharfen, bösen Augen die Inspektion wieder auf. Sie untersuchen jeden Tänzer, jeden Trinker, äußern eine im allgemeinen günstige Meinung, oder vielmehr der Größere äußert sie und der Kleinere billigt sie. Jedesmal, wenn ihre Blicke wieder auf das römische Paar fallen, verzieht der Größere zornig das Gesicht, und der Kleinere beeilt sich, ihn zu imitieren. Warum diese Wut? Die Frau hat ihre Sandalen ausgezogen und tanzt barfuß, ihr Herr hat keine Krawatte, aber die anderen Tänzer auch nicht. Was den Dorfbewohnern erlaubt ist, weil sie arm und von den Reichen abhängig sind, ist einem Paar verboten, das sich amüsiert, von woanders herkommt und nicht mittellos ist. Die gleiche Einzelheit in der Kleidung – das Fehlen der Krawatte –, die bei einem Bauern beruhigt, wird unerträglich bei wohlhabenden Bürgern und Touristen, denn sie ist dann nicht mehr ein Zeichen des Mangels und des Gehorsams, sondern das der Freiheit und Ungezwungenheit.

Unser Boß und sein Getreuer, die gekommen sind, um die ländlichen Freuden zu überwachen und sich zu vergewissern, daß sie ihr kleines Volk fest in der Hand haben, ärgern sich, weil ihnen ein Bröckchen Macht entgeht.

Die Ehre

Die Mafia hält auf Ehre. Sie läßt sich die ›ehrenwerte Gesellschaft‹ nennen. Ein berühmter Führer einer palermitanischen ›cosca‹, Giovanni Zangara, bewies folgendermaßen, daß er ein ›ehrenwerter Mann‹ war. Nachdem er beschlossen hatte, die charmante Anna zu heiraten, erklärte er seinen zukünftigen Schwiegereltern, daß es ihn nicht verlange, unter den Hochzeitsgästen ihren Sohn zu sehen; den Bruder Annas also, der ein geschwätziger Nichtsnutz, ein Grünschnabel und von dem bekannt war, daß er hinter dem Rücken der Mafianer sagte, man müsse ›sie alle aufhängen‹. Die Schwiegereltern ließen sich dies nicht zweimal sagen, und der junge Mann erschien weder in der Kirche noch bei dem Festessen. Aber die siebzig Gäste hofften, daß der Dummkopf sich im Augenblick der Toaste zu der Gesellschaft gesellen und Frieden mit seinem Schwager schließen werde.

Wirklich sah man ihn gegen Ende der Mahlzeit erscheinen, zitternd und blaß in seinem schwarzen Frack. Er durchschritt den plötzlich still gewordenen Saal und trat mit ausgestreckter Hand auf den Gatten seiner Schwester zu. Giovanni Zangara hielt seine Augen unverwandt auf ihn gerichtet. Er erhob sich mit bedachter Langsamkeit, faßte mit der Hand in seine Weste, holte einen Revolver hervor und gab dreimal Feuer. Der junge Mann krallte sich am Tischtuch fest und fiel zu Boden, während sich die weißen Orangenblüten mit Blut färbten. »Ich hatte ihm gesagt, er solle nicht erscheinen«, bemerkte Giovanni Zangara, während er seinen Revolver zurücksteckte. Die Braut war in Ohnmacht gefallen; man brachte sie wieder zu sich. Als die Polizei hinzukam, rechtfertigte das Messer, das man in der Hand des Toten fand, die These der Notwehr. Niemand der siebzig Gäste, auch nicht der Vater oder die Mutter des Toten, verriet den Mörder. Anna, nunmehr überzeugt, daß sie es mit einem ›Ehrenmann‹ zu tun habe, dem man ›Respekt‹ erweisen müsse, war ihm eine vorbildliche Gattin und schenkte ihm sechs Kinder.

Ganz Sizilien hält auf Ehre. Das Gericht verurteilte gestern in Palermo einen gewissen Vincenzo Tarantino, der – neununddreißig Jahre alt – schuldig gesprochen wurde, eine große Narbe auf der Wange seines Freundes Rosolino Lo Cicero verursacht zu haben. Die beiden Freunde waren ins Kino gegangen, und während der Vorstellung hatte Vincenzo Rosolino um eine Zigarette gebeten (man raucht in italienischen Kinos), die dieser ihm auch gab. Wonach Rosolino bemerkte, daß Vincenzo ihn darum gebeten hatte, obwohl ein Paket in seiner Hosentasche steckte. Er machte ihn darauf aufmerksam und beschuldigte ihn, seine Freunde ›auszubeuten‹. Vincenzo erwiderte, er habe ihn um die Zigarette bitten müssen, da es ihm in seiner unbequemen Stellung unmöglich gewesen sei, von seinen eigenen zu nehmen. Ein Dritter besänftigte den Streit, der giftig zu werden begann, und Rosolino ging seine Mutter besuchen. Vincenzo, der nicht vergessen konnte, daß man ihn einen ›Ausbeuter‹ genannt hatte, begab sich nach Hause, holte ein Messer, stellte sich auf Rosolinos Weg auf und wartete, im Schatten versteckt, auf den Augenblick, sich auf seinen Freund zu stürzen und ihn zu entstellen. Seine ›Ehre‹ war gerettet.

Heute wurde, ebenfalls in Palermo, ein Individuum festgenommen, das verdächtig ist, bei einem Mord im letzten Jahr beteiligt gewesen zu sein. Die Angelegenheit hängt mit dem Schicksal einer Bande zusammen, die Schmugglergeschäfte betrieb und von einer Frau namens Maria Greco geleitet wurde. Auch ihr eigener Sohn und ihr Liebhaber gehörten zu der Bande. Giuseppe Silvestri, das Opfer, der sich seinerseits mit dunklen Geschäften abgab, kam auf den Gedanken, Maria

Greco, die als ›Silbermine‹ galt, unter seinen ›Schutz‹ zu nehmen. Doch die Frau weigerte sich mehrmals entschieden. Eines Abends, als sie in dem Fiat 600 eines ihrer Geschäftsfreunde mit Sohn und Liebhaber durch eine der Hauptstraßen Palermos fuhr, wurde der Wagen von Silvestri angehalten. Er zwang den Chauffeur auszusteigen und fragte ihn mit donnernder Stimme: »Glaubst du vielleicht, daß du ehrliche Leute in deinem Auto fährst?« Dann entfernte er sich. Maria Greco empfand die Beleidigung als unerträglich. Sie befahl dem Chauffeur umzudrehen und die Straße wieder hinaufzufahren, auf der ihre ›Ehre‹ befleckt worden war. Silvestri unterhielt sich noch mit einem Freund; sie sah ihn und sagte ihrem Liebhaber: »Da ist ja der Schuft. Schieß!« Der Liebhaber schoß, und der ›Schuft‹ wurde getötet.

Um für die Ehre ihrer Frauen einstehen zu können, halten die sizilianischen Ehemänner sie an das Haus gefesselt. Im Sommer kann man in den Dörfern einen seltsamen Brauch beobachten: draußen vor ihrer Schwelle sitzend, aber die Nase zur Tür und den Rücken zur Straße gewandt, nähen oder sticken die Frauen. Die Männer dagegen lehnen mit dem Rücken an der Wand und beobachten behaglich die Passanten. Diese für den Spaziergänger so eindrucksvolle Sitte erinnert an einen der verbreitetsten magischen Riten im Süden. Die Kinder werden bei ihrer Geburt in lauwarmem Wasser oder in Wein gebadet. Nach dem Bad wird die Flüssigkeit vor das Haus geschüttet, wenn es ein Junge ist, oder in die Asche des Herdes, wenn es ein Mädchen ist. Ein leicht verständlicher Symbolismus: die Männer haben das Recht, nach Belieben herumzustrolchen, die Frauen sind

an die Wohnung gefesselt. Wenn sie dieses Gesetz überschritten und dem Gatten Anlaß zu glauben gäben, daß
seine ›Ehre‹ befleckt sei, würden sie diese Kühnheit
teuer bezahlen müssen. Nicht zufällig hat Pietro Germi
die Handlung seines Films ›Scheidung auf Italienisch‹
nach Sizilien verlegt. Das ›Verbrechen aus Ehre‹ auf
Kosten der treulosen Frau findet in Sizilien öfter statt als
in irgendeiner anderen Provinz Italiens.

Wenn ich auch meine, daß jemand seine Gefühle desto
überspannter zum Ausdruck bringt, je schwerer es ihm
fällt, sie zu empfinden, kommen meine Gedanken doch
nicht von der übertriebenen Empfindlichkeit der Sizilianer los. Um meinen Verdacht zu bestärken, möchte ich
noch einige hier und dort aufgelesene Tatsachen bringen.

Die Straßen Palermos werden im Hochsommer gegen
zehn Uhr leer. Die Bars schließen, und nur Hunde streu-
nen in der Abendluft, die man endlich atmen kann. Die
Sache wunderte mich, solange ich nicht den Grund
dafür wußte. Der Kampf zwischen den verschiedenen
Mafiagruppen ist in Palermo besonders grausam. Es ist
absolut notwendig für sie, sich gegenseitig in den klein-
sten Bewegungen zu beobachten. Das schnelle Hinüber-
wechseln eines Killers in ein anderes Stadtviertel kann
der Beginn einer Offensive sein. Damit also die Straßen
leichter überwacht werden können, müssen sie nachts
leer und sauber sein. Zwei Wege haben zu diesem Ergebnis geführt. Einmal ersetzte man die alten, friedlichen
Nachtwächter mit ihren prähistorischen Fahrrädern
zum Schutz der Geschäfte und Lagerhäuser durch ganz
anders geartete Mannschaften, die an den strategischen
Punkten der Stadt aufgestellt wurden und die telefo-

nisch miteinander in Verbindung stehen. Zum anderen zwang man die Wagenbesitzer ganz einfach, ihre Autos nachts von der Straße wegzustellen. Die Methode war einfach: die parkenden Autos wurden am Morgen geplündert, verbrannt – oder überhaupt nicht wiedergefunden. Manchmal genügte eine Warnung: aufgeschlitzte Polster, angekratzter Lack, durchstochene Reifen. Es fehlt an vollständigen Statistiken, denn viele der ›freundschaftlich‹ gewarnten Autofahrer hielten es für klüger, keine Anzeige zu erstatten. In einer einzigen Nacht wurden neun Autos zerstört und achtzig beschädigt. Die Vandalen arbeiteten stets zwischen drei und vier Uhr morgens, und da ihre Unternehmungen gleichzeitig an acht verschiedenen Punkten der Stadt stattfanden, rechnete man sich aus, daß es sechzehn Leute sein mußten. Nach wenigen Monaten waren zahlreiche Garagen in Palermo entstanden, und die Autofahrer stellten ihre Fahrzeuge brav dort unter. Denken wir nun an den Durchschnittssizilianer – Bürger einer Stadt, deren sechshunderttausend Einwohner eine Bande von sechzehn Leuten ungestraft drangsaliert. Er beugt sich, stellt jeden Abend sein Auto in die Garage, aber beschämt und wütend darüber, daß er einer Erpressung nachgegeben hat, stürzt er sich auf sein Messer und zerfetzt unter irgendeinem Vorwand – zum Beispiel dem einer unrechtmäßig genommenen Zigarette – das Gesicht seines besten Freundes, um sich zu beweisen, daß er ›ein Mann‹ geblieben ist.

Pasquale Almerico, Lehrer von Beruf, leitete die Sektion der Christlichen Demokraten in Camporeale, einem großen Ort nahe bei Palermo. In Camporeale befehligte seit langer Zeit der allmächtige Vanni Sacco die Mafia.

Er hatte immer zu den Liberalen gehört, aber als 1948 die Christlichen Demokraten die beherrschende Partei wurden, verstand er, daß er sich ihnen schleunigst anschließen müsse, wenn er sich enstmeinende ›Beschützer‹ bewahren wollte. Als erstes setzte er beim Erzbischof von Monreale durch, daß seine Tochter die neue Kirchenglocke taufen durfte. Aber Pasquale, junger führender Katholik, Anhänger der ›Öffnung nach links‹ und geschworener Feind der Mafia, gedachte sich nicht an die Wand drücken zu lassen. Entgegen der Meinung seiner eigenen Partei und trotz des Drängens des Erzbischofs wies er das Gesuch Vanni Saccos, in die Partei einzutreten, eigensinnig ab. Da niemand Sacco zum Feinde haben wollte, wurde Pasquale Almerico nach und nach isoliert. Es wurde leer um ihn. Seine Freunde, seine Parteigenossen, seine Kollegen vermieden, mit ihm zusammenzutreffen. Die Mafia gab Befehl, ihn nicht mehr zu grüßen, und seine Bekannten kamen nicht mehr an die Orte, an die er zu gehen pflegte, um sich nicht zu kompromittieren. Die widerwärtigste Angst hatte das ganze Dorf befallen. Anstatt sich mit einem Mann, der ihre tausendjährige Abhängigkeit zu erleichtern versuchte, solidarisch zu erklären, ließen ihn die Bauern im Stich. Ich versuche sie zu verstehen und mir zu sagen, daß Angst im westlichen Sizilien kein Gefühl ist, über das die Bauern reden oder das sie gar kontrollieren oder beherrschen können. Sie ist an ihre Existenz gebunden, sie ist ihre Farbe und ihr Schicksal, ebenso wie das Grau und die Trockenheit die Farbe und das Schicksal ihrer Erde ist. Sie werden mit der Angst geboren und ertragen sie, wie sie das Leben ertragen. Mit ebenso wenig Begeisterung übrigens, denn sie sagen von sich selbst in einem grausamen Sprichwort: »Wer sich in den Dienst des Volkes stellt, stellt sich in den Dienst von Schweinen.«

Da Pasquale Almerico das ihm bevorstehende Ende fühlte, schrieb er einen Bericht über seinen Kampf gegen die Mafia. Er nutzte die Gelegenheit, die Gründe darzulegen, die ihn Gefahr für sein Leben ahnen ließen, und gab die Namen seiner wichtigsten Feinde an. Die Mafia setzte daraufhin das Gerücht in Umlauf, er leide an Syphilis und sei verrückt. Die Führer der DC in Palermo unterließen es, die Verleumdung zu dementieren. Am Abend des 25. April 1957 ging Almerico in seinen Klub, um im Fernsehen die Unterzeichnung der Verträge für den Gemeinsamen Markt anzusehen. Er bemerkte nach der Sendung, daß sich seine Nachbarn von ihm weggesetzt hatten und sein Stuhl allein inmitten des Saales stand. Er rief seinen Bruder und bat ihn, mit ihm nach Hause zu gehen. Kaum hatten sie die Schwelle übertreten, als fünf maskierte Leute ihnen den Weg vertraten und ihre Waffen auf sie abfeuerten, während der Strom plötzlich ausfiel und die Menge im Finstern saß. Am nächsten Morgen entfernte man aus dem Leichnam Pasquale Almericos vierhundert Kugeln aus Maschinengewehren und sieben aus einer Pistole. Sein Bruder überlebte wie durch ein Wunder. Der Mord blieb unbestraft.

Um auf das ›Verbrechen aus Ehre‹ zurückzukommen, so muß ich sagen, daß es mich in diesem Land nicht mehr verwundert. Wie sollten Männer, die ihren Kollegen und Freund im Stich lassen, wenn er Charakter zu zeigen wagt, nicht im geheimen von ihrer eigenen Gemeinheit gequält werden? In den Vergehen ihrer Frau finden sie die unverhoffte Gelegenheit zu beweisen, daß sie noch jemand sind. Jahrelang durch ihren servilen Gehorsam den verschiedensten Erpressungen gegenüber gedemütigt, ständig in ihrer Männlichkeit verletzt – was ist natürlicher, als daß sie es von Zeit zu Zeit zu einem Krach kommen lassen, um diese Männlichkeit wieder zu beweisen. Die Empfindlichkeit der sizilianischen Ehemänner ist die logische Folge ihrer Ohnmacht, den Forderungen der Mafia Widerstand zu leisten, eine Ohnmacht, die ihnen ihre Erniedrigung ständig vor Augen hält und ihnen plötzliche kindische Reaktionen der Eigenliebe diktiert – eine Rache weniger an ihren Gattinnen als an sich selbst. Der Vergleich Siziliens mit den anderen südlichen Provinzen Italiens liefert einen beredten Gegenbeweis. In Sardinien, wo es keine Mafia gibt, ist das ›Verbrechen aus Ehre‹ unbekannt. In Lukanien, wo es ebenfalls keine Mafia gibt, hielt Carlo Levi das, was er von der wilden Sittenstrenge und dem barbarischen Sinn für die Familienehre gehört hatte, für eine bloße Legende. In Neapel dagegen, wo einige Stadtviertel einer weniger mächtigen, aber nicht weniger bedrückenden Mafia gehorchen, findet das ›Verbrechen aus Ehre‹ manchmal statt.

Das ›Verbrechen aus Ehre‹ scheint also wenig mit dem Problem der Sexualität oder der Familie zu tun zu haben. Ich sehe in ihm eine Art magisches Heilmittel, dessen man sich bedienen muß, wenn der individuelle Prestigeverlust so groß ist, daß er das Gleichgewicht einer Persönlichkeit gefährdet. In Sizilien, wo der Prestigeverlust die gesamte Gesellschaft betrifft, hat man das ›Verbrechen aus Ehre‹ in den Rang eines kollektiven Bußritus erhoben, der das Leben weitergehen läßt, auch wenn die Schwelle der Scham überschritten ist. Dachten die italienischen Gesetzgeber, die für den Mord an einer ehebrecherischen Gattin nur eine milde Strafe festlegten (drei bis fünf Jahre Gefängnis) an die sizilianischen Ehemänner, die ständig unter dem Joch der Mafia stehen? Diese Bestimmung des Strafgesetzes, die absurd und skandalös ist, da sie unterschiedslos für ganz Italien gilt, wäre höchstens im besonderen Fall Siziliens zu vertreten, das solche magischen Ableiter braucht, um die täglichen Erniedrigungen zu vergessen.

Catania

»Catania, wo die Unterhaltungen über die Frauen ein größeres Vergnügen bereiten als die Frauen selbst.« Dieser Satz Brancatis ist mir ständig gegenwärtig, als wir durch die geraden Straßen dieser Stadt schlendern, die europäischer aussieht als Neapel, Via Etnea, Piazza Stesicore, Via Crociferi, »kurz, aber unendlich schön«, an den barocken Kirchen und Klöstern vorbei, unter den Balkonen entlang, von denen aus die Frauen den schönen Antonio mit den Augen verschlangen, vorüber an den Clubs, in denen seine Freunde von seinen Erfolgen berichteten. Seit einigen Tagen sind wir im östlichen Teil der Insel, in dem es ebensowenig Feindschaften und Morde gibt, wie es auf der anderen Seite davon wimmelt, als sei der Westen Siziliens durch eine tausendjährige Schranke vom Osten getrennt. Syracus, Catania, Messina, wo es nie eine Mafia gegeben hat, wo nicht mehr nur die Schweine die Straßen reinigen, wo die Marionettentheater verschwunden sind, wo der

Schwertfisch frisch und rein auf einem gewaschenen Tisch liegt, wo die Sauberkeit der Auslagen die wilden Farben gemäßigt hat, wo die Pferde ohne Federbüsche einhertraben, wo die Barbiere das Haar in der Nase wachsen lassen. An dieser Küste besiegte Odysseus den Kyklopen; der Geist läuft der Kraft den Rang ab, die Zungen, befreit von Zwang und Angst, plaudern ungezwungen in der Nacht, die beiden Leidenschaften des freien Mannes, die Liebe und die Literatur, brauchen ihre Gläubigen, ihre Frommen, ihre Märtyrer nicht mehr zu zählen. Jede Stadt hat ihre Schriftsteller, die von dem Gedanken gepeinigt werden, daß man sie auf dem Kontinent verachten könnte, und ihre schmachtenden Liebhaber, die vor den geladenen Freunden über ihren Liebeskummer berichten. Alles inmitten wunderbarer Barockkulissen: dem hellen Barock von Acireale, dem schwarzen Barock von Catania, dem poetischen Barock von Syracus, dem theatralischen Barock von Noto. Der Stein bläht sich auf, windet sich, neigt sich, faltet sich, schwingt sich aus den Fassaden: er weigert sich, Stein zu sein, ebenso wie die Stimmen, die in nächtlichen, endlosen Unterhaltungen auf den Caféterrassen[18] miteinander plaudern, die Sterne als Zeugen für das weite Herz der Sizilianer anrufen, das zu weit, zu rein, zu groß ist, um sich der Realität anpassen zu können. Ein barockes Volk, nie mit sich selbst zufrieden, mythoman, exaltiert, ein Volk der Sonderlinge und Protestler. Ein Bürger Catanias versuchte zu beweisen, daß im Durchschnitt die maximale Temperatur in Sizilien niedriger sei als auf dem Kontinent: abermals eine barocke Bemühung, Tatsachen zu leugnen und den guten Ruf der Insel in eben dem Punkt zu verteidigen, der am wenigsten zu verteidigen ist. In Catania, der heißesten Stadt Italiens, erstickt man, aber man sucht vergeblich nach einer Caféterrasse (im Gegensatz zu Syracus und Acireale, wie oben erwähnt). So unwahrscheinlich es klingen mag, wenn man die natürlichen Neigungen der Bewohner Catanias kennt, sie berauben sich gleichzeitg eines Bedürfnisses und eines Genusses. In dem öffentlichen Park, der den Namen ihres Musikers Bellini trägt, sieht man jeden Abend, wenn mit der Dämmerung ein wenig Kühle aufkommt, Hunderte von Leuten auf kleinen eisernen Stühlen um einen freien Platz herum sitzen. Sie trinken nicht, sie haben kein Glas in der Hand: nirgends ein Ausschank. Denn das Klima von Catania ist nicht so, daß man Durst davon bekommt! Sie sitzen dort aufrecht und schweigend und genießen die heroische Freude, die mörderischen Wallungen ihres Himmels zu verleugnen. Jeder lebt am Rande oder an den Antipoden seiner Neigungen und seines eigentlichen Wesens. Angefangen mit dem Helden Brancatis, diesem schönen jungen Mann, dem die ganze Stadt, indem sie ihm nicht vorhandene Erfolge zuschreibt, eine Rolle aufzwingt, die weit über seine Kräfte geht.

Ich überdenke nochmals die Geschichte dieses Schwätzers und die Gründe seiner Impotenz. Brancati läßt drei Gründe durchblicken: eine besonders abstoßende Erfahrung im Bordell, die Schwierigkeit, einen durch dreitausend Münder verbreiteten Ruf aufrechtzuhalten, und schließlich überspannte Phantasie und Ernüchterung vor der Wirklichkeit.

Dennoch scheint mir, daß der Romancier mit dem Unglück Antonios, der ein Casanova für seine Freunde, aber kalt gegenüber seiner eigenen Gattin ist, noch et-

was anderes sagen wollte oder fast gesagt hätte, vor allem wenn ich an sein weniger bekanntes Buch ›Don Giovanni in Sicilia‹ denke. Verehrt und verwöhnt von seinen drei Schwestern, hat Giovanni Percolla mit vierzig Jahren noch keine einzige Liebesbeziehung gehabt. Er läuft den Zimmermädchen nach, den feilen Dirnen. »Kurze, intensive Freuden; vorher und danach lange Unterhaltungen mit seinen vertrauten Freunden.« Eines Tages verliebt er sich in eine Schöne, die ihn auf der Straße angeschaut hat: unter ihrem Fenster stehend betrachtet er sie von ferne, ohne jemals zu wagen, das Wort an sie zu richten. Trotzdem hört er nicht auf, ein Gast zweifelhafter Lokale zu sein und seine abendlichen Erfolge mit denen seiner Freunde zu vergleichen.

Wie soll man das verstehen? Das Gefühlsleben des Sizilianers ist in zwei Teile geschnitten: ein Teil aktiv, sogar leidenschaftlich, wenn andere Männer an den Abenteuern teilnehmen – ein Teil erloschen, konventionell, sobald keine Zeugen mehr da sind und die Frau mit ihm allein ist.

Handelt es sich nur um die Sizilianer? Ist es ein Geheimnis, daß der Mann des Südens zwei Arten der Liebe hat, die zur Gattin und die zur Prostituierten? Die Liebe zur Gattin ergibt sich aus Pflicht, Gesetz und Religion, die zur Prostituierten gehört in den Bereich der Freiheit, des Vergnügens. Das wirkliche erotische Leben beginnt im Bordellzimmer, und es beginnt dort, weil auch die Gedanken des Mannes dort beginnen.

Warum spricht der junge Italiener ganze Stunden lang von der Frau, wenn, wie ich glaube, die Frau ihn gar nicht so sehr interessiert? Aus Faulheit, aus Gewohnheit, aus Konformismus. Ich habe Neapolitaner von acht bis elf Uhr abends über die Frau, und genauer noch, über einen bestimmten Ort der weiblichen Anatomie diskutieren hören, mit einer analytischen Besessenheit, die eher an Ressentiment als an Zärtlichkeit denken ließ. Und anstatt anschließend ihre Reden in die Tat umzusetzen, begaben sich dieselben jungen Leute friedlich wie die Kinder nach Hause.

Was also hatten sie während dreier langer Stunden befriedigt? Die Liebe zur Frau oder den Haß gegen die Frau? Und war wirklich die Frau der Mittelpunkt ihrer Gedanken? Ich wunderte mich darüber, daß ihre Worte feuriger waren als ihre Wünsche. Bald wunderte ich mich nicht mehr: man will nur das sein, wovon man nicht sicher weiß, ob man es ist. Sie starben vor Angst, nicht männlich genug zu erscheinen. Wieder ging es um die Ehre.

Der ständige Wunsch, männlich zu erscheinen, gehört zu einem ganzen Programm aus Unnatürlichkeit und Rhetorik. Städte wie Cagliari, Cosenza, Catanzaro, deren primitive Einfachheit es jedem erlaubt, aufrichtig mit sich zu sein, sind dem Gallismus fern geblieben. Nicht daß der Neapolitaner, der Sizilianer leidenschaftlicher wäre als der Sarde oder Kalabrese. Er hat nur gehört, daß man immer und auf jede Weise seine Leidenschaftlichkeit zur Schau stellen müsse. Bei vielen hängt der erotische Impuls weniger mit dem Gallismus zusammen als mit der Angst, es könnte so aussehen, als mangele er ihnen. Die Städte, die am meisten von den verschiedenen Kulturen berührt worden sind, die begabtesten, was Geist und Phantasie anbelangt, wie Neapel, Palermo, Catania, wo jeder sich lebhaft ausmalt, welchen Eindruck er auf die anderen macht, und diesen Eindruck fürchtet und nach Möglichkeit korrigiert, bringen folglich auch die meisten Zwangsneurotiker hervor. Der Gallismus ist keine spontane Manifestation des Südens. Wenn ich jemanden über die Frau diskutieren höre, so kann ich sicher sein, daß es für ihn nur darum geht, sich einem vorgeformten Modell anzupassen, einem intellektuellen Archetyp der Männlichkeit.

Nicht gespielt in den Reden über die Frau ist das Bedürfnis nach einem Gesprächspartner, einem Gefährten, einem männlichen Wesen. Es leben also die Prostituierten! Nicht nur, weil sie für geringen Aufwand, wenig Risiko und Mühe zu Ruhm verhelfen. Die Prostituierten sind, wie man sagt, öffentliche Frauen, und dieser Ausdruck hat seine volle Bedeutung im Süden. Der Mann des Südens würde eine ›private‹ Frau hassen; er wüßte nicht, was er ihr sagen und was er seinen Freunden von ihr erzählen sollte. Eine öffentliche Frau vereinigt mehrere Männer in der gleichen Beziehung. In moralischer und physischer Beziehung. Der Liebhaber der Prostituierten folgt der Spur der Männer, die ihm vorangegangen sind; ihm liegt an dem, was er tut, weil seine Freunde als Dritte beteiligt sind; das schreckliche, unerträgliche Tête-à-tête bleibt ihm erspart.

Ins Absurde gesteigert, läuft diese Situation auf das Drama des schönen Antonio hinaus. Durch die Heirat plötzlich der männlichen Unterstützung beraubt, die seiner etwas schwachen Männlichkeit aufhalf, scheitert der Hahn von Catania mit seiner eigenen Frau.

Gewiß braucht ein junger Mann überall die Ermutigung und Komplexität seines eigenen Geschlechts, um sich zu entschließen, dem anderen gegenüberzutreten. Doch im Süden ist dieses Bedürfnis stärker und dauert unverhältnismäßig lange. Das liegt selbstverständlich an der Erziehung. Vielleicht ist es auch so, weil die Männer so viel anziehender sind als die Frauen. Das Auge wird überall von schönen, jungen Männerkörpern gereizt, in den Straßen, auf den Plätzen, vor den Tankstellen, auf den Terrassen der Cafés. Die Frauen gehen nicht spazieren und bleiben nicht stehen, sie eilen vorüber und zeigen nur Alter und Müdigkeit. Und die Armut, die die natürliche Anmut eines Jungen hervorhebt, benachteiligt auch das hübscheste Mädchen.

Es ist festzuhalten:

1. Das ›Verbrechen aus Ehre‹, das man für die brutale, aber männliche Reaktion eines betrogenen Mannes halten könnte, ist genau das Gegenteil. Der sizilianische Ehemann schont seine untreue Frau, solange nur er von seinem Unglück weiß. Damit er sich entschließt, die Augen zu öffnen und zu strafen, muß der Skandal bekannt geworden sein. Die Sünderin wird getötet – wegen der Freunde, für die Freunde, deren Hochachtung er sonst verlieren würde. Sein Verbrechen beweist nicht, daß er seine Frau liebt, es beweist, daß er seine Freunde liebt. (Vgl. ›La Verità‹ von Pirandello.)

2. Der unsizilianischste aller Italiener, der allzu verkannte Antonio Delfini, Großbürger von Modena, Valery Larbaud vergleichbar, was Vermögen, Weltmännischkeit, Phantasie und Geschmack angeht, hat seine Erinnerungen hinterlassen (in ›Una storia‹, die 1933 spielt, als er genau achtundzwanzig Jahre alt war).

»Zu Hause hatte ich nie etwas verheimlichen müssen. Nur alles, was mit Liebe zusammenhing, mußte ich verheimlichen. Selbstverständlich konnte ich auch die normalen Befriedigungen und Laster verheimlichen, schlimmstenfalls hätte ich sie aber auch gestehen können. Es wäre eine Tragödie gewesen, aber nicht eine solche Katastrophe, wie ein Wesen, eine Frau, sowohl physisch als auch geistig wirklich zu lieben . . . Wenn ich jemanden umgebracht hätte, so wäre es zu einem großen Skandal gekommen, aber mein leibliches und vielleicht sogar mein moralisches Bild wäre immer im Gedächtnis meiner Mutter intakt geblieben. Aber mit einer Frau zu verkehren (die kein leichtfertiges Leben führte), hätte für mich geheißen (so zumindest war meine fast unbewußte Meinung, die ich mir während des Übergangs von der Kindheit zur Pubertät und zur Jugend gebildet hatte), in der Erinnerung meiner Mutter mein Gesicht zu verlieren.«

Der Schriftsteller und seine Freunde trieben sich in Florenz in Kneipen herum. »Die Jüngsten (ich darunter), alles Literaten und heimliche Dichter, gingen zusammen in die Bordelle von Florenz. Ich bemerkte bei ihnen eine seltsame Eifersucht. Wenn einer der Jüngeren gestand, daß er in eine Frau verschossen sei und sie auf irgendeine Weise bat, ihm zu helfen, mit der betreffenden Frau zusammenzukommen, so versammelten sie sich heimlich an den darauffolgenden Tagen und vereinbarten (und wirkten auch darauf hin), den Anfang einer neuen Liebe endgültig zum Scheitern zu bringen.«

Sieht es im Lichte so vieler verschiedener Beispiele nicht so aus, als sei über den außergewöhnlichen lateinischen Eros nichts geschrieben worden, was über das Übliche hinausgeht. Man müßte ihn in seinen Anfängen aufspüren, wenn er sich zwischen Unterwerfung unter die Eltern, Exhibition und Homosexualität herausbildet. Ich sehe übrigens darin einen Beweis für die berühmte italienische Natürlichkeit. Die Liebe zur Frau beruht auf einer langen Lehrzeit: sie ist das dem Mann am wenigsten Angeborene.

Zwei junge Burschen erkennen sich, heben den Arm. Es folgt der Nazigruß mit einem sonoren »Heil Hitler!« Ständig die Komödie der Männlichkeit. Diese jungen Leute wollen Faschisten sein, weil sie sich gerne wie ihre Väter auf der Straße brüsten möchten, eine Pistole in der einen Hand, einen Dolch in der anderen: sie haben alle Männer ins Gefängnis gesteckt, sie herrschen über die Frauen.

Daß die Italiener, die so nachsichtig gegenüber der Schwäche (der Kindheit) sind, aus der Kraft einen Kult machen, verwundert mich im übrigen nicht. Auch nicht ihre diffuse Germanophilie. Sie ist ein Gegenstück zu dem Haß auf die Engländer. Die Engländer denken, und haben zudem noch recht. Die Deutschen dagegen lassen sich von vitalen Impulsen leiten, die sich auf die Dauer als tödlich erweisen. Hitler stürzte sich kopfüber in einen Eroberungskrieg, der als Katastrophe endete. All das ist faszinierend für die Menschen des Südens. Deutschland, mit seiner tiefen Neigung zur Katastrophe, die wie eine Vergrößerung und dramatische Überspitzung seines Masochismus ist, schlägt sie viel mehr in seinen Bann, als es kaltblütigen Demokratien wie England und Piemont jemals möglich wäre.

Bittere Enttäuschung beim Wiederlesen der ›Malavoglia‹. Ich erinnerte mich nicht an einen so kraftlosen, so poesielosen und gleichzeitig so humorlosen Verga. Das Buch wäre mir aus den Händen gefallen, ohne die Verpflichtung, die man einem Klassiker gegenüber fühlt, ohne eine unbestimmte Neugier für Acitrezza, das Dorf der Malavoglia vor den Toren Catanias, vor allem aber ohne den Wunsch zu erfahren, warum der Verismus, das Erbteil Siziliens, so wenig dem sizilianischen Charakter gemäß ist.

Wie langweilig ist die Geschichte dieser Fischerfamilie! Der Vater kommt im Sturm um, die Mutter stirbt an Cholera, das zweite der fünf Kinder fällt im Krieg, der Älteste verkommt im Alkohol, die Schwester in der Prostitution, die andere Schwester bleibt ledig, um sich den Kindern ihres jüngsten Bruders zu widmen, während der Großvater pausenlos stumpfsinnige Sprichwörter von sich gibt (dabei haben Pitré, Serafino Amabile Guastella und Vann'Anto sehr schöne gesammelt).

Der Ton ist sentimental und weinerlich, die Waisen sind in zwei Kategorien geteilt: die einen retten sich, die anderen verkommen. Das Schlechte tritt in drei Verkörperungen auf: Faulheit, Alkohol, Laster. Anstatt ein Protest gegen die Gesellschaft zu sein, fordert das Buch letzten Endes mit der paternalistischen Heuchelei aller Katenliteratur die Armen auf, nur auf ihre Tugend, ihre Beharrlichkeit, ihre Gebete und ihre Tränen zu bauen.

Ich entdecke auch einen beachtlichen historischen Schnitzer. Als der Älteste der Malavoglia noch ein lieber kleiner Kerl ist und nichts mit dem Wirtshaus zu schaffen hat, setzt er sich in den Kopf, Acitrezza zu verlassen und anderswo sein Glück zu versuchen. Weit entfernt, ihn in seinem gesunden Entschluß zu ermutigen, beschuldigt ihn der Autor, die Tage seiner Mutter verkürzen zu wollen, seine kleinen Geschwister dem Unglück zu überlassen, die Familiengötter zu verachten, schließlich ein Ehrgeizling zu sein, ein Anmaßender, der dafür bestraft würde, das ehrbare Elend zu verachten, mit dem sich die Malavoglia immer begnügt haben. Der Junge verspricht wiederzukommen, sobald er reich geworden ist. Er kehrt tatsächlich nach einigen Monaten zurück, aber des Nachts wie ein Dieb, denn sein einziges Kleidungsstück ist zerfetzt, er hat seinen letzten Heller verloren und mit seinem letzten Heller seine Seele, seine Würde, seinen Mut und alles, was einen Mann daran hindert, in der Kneipe zu enden. Die ›Malavoglia‹ erscheinen im Jahre 1881. In eben diesem Jahr schickte Europa 85 000 Emigranten nach Amerika; drei Jahre später waren es 200 000; 1900 kamen 200 000 allein aus Italien, die Hälfte davon etwa aus Sizilien. Statt des Schuldkomplexes, der sie, Verga zufolge, hätte schwächen müssen, bewiesen die Sizilianer in Amerika wunderbaren Mut und prachtvolle Fähigkeiten; und ihre Familien, keineswegs geneigt, aus Kummer zu sterben, nahmen ihr Geld ohne Abscheu.

Die Italiener stehen allzu sehr unter dem Joch der Madre mediterranea, um das der anderen Mutter, der Heimat, anzuerkennen. Welche Rache nehmen sie in der Ferne! Wenn auch nicht alle Bürgermeister von New York werden, so gibt es doch keinen, der nicht irgendein Talent hervorkehrte. Von den hundert Angestellten einer großen Post in Deutschland kamen im letzten Jahr vierundsechzig aus Sommartino, einem Dorf im Inneren Siziliens. Die Direktion stellte fest, daß sie die Briefe doppelt so schnell sortierten und austrugen wie die Deutschen. Da sie Analphabeten waren, ordneten sie die Umschläge ganz einfach nach gewissen Zeichen, anstatt wie die anderen die ganze Adresse zu lesen.

Um auf die ›Malavoglia‹ zurückzukommen, wie viele Unglücksschläge in einem einzigen Haus! Wie kommt es, daß das so viel lustigere und schillerndere Sizilien Pirandellos und Brancatis einen so viel bittereren Eindruck hinterläßt? Das liegt daran, daß von allen Dramen, die sich in Sizilien abspielen mögen, das der Dummheit und Plattheit das einzige ist, an das man nicht glaubt.

Die jungen Schriftsteller bekunden weiterhin die Bewunderung für Verga. Aber keiner ahmt ihn nach. Die wirklichen Realisten, das heißt die, die es nicht zu sein scheinen, wie Pirandello, Brancati, Vittorini (und in der Vergangenheit Federico De Roberto, dessen ›Viceré‹ den gefälligen ›Leoparden‹ in den Schatten stellt), haben sie von diesem sterilen Kult befreit. Die für den Veristen so wichtige Frage, ob man moralischen Prinzipien folgen soll oder nicht, stellt sich denen nicht mehr, die begriffen haben, daß das große Problem Siziliens das Problem der Persönlichkeit ist. Wer bin ich? fragt sich der Sizilianer jeden Morgen beim Aufwachen. Bin ich der größte Verführer oder der letzte Schwätzer? Die Lüge, die Illusion, die fixe Idee, der Wahnsinn: das sind seine Dämonen, nicht der Alkohol oder die Prostitution. Meiner Ansicht nach hat der metaphysische Zweifel, der die ganze moderne Literatur speist, eine seiner Quellen in Sizilien.

Der jüngste Schriftsteller, der die Klippen des Verismus geistvoll umschifft hat, ist Leonardo Sciascia. Begonnen hat er mit einer Chronik über sein Geburtsdorf: ein Dokument, ein Stück Rohliteratur. Die Seiten, aus denen seine Erfahrungen als Schullehrer sprechen, informieren aus erster Hand über das Leben der Kinder in der Provinz von Agrigent, über ihre Armut, die absurden Lehrpläne, das Unbehagen der Lehrer. Dann veröffentlichte Sciascia einen Roman über die Mafia, ›Il giorno della civetta‹, den man als naturalistisch bezeichnen könnte, wenn nicht die geheimnisvollen Umstände des Verbrechens, die Schwierigkeiten bei der Untersuchung des Polizeioberst Bellodi, den man aus dem Norden geschickt hatte, weil er zu wissen glaubte, daß zwei mal zwei vier sind, der geheime Schutz, den die Verdächtigen genießen, schließlich die Unmöglichkeit, die Geheimnisse der Mafia zu enthüllen und somit das Scheitern der positivistischen Methode in Sizilien, hinreichend über die poetischen Fähigkeiten des Autors Auskunft gäben. Wenn man erfährt, daß der Oberst unterliegt und nach Parma zurückkehrt, dann hat man verstanden, daß Sciascia darauf verzichtet, das Weiße vom Schwarzen zu unterscheiden.

Im übrigen hat sein zweiter Roman, ›Il consiglio d'Egitto‹, den Schwung und den Humor einer Stendhalschen Chronik. Die Ereignisse spielen sich gegen Ende des 18. Jahrhunderts in Palermo ab, zu der Zeit, als der Vizekönig Caracciolo Reformen unternimmt, um die Macht des Adels einzuschränken. Ein Rechtsanwalt, Francesco Di Blasi, verbreitet die Ideen Rousseaus über Gleichheit und Demokratie. Beschuldigt, einer Verschwörung zur Schaffung einer autonomen sizilianischen Republik anzugehören, wird er wegen Staatsverbrechens zum Tode verurteilt – das einzige Verbrechen, das er in seinen Schriften der Todesstrafe für würdig befunden hatte, während er sonst ein entschiedener Gegner dieser Strafe war. In diese, an sich schon ironische Situation – die Enthauptung eines Liberalen in einer Zeit der Reformen, die Rechtfertigung seiner Hinrichtung durch seine eigenen Schriften – führt Sciascia ein parodistisches Motiv ein: den großen Betrug, den ein Gelehrter plant. Der Mönch Vella arbeitet an der Fälschung eines arabischen Kodex, des ›Ratschluß Ägyptens‹. Wenn der Betrug gelänge, würde der Feudaladel enteignet werden. Doch der Betrug des Mönches wird zur selben Zeit entdeckt wie die Verschwörung des Advokaten. Aber lächerlicherweise finden es die leichtfertigen und geschwätzigen Bürger Palermos ganz natürlich, daß der eine der beiden Männer, die offensichtlich dasselbe Ziel verfolgten, mit betrügerischer und verbrecherischer Absicht das getan hat, was der andere aus Überzeugung tat.

Wer ist unschuldig? Wer ist schuldig?

Sciascia fragt sich nicht wie Pirandello: bin ich ich selbst? bin ich ein anderer? Auch nicht wie Brancati: bin ich der, der ich bin? oder bin ich der, der man sagte, daß ich sei? Und nicht wie Vittorino: bin ich ein Mensch? bin ich als Mensch verloren? Die Frage, die Sciascia quält, den letzten Pyrrhonisten der Insel, ist vielmehr: bin ich unschuldig? bin ich schuldig?

Diese Frage hat er sich unaufhörlich sich selbst und für das ganze Menschengeschlecht gestellt, seit er als Lehrer in Racalmuto zweifelte, ob es einen Sinn habe, Kinder zu unterrichten, die Hunger hatten. Die Verbrechen der ›ehrenwerten Gesellschaft‹, deren Macht auf der Furcht der von ihr Ausgebeuteten beruht, erlaubten ihm schlechterdings nicht, sich – und, wie sich, alle Menschen – für schuldlos zu erklären; nicht weniger als die grausige Maskerade im Jahre des Herrn 1795.

Calogero Vizzini
CON L'ABILITÀ DI UN GENIO
INNALZÒ LE SORTI DEL DISTINO CASATO
SAGACE DINAMICO MAI STANCO
DIEDE BENESSERE AGLI OPERAI
DELLA TERRA E DELLE ZOLFARE
OPERANDO SEMPRE IL BENE
E SI FECE UN NOME ASSAI APPREZZATO
IN ITALIA E FUORI
GRANDE NELLE PERSECUZIONI
ASSAI PIÚ GRANDE NELLE DISDETTE
RIMASE SEMPRE SORRIDENTE
ED OGGI
CON LA PACE DI CRISTO
RICOMPOSTO NELLA MAESTÀ DELLA MORTE
DA TUTTI GLI AMICI DAGLI STESSI AVVERSARI
RICEVE L'ATTESTATO PIÚ BELLO
FU UN GALANTUOMO[19]

Seit dem Tod Calogero Vizzinis steht die sizilianische Mafia nicht mehr unter einem einzigen Chef. Calogero Vizzini war eine außergewöhnliche Persönlichkeit, ein großer, verirrter Politiker, dessen Leben weit interessanter ist als das des Banditen Giuliano. Er starb am 12. Juli 1954 in seinem Haus in Villalba an Altersschwäche. Er war Analphabet und Sohn eines armen Bauern und hinterließ ein Vermögen von zwei Milliarden. Persönlichkeiten aus dem öffentlichen Leben eilten zu seinem Begräbnis, das überaus prunkvoll war.

In der Legende kommt ihm nur noch Don Vito Cascio Ferro gleich. Don Vito arbeitete in den ersten Jahren des Jahrhunderts die Methoden der Mafia aus. Niemand konnte in Palermo einen Handel oder einen Beruf ausüben, ohne dem Vertreter Don Vitos in dem jeweiligen Stadtviertel regelmäßig Tribut zu zahlen. Der sich weigernde Metzger entdeckte Säure auf seinem Schweinefleisch; der Arzt, der nicht Folge leistete, verlor seine Patienten. Auch der Bettler mußte den Tribut entrichten, wenn er sich eine gute Kirchentür sichern wollte; dafür konnte er sich darauf verlassen, daß kein anderer armer Schlucker ihm den Ort streitig machte.

In der Sprache der Mafia heißt seinen Tribut leisten ›den Schnabel eintauchen lassen‹. So als ob das übergebene Geld nichts weiter als die bescheidene Gabe eines Glases Wein, das man den ›Freunden‹ einschenkt, um ihnen für ihren ›Schutz‹ zu danken. Man nennt sich gern ›Freunde‹ in der Mafia; und der Abgeordnete oder Politiker, der sie von Rom aus schützt, ist ebenso wie der Rechtsanwalt, der sie verteidigt, ›der Freund der Freunde‹. Was die Gesetzgebung betrifft, so nennt man sie mit herrlicher Ironie ›die Somnambule‹.

Die Untergebenen Don Vitos kontrollierten jeden, bis zu den Spitzbuben, Einbrechern und Verbrechern kleineren Kalibers. Wenn ein Diebstahl verübt wurde, zwang die Mafia ihre Vermittlung auf: das Opfer erhielt gegen eine gerechte Entlohnung sein Eigentum zurück, und der Dieb vermied gegen eine bescheidene Zahlung an die ›Freunde‹, daß er in den Händen der Polizei landete. Zu jener Zeit pflegten die verliebten Jünglinge mehrere Stunden lang unter dem Fenster ihrer Schönen auf- und abzuwandeln; auch sie wurden mit einer Steuer belegt, die man die ›Kerze‹ nannte und die nach dem

Preis der Wachslichter berechnet wurde, die die ›Freunde‹ angeblich verbrannten, um das Geschäft der Galane zu beschützen.

Solche hübschen Dinge geschehen nicht mehr, aber nicht weniger seltsame Gewohnheiten blühen immer noch. So ist das Amt des Totenwächters ein Privileg der Mafia. Der Friedhofswärter arbeitet mit drei Gruppen zusammen: mit der ›cosca requiem aeternam‹, die beauftragt ist, dem oder jenen Unglücklichen, der einen Verwandten zu begraben hat, eine Steuer abzuverlangen, mit der ›cosca primavera‹, die einen Tribut auf Kränze und Blumen erhebt, und schließlich mit der ›cosca de tabacco‹, die so genannt wird in Anspielung auf Zigaretten und andere Schmuggelwaren, die in den leeren Gräbern ein geeignetes Versteck finden.

Don Vito Cascio rühmte sich, nur ein einziges Mal in seinem Leben getötet zu haben. Das Opfer war ein amerikanischer Polizist italienischen Ursprungs namens Jack Petrosino. Die Ereignisse gehen auf das Jahr 1909 zurück. Petrosino hatte beschlossen, die Organisation der Mafia in Palermo an Ort und Stelle zu studieren und Klarheit über ihre Beziehungen zu den Gangstern der Vereinigten Staaten zu schaffen. Von dem genauen Ankunftstermin des Eindringlings unterrichtet, ließ sich Don Vito an jenem Tag von einem ihm bekannten Abgeordneten zum Mittagessen einladen. Bevor man sich zu Tisch begab, bat er um die Erlaubnis, einen Augenblick hinausgehen zu dürfen. Der Abgeordnete lieh ihm seinen Wagen. Don Vito fuhr zur Piazza Marina, wartete auf den Polizisten und tötete ihn vor dem Gerichtsgebäude wortlos mit einer einzigen, unfehlbaren Kugel. Dann stieg er wieder in den Wagen, kehrte zu seinem

Freund, dem Abgeordneten, zurück, tat der guten Küche alle Ehre, und als man am nächsten Tag versuchte, ihn zu beschuldigen, schwor der unangreifbare Amphitryon, Don Vito sei zur Stunde des Verbrechens sein Gast gewesen.

Villalba, an einem Abhang gelegen, im Herzen der Insel. Die Gäßchen sind ärmlich, die wenigen Wohnungen jämmerlich. Einer der seltenen sizilianischen Orte, den man wirklich ein Dorf nennen kann: die meisten haben zehn- bis zwanzigtausend Einwohner. Nur zwei etwas ansehnlichere Gebäude: die Kirche und die Bank, die an einem Platz liegen. Aus purem Zufall natürlich, auf derselben Seite wie die Bank, der Sitz der Democrazia Cristiana und das Haus Calogero Vizzinis. Die Sitze der Macht und des Geldes Seite an Seite. Gegenüber das Haus Michele Pantaleones, einer der mutigsten und intelligentesten Gegner der Mafia.

Wir hielten uns nur kurz in Villalba auf, aber durch zwei Dinge wird es uns unvergeßlich bleiben. Ein junger Mann von sonderbarer Schönheit, gut gewachsen in seinem Barchentanzug, ritt sehr aufrecht auf einem Maulesel die Hauptstraße hinunter, ohne irgend jemanden anzuschauen, die Augen in die Ferne gerichtet, die Wangen hohl durch das Anspannen der Kinnbacken. Die vor ihren Türen sitzenden Dorfbewohner taten, als sähen und hörten sie ihn nicht, obwohl man den Schritt seines Maultieres stolz auf dem Pflaster klingen hören konnte. War er einer jener ungefügigen Bauern, dessen Untergang die Mafia geschworen hatte? Niemand wagt sie mehr zu grüßen; es kommt vor, daß sie zwischen diesen stummen, ihnen ausweichenden Blicken den Verstand verlieren. Während wir verwirrt und nachdenklich wieder in unser Auto stiegen, warf ein noch nicht zehn-jähriges Kind von einem Balkon einen großen, spitzen Stein auf uns herab, der auf dem Wagendach aufschlug. Schöne Beispiele der Wildheit, die unter den Samtaugen der Bewohner Villalbas zehn Jahre nach dem Tod ihres Despoten lauert.

Wird man meinem Bericht von dem Aufstieg Calogero Vizzinis, meist nur Don Calo genannt, Glauben schenken?

1. Er ist achtzehn Jahre alt. In der Gegend von Villalba wimmelt es von Briganten. Calogero knüpft zu ihren Führern Beziehungen an, die es ihm ermöglichen, die zur damaligen Zeit einbringlichste Tätigkeit auszuüben, die ›cancia‹ nämlich, den Tausch von Korn gegen gemahlenes Mehl. Da es in Villalba keine Mühle gibt, müssen die Bauern ihre Getreidesäcke den wenigen Männern anvertrauen, die kühn oder listig genug sind, das Land zu durchreisen, ohne sich ausplündern zu lassen. Calogero gesellt sich zu ihnen. Seine guten Beziehungen zu den Banditen treiben ihn zu weniger unschuldigen Handlungen. Er wird vor Gericht geladen, aber wegen mangelnder Beweise freigesprochen. Es gibt keinen größeren Ruhmestitel in Sizilien, als wegen ungenügender Beweise freigesprochen zu werden.

2. Mit sechsundzwanzig Jahren, nachdem bereits dreimal ein Verfahren gegen ihn eingestellt worden ist, rückt Calogero zur Würde des ›Zu‹ Calogero auf (›zu‹ = zio, Onkel; erste Stufe der Aristokratie der Mafia) und tritt offiziell auf dem klassischen Weg in die ›ehrenwerte Gesellschaft‹ ein, indem er nämlich Verwalter eines Landguts wird. Die Latifundien umfassen zu dieser Zeit mehrere tausend Hektar. Die unterschiedslos ›Baron‹

genannten Besitzer setzen auf ihrem Gut einen Verwalter ein, den ›gabelotto‹. Beschäftigt mit ihrem palermitanischen Müßiggang, begnügen sie sich damit, die Pachtbeträge einzustecken. Als absoluter Herr des Ortes vermietet der Verwalter das Land zu überhöhten Tarifen ein zweites Mal. Von Handlangern umgeben, zwingt er die verschreckten Bauern zu Gehorsam und Schweigen. Ein anderes unfehlbares Mittel, um reich zu werden, ist der ›Zwangsschutz‹, der den Bauern auferlegt wird. Sie müssen gegen Bezahlung einen ›Wächter‹ nehmen. Wenn sie sich weigern, finden sie eines schönen Morgens ihren Weinberg verwüstet oder ihre Olivenbäume abgehauen. Wenn sie weiterhin nicht verstehen wollen und die unsinnige Idee haben, die zweifelhafte Polizei des Staates zu unterrichten, so verflüchtigt sich wie durch einen Zauber ihre Herde. Nur ein Kalb mit abgehackten Beinen liegt mitten auf der Wiese. Diese zweite ›Warnung‹, rot und schwarz wie das Blut, wie der Tod und die Trauer, zeigt dem Ungehorsamen, welches Schicksal ihn erwartet. Wenn er jedoch einmal nachgegeben hat, so kann er sicher sein, nie wieder behelligt zu werden und bei allen Gelegenheiten die wirksame Hilfe der Mafia zu erhalten. Vagabunden, die ihm ein Ei zu stehlen wagen, werden kaltblütig abgeschlachtet, eine abgeschnittene Hand neben ihrem Körper, nach dem symbolischen Ritus, der eine adäquate Strafe für den schuldigen Körperteil fordert. Wenn der ›Beschützte‹ Grund zur Annahme hat, daß seine Frau beleidigt worden ist, so hat er die Befriedigung, am Rande seines Feldes den Leichnam des Schamlosen zu finden, mit abgeschnittenen Genitalien, die man ihm in den Mund gestopft hat.

3. Erster Weltkrieg. Eine Kommission kommt nach Sizilien, um Pferde für die Armee einzutreiben. Calogero Vizzini nimmt die Sache in die Hand. Den Besitzern von brauchbaren Pferden, denen wenig daran liegt, sie in den Krieg zu schicken, bietet er seinen gewohnten ›Schutz‹ an; den Besitzern von alten und kranken Tieren, die froh wären, sie zu verkaufen, bietet er einen für beide Parteien günstigen Handel an; schließlich, da er ja auch unter den militärischen Vierfüßlern einige weniger schäbige Exemplare anbieten muß, nutzt er die Gelegenheit, sich gestohlener Pferde zu entledigen, und zwar zu Preisen, die von gewöhnlichen Hehlern nicht verlangt werden können. Die Kommission zieht mit allen Schindmähren der Provinz wieder ab, zusätzlich achtzig gestohlener Pferde. Calogero hat ein Vermögen zusammengebracht. Skandal in Rom: ein General wird mit der Untersuchung beauftragt. Vor das Militärgericht von Palermo gezerrt, aber wegen mangelnder Beweise freigesprochen, kehrt Calogero im Triumph nach Villalba zurück. Reich, geachtet, gefürchtet, ist er nun einer der Führer der Mafia.

4. Wenn ein Gutsverwalter mächtig genug geworden ist, versäumt er, dem ›Baron‹ die Pacht zu zahlen. Dieser, unfähig zu reagieren, allein und hilflos, verkauft schließlich sein Gut. Wie aus Zufall zeigt sich kein Käufer außer dem Verwalter selbst, der einen lächerlichen Preis bietet. Ein neues Landbürgertum ersetzt auf diese Weise den gescheiterten Adel. Der entscheidende Schritt bei dem Aufstieg Calogeros ist der konkurrenzlose Kauf eines Besitztums von fünfhundert Hektar. Von nun an ist er ›Don‹ Calo und genießt die Achtung, die einem ›Neunziger‹ zusteht. Ein ›Neunziger‹ ist eigentlich eine große

Rakete, die man bei Festen als Abschluß des Feuerwerks in die Luft schießt.

5. Zweiter Weltkrieg. Am 14. Juli 1943, fünf Tage nach der Landung der Alliierten in Sizilien, überfliegt ein amerikanischer Jadgflieger Villalba. Die gelbe Flagge, die hinter ihm herweht, zeigt deutlich ein großes, schwarzes L. Das Flugzeug läßt bei dem Haus Vizzinis ein Paket mit einem Tuch fallen: das Tuch ist gelb mit einem schwarzen L in der Mitte. Eine Botschaft des berühmten Lucky Luciano, des Gangsters L.; L. hat in den Vereinigten Staaten Karriere gemacht, aber er ist in Sizilien geboren. Ohne zu zögern, schickt Calo einen jungen Bauern ins Nachbardorf mit einer Botschaft, die er mit eigener Hand in Dialekt geschrieben hat: »Turi wird Dienstag den 20. mit den Kälbern auf den Markt von Cerda gehen. Ich folge am selben Tag mit den Kühen, den Wagen und dem Stier. Bereite Du das Nötige für das Feuer und die Unterkunft der Tiere vor. Die andern sind benachrichtigt und halten sich bereit.« Mit dieser Nachricht, die an einen seiner Kollegen gerichtet ist, kündigt Calo an, daß ein gewisser Turi am 20. mit einem Teil der alliierten Truppen (den Kälbern) in Richtung Cerda, einem strategischen Punkt zwischen Palermo und Catania, aufbrechen wird, während er selbst die anderen Divisionen (die Kühe), die Tanks (die Wagen) und den Generalkommandanten (den Stier) begleiten will. Er empfiehlt ihm überdies, den Widerstand gegen die Deutschen anzuschüren (Feuer vorzubereiten) und ein Unterkommen für die alliierten Soldaten ausfindig zu machen.[20]

Pünktlich am 20. Juli treffen drei Panzer in Villalba ein; auf einem von ihnen weht die gelbe Flagge mit dem schwarzen L. Don Calo steigt ein. Sechs Tage lang ist er aus Villalba verschwunden. Als er in einem großen amerikanischen Wagen zurückkehrt, ist die Insel praktisch ganz besetzt: die beiden alliierten Truppen haben sich in Cerda nach dem von Don Calo ausgearbeiteten oder korrigierten Plan vereint.

Auf Ersuchen sizilianischer Gangster aus New York hatte sich die Mafia ganz und gar in den Dienst der Amerikaner gestellt: man sabotierte die deutschen Konvois, man veranlaßte die italienischen Soldaten zur Desertation. Militärische Experten wie Marschall Badoglio wunderten sich darüber, daß man für die erste Invasion in Europa Sizilien aussuchte und nicht etwa Sardinien, das weniger verteidigt war und von wo aus man die toskanische Küste zwischen Livorno und Civitavecchia hätte ereichen können – was die mühevolle Eroberung Mittelitaliens erspart hätte. Man muß annehmen, daß die Amerikaner auf die wertvollen Helfershelfer in Sizilien hofften, auf die zahllosen ›Freunde‹ von Lucky Luciano. Sie wußten, daß der amerikanische Mythos auf der Insel stark genug war, um sie den Krieg gewinnen zu lassen. Lucky, der eigentlich Salvatore heißt, ›Retter‹, Lucky, dieser Freibeuter, hat zum Sieg der Alliierten beigetragen.

Was Don Calo betrifft, so ernannte ihn ein Leutnant der Besatzungsarmee am Tage nach der Rückkehr von seiner militärischen Expedition zum Bürgermeister von Villalba. Nun ist er auf dem Gipfel seines Ruhmes angelangt, von den Alliierten mit Geschenken überschüttet, offiziell berechtigt, Waffen zu tragen und sich mit einer Leibgarde zu umgeben. Er ist ein nationaler Held. Die höchsten sizilianischen Autoritäten kommen, ihm zu huldigen.

Der Faschismus hatte die ›ehrenwerte Gesellschaft‹ zwar nicht auslöschen, aber doch auf Sparflamme setzen können, dank dem brutalen Vorgehen[21] des Präfekten Cesare Mori, der von Mussolini zur ›Säuberung‹ Siziliens geschickt worden war. Doch die Amerikaner gaben den Mafiaführern fast überall ihre Macht zurück.

Achtzig Jahre früher hatte Garibaldi nach der Eroberung Palermos, Milazzos und Messinas die bourbonischen Gefängnisse öffnen lassen: die gefährlichsten Banditen erhielten die Freiheit und konnten das Land unsicher machen. Eine merkwürdige Konstante in der Geschichte dieser Insel: jedesmal, wenn man sie von einem Joch befreit, gibt man ihr schleunigst die Krankheit wieder zurück, die unter diesem Joch in Vergessenheit geraten war.

6. Mittlerweile denkt Don Calo daran, die klassischen Beziehungen der Mafia zu den politischen Parteien wieder anzuknüpfen. Welche soll man wählen? Er zögert, schmeichelt einen Augenblick lang den Kommunisten. Dann unterstützt er die separatistische Bewegung, bis er sich als guter Realist mit der Democrazia Cistiana verbindet. In Villalba ist ihm der Sozialist Michele Pantaleone ein Dorn im Auge. Pantaleone kündigt für den 16. September 1944 eine öffentliche Versammlung auf dem kleinen Dorfplatz an. Don Calo holt zum Gegenschlag aus. Er läßt die Ausgänge des Platzes von seinen Leuten besetzen und, mit einem Stock in der Hand in der Mitte aufgepflanzt, schickt er sich an, von der Höhe seiner korpulenten Überlegenheit aus den Rednern zuzuhören. Die Bauern stehen dichtgedrängt in den angrenzenden Straßen. Als der Kommunist Li Causi, ›der populärste Mann Siziliens‹, laut Carlo Levi, mit seiner lauten, klaren

Stimme zu sprechen beginnt, durchbrechen die Bauern die Barrieren und überfluten den Platz. Der Priester, der kein anderer ist als der Bruder Don Calos, läutet mit aller Kraft die Glocken, um die Stimme des Tribunen zu übertönen. Schließlich erhebt Don Calo seinen Stock und schreit: »Lügen!« Seine Leute schießen in die Menge. Achtzehn Verwundete, darunter Li Causi. Wie gewöhnlich sprachen die Gerichte die Schuldigen frei.

7. Giulia Florio d'Ontes, Prinzessin von Trabia und Butera, ernennt Don Calo im März 1945 zum Verwalter ihrer Güter – mehr als vier Millionen Hektar. Auf diese Weise kehrt Don Calo zu den traditionellen Beschäftigungen der Mafia zurück. Die anderen großen ›Barone‹ Westsiziliens folgen dem Beispiel der Prinzessin; und die Ländereien, die während des Faschismus dem ›Schutz‹ der Mafia entzogen waren, geraten wieder in die Macht der Verwalter. Der Landadel hat völlig abgedankt.

8. Doch der alte Fuchs begreift, daß die Ausbeutung der Bauern nicht mehr so einfach und so rentabel ist wie einst. Seit 1950 begrenzen neue Gesetze einen Grundbesitz auf zweihundert Hektar, zwingen die Besitzer, ihre Ländereien nutzbar zu machen, und verbieten die Unterverpachtung. Die organisierten Bauern gehen zum Angriff auf die Lehnsherren über.

Don Calo siedelt nach Palermo über und wird der Liebhaber einer Gräfin. Aber an der Frau selbst liegt ihm wenig. Don Calo hat nie geheiratet, er hat keine Kinder, was erstaunlich bei einem Sizilianer ist. Wie die anderen Mafiaführer haben ihn nicht Frauen interessiert, sondern nur Geld und Macht. Anscheinend ist die Sexualität im Süden so beherrschend, daß sie nicht mit sich handeln läßt: man muß ihr nachgeben oder sie ein für alle Mal aus seinem Leben ausrotten. Der Herr von Villalba hatte bald seine Wahl getroffen. Die einzige Liebesgeschichte, die man von ihm weiß, spielte sich ab, als er siebzehn Jahre alt war. Er hatte sich in die Tochter eines Eisverkäufers verliebt, der eine Standesperson des Dorfes den Hof machte. Er verstrickte die Standesperson in einen Streit und verdrosch sie gehörig; als er später sein Ansehen in der Öffentlichkeit zu seiner Zufriedenheit gestärkt hatte, kümmerte er sich nicht mehr um seine Schöne, die unverheiratet geblieben ist und weiterhin in der wunderbaren Erinnerung an die Zeit lebt, als sie Don Calo gefiel. Die Gräfin von Palermo hat mehr Trümpfe in ihrem Spiel: sie nimmt Rauschgift und kennt die Kreise der Rauschgiftschmuggler. Don Calo begnügt sich nicht damit, ihr Liebhaber zu werden; er gründet gemeinsam mit dem auf Durchreise in Palermo befindlichen Lucky Luciano eine Bonbonfabrik, läßt für die zum Export bestimmte Sonderherstellung aus den Vereinigten Staaten ›spezialisierte‹ Arbeiter kommen und hindert Besucher, die Fabrik zu betreten. Am 11. April 1954 veröffentlicht die (sozialistische) Zeitung ›Avanti!‹ in Rom eine Fotografie des Gebäudes und gibt zu verstehen, daß die harmlosen Bonbons durchaus als Träger einiger Gramm Rauschgift dienen könnten. Am gleichen Abend schließt die Fabrik ihre Tore, die Maschinen werden demontiert und die ›spezialisierten‹ Arbeiter heimlich wieder nach Amerika zurückgeschickt. Man glaubt, daß die beim Tode Don Calos gefundenen zwei Milliarden zum größten Teil von seiner letzten Tätigkeit als Rauschgifthändler stammen.

So vielseitige Verbrecher gibt es heute nicht mehr. Die Mafia hat sich beamtet, verbürgert. Vom Land in die

Stadt übergesiedelt, herrscht sie mit Methoden, die bald an den Poujadismus, bald an die OAS[22] erinnern. Der alten Mafia auf dem Lande lag daran, die Bauern in Elend und Unwissenheit zu halten, um sie leichter ausbeuten zu können. Die neue städtische Mafia begünstigt den wirtschaftlichen Aufschwung, von dem sie großen Gewinn hat. Dank ihrer Gewandtheit im öffentlichen Leben ist es ihr gelungen, in den neuen Vierteln Palermos anstelle der vorgesehenen Grünanlagen zehnstöckige Häuser zu bauen. Außer dem Bauwesen, dem Fisch- und Gemüsemarkt kontrolliert sie das Gefängnis: so gründlich, daß kein Gefangener wagen könnte, das Schweigegesetz zu durchbrechen, ohne sofort bestraft zu werden – meistens mit dem Tod. Die Waffe der alten Mafia war die ›lupara‹, ein zweirohriges Gewehr mit großen Geschossen, das man einst für die Wolfsjagd benutzte; die junge Mafia greift zur Maschinenpistole und zur Bombe. Die Führer fahren mit dem Auto – am liebsten mit einer Giulietta, die mit ihren 170 Stundenkilometern ein schnelles Verschwinden ermöglicht, wenn das Verbrechen entdeckt ist: in Palermo kann man nicht wie in anderen Städten die Elektrizität überall gleichzeitig abstellen. In sechs Monaten haben sich zwölf Giuliettas verflüchtigt: drei im wörtlichen Sinne, denn sie waren mit Sprengstoff beladen und flogen auseinander. Eine andere hat man gerade aus einem Fluß herausgefischt, aber es fehlen die Nummernschilder, die Räder, die Türen, die Sitze, der Motor, jedes Zeichen, wonach man sie hätte identifizieren können.

Laut Michele Pantaleone ist das Meisterwerk der modernen Mafia die Neuordnung des Rauschgifthandels. Seit die Vereinigten Staaten nach Kriegsende die meisten

Gangster sizilianischen Ursprungs zurückgeschickt haben, ist Sizilien zum Weltmarkt für Opium geworden. Die Droge kommt aus dem mittleren Orient in Schiffen, die sie vor den Küsten in besonders eingerichtete Boote verladen; nach einem kurzen Aufenthalt auf der Insel geht sie über Genua, Marseille, Hamburg und Tunis nach Amerika. In Genua, Hamburg, Marseille und Tunis haben sich die wichtigsten Gangster aus den Vereinigten Staaten niedergelassen. Sie widmen sich friedlich dem Handel mit Südfrüchten. Man entdeckte 1959, daß sich das aus Sizilien expedierte Rauschgift in nachgebildeten Orangen befand. Diese Wachsorangen, die innen leer sind und 115 Grammn wiegen, sehen genau so aus wie die anderen. Es genügt, durch ein winziges Loch 110 bis 120 Gramm Rauschgift einzuspritzen, damit die falsche Frucht das normale Gewicht einer Orange dieser Sorte erreicht. Ein Kasten Orangen wiegt zwanzig Kilo; das reine Rauschgift macht die Hälfte des Gewichts aus. Aus Vorsicht sind bei jeder Südfruchtsendung, die für die ›Freunde‹ in den Transithäfen ankommt, nicht mehr als fünf betrügerische Kästen – was immerhin einen Zentner Rauschgift mit einem Wert von vier Milliarden Lire bedeutet.

Die Umfrage Franchetti-Sinnino von 1876 wieder gelesen. Sie widmen die Hälfte ihres Werks dem Verbrechertum in Westsizilien. Mehr als dreihundert Seiten. Wird man mir glauben? Nichts hat sich seit neunzig Jahren geändert. Franchetti meint, daß die Bauern, wenn sie in den Besitz des von ihnen bearbeiteten Landes kämen, eine Mittelklasse bilden würden, die Sizilien vor Willkür schützte. Die Willkür besteht wie eh und je, trotz der Agrarreform und den veränderten wirtschaftlichen Bedingungen. Die parlamentarischen Kommissionen, die unter großem Tamtam von Rom geschickt werden, um Sizilien ein für alle Mal zu säubern, verlaufen sich im Sande. Die Mafia bewahrt sich streng die Oberherrschaft, und aus den gleichen Gründen wie einst: weil die Mißachtung der Gesetze und der ausschließlich persönliche Charakter der sozialen Beziehungen, die man auch im übrigen Italien, aber dort gekoppelt mit einem gutmütigen Charakter, findet, hier mit einem Machtwillen vereint sind, der ein Merkmal Siziliens und vor allem der Provinz um Palermo ist.

Ein Held

Nach Raffadali und Villalba beenden wir unsere Fahrt durch das kriminelle Sizilien mit einem Besuch in Montelepre, dem Geburtsort Salvatore Giulianos und Ausgangspunkt seines ›Epos‹. Das Dorf liegt am Eingang einer Schlucht, die Palermo von Particino trennt. Auf einer Seite sieht man, so weit das Auge reicht, in die Ebene, auf der anderen richten die Berge ihre steilen Wände auf. Die engen Straßen führen in Stufen hinab. In diesen elenden Hütten, auf den Abhängen und in den Schluchten hat der Bürgerkrieg sieben Jahre lang gewütet. Eine Armee von Soldaten und Polizisten machte sieben Jahre lang Jagd auf die todbringende Truppe des Banditen.

Montelepre ist kein Mafiadorf, und Giuliano war das Gegenteil eines Mafianers. Am 2. September 1943, als er kaum zwanzig Jahre alt war, tötete er einen Polizisten, der ihm einen auf dem schwarzen Markt erworbenen

Kornsack wegnehmen wollte. Giuliano begann als Straßenräuber. Nicht nur außerhalb der Mafia, sondern gegen sie. Mit einer kleinen Bande erpreßte er die Barone aus der Provinz Palermo und ihre Verwalter. Die erhaltenen Summen wurden unter die Bauern und Hirten von Montelepre verteilt. Salvatore – auch er ein ›Retter‹ (Sizilien braucht sie so sehr!) – wurde ein Symbol für die Auflehnung gegen die tausendjährige Ungerechtigkeit und Unterdrückung. Doch die Lauterkeit des Helden verging schnell. Um den Nachforschungen der Polizei zu entgehen, mußte er sich auf die Mafia stützen. Diese hütete sich, die Dienste des jungen und bereits angesehenen Verbrechers abzuweisen.

Dies geschah zur Zeit der intensiven Bestrebungen zugunsten des Separatismus. Die separatistische Partei Siziliens war von 1943 bis 1946 aktiv. Sie vereinigte zwei (entgegengesetzte) Gruppen von Protestierenden: den alten Landadel, der in der demokratischen Restauration Italiens eine Bedrohung des Großgrundbesitzes sah, und die jungen Idealisten der Linken, die die Insel dem Despotismus der Industriemonopole in Turin und Mailand entziehen wollten. Don Calo sah in der neuen Partei das politische Machtinstrument, das die Mafia in zunehmendem Maße wieder brauchte. Er ließ Tausende von Abzeichen verteilen, auf denen nur die Zahl 49 stand. Sizilien wurde zum neunundvierzigsten Stern der Vereinigten Staaten von Amerika ausgerufen. Man betete ein sepratistisches Vaterunser, das von den Bischöfen gebilligt worden war: »Unser Vater, der du bist im Himmel, geheiligt werde dein Name, dein Reich komme, dein Wille geschehe; gib uns unser tägliches Brot, Frucht unseres Schweißes und der Erde, die du uns übergeben hast; vergib uns unsere Schuld, wie wir denen vergeben, die uns bisher unterdrückt haben; und führe uns nicht in die Versuchung, die Sklavenketten wieder aufzunehmen, sondern erlöse uns vom unitarischen Übel. Amen.«

Eine Armee für die Unabhängigkeit Siziliens wurde ausgehoben. Giuliano trat als Oberst ein und fand sich über Nacht auf dem gleichen Fuß wie die berühmtesten Vertreter des sizilianischen Adels. Man versprach ihm Amnestie für alle seine vergangenen Verbrechen. Inzwischen ließ man ihn im Namen des ›sizilianischen‹ Vaterlandes neue Verbrechen begehen; und Giuliano vernichtete gewissenhaft so viele ›italienische‹ Gendarmen und Soldaten, wie er nur konnte.

1946 machten die Wahlen den Hoffnungen der Separatisten ein Ende. Die Autonomie, eine weit realistischere, fruchtbare Lösung, war zwei Wochen zuvor von der römischen Regierung gewährt worden.[23] Die Armee Freiwilliger wurde aufgelöst und ihre Führer wurden freigesprochen – außer Giuliano, den man des Landesverrats beschuldigte. Von nun an war seine fixe Idee: sich die Gunst einer Partei zu gewinnen und sich entweder von ihr ein jungfräuliches Strafbuch oder einen Paß nach Amerika ausstellen zu lassen. Da der Mafia ebensosehr daran gelegen sein mußte, Verbindungen zu einer politischen Partei zu haben, geschah es ganz von selbst, daß die Democrazia Cristiana, deren Machtzuwachs zu wirklichen Hoffnungen Anlaß gab, gleichzeitig von Giuliano und von Calogero Vizzini unterstützt wurde.

Bei den Regionalwahlen vom April 1947 errang jedoch die Linke bemerkenswerte Erfolge. Giuliano holte ohne Zögern zum Schlag aus. In zehn Orten wurden die bäuerlichen Genossenschaften und die Sitze der kommunistischen und sozialistischen Parteien angezündet. Zwei Gewerkschaftler starben an ihren Verbrennungen. Am ersten Mai, genau zehn Tage nach der Wahl, rief das Massaker von Potella delle Ginestre allgemeinen Schrecken hervor. Nach einer vorfaschistischen lokalen Sitte hatten sich die Bauern, eine rote Fahne an der Spitze ihres Zuges, auf einer einsamen Hochebene versammelt, die zwei Bergtäler im Hinterland Palermos trennt; ein Schuster, der Sekretär der sozialistischen Sektion seines Dorfes war, begann mit einer kleinen Rede; mit ihren Mauleseln, Frauen und Kindern auf dem Gras sitzend, verzehrten die Bauern Brot, Käse und frische Bohnen. Plötzlich knatterten von dem zerfurchten Hügel, der die Hochebene beherrscht, Maschinenpistolensalven hinunter – elf Tote und sechsundfünfzig Verletzte blieben zurück.

Bei dem Prozeß, der 1950, nach dem Tod Giulianos, in Viterbo eröffnet wurde, gestand sein Leutnant Gaspare Pisciotta, daß der Bandit von hohen monarchistischen und christlich-demokratischen Persönlichkeiten dazu beauftragt worden war. Am 27. April hatte Giuliano eine geheime Botschaft erhalten, die er sofort nach der Lektüre vernichtete. Er war daraufhin zu einem seiner Vertrauten getreten und hatte ihm in jenem prophetischen Ton erklärt, den die Unwissenden so lieben: »Die Stunde unserer Befreiung ist gekommen.« – »Und wieso?« war er gefragt worden. »Wir müssen etwas gegen die Kommunisten unternehmen, wir müssen ihnen am ersten Mai in Portella delle Ginestre eins über den Kopf geben.« Pisciotta nannte die

Anreger des Gemetzels: ein Prinz, zwei Abgeordnete, ein Minister. Wegen mangelnder Beweise wurden sie freigesprochen.

Die Folgen des von Giuliano betriebenen Terrors ließen nicht auf sich warten. Bei den nächsten Wahlen am 18. April 1948 verzeichnete die Democrazia Cristiana einen Stimmenzuwachs von 100% im übrigen Sizilien und von 156% in der Provinz Palermo. Aber der Erfolg war zu teuer erkauft. Die Siegerpartei bekam Angst. Nachdem sich die Mafia Giulianos bedient hatte, um einige ›Freunde der Freunde‹ an die Macht zu bringen, gedachte sie nun allein über die ländlichen Provinzen zu regieren.

Der Bandit bekam als Belohnung für seine Dienste weder ein jungfräuliches Strafbuch noch einen Paß für die Vereinigten Staaten. Wütend, daß die gegebenen Versprechungen nicht eingehalten worden waren, wandte er sich nun leidenschaftlich gegen Monarchisten und Christliche Demokraten. Er überfiel sie in ihren Häusern, schoß aufs Geratewohl durch Türen und Fenster und floh. Er versuchte auch, Don Calo beizukommen; doch gewarnt von dem Anschlag, schickte dieser sein leeres Auto auf die Straße, während er sich selbst, hinter den Körben eines Gemüseautos versteckt, ins Fäustchen lachte. Außer sich vor Wut ließ sich Giuliano aufs neue mit der Polizei ein. Hinterhalt, Angriffe auf Kasernen, mehrere Dutzend Tote.

Weder die Armee noch die Polizei konnten den Wahnsinnigen fangen. Der Mafia war dies ein leichtes. Ihr Chef von Monreale überlistete Pisciotta, und Giuliano wurde von seinem Leutnant in der Nacht des 5. Juli 1950 in einem Haus von Castevetrano getötet, in das er sich unvorsichtigerweise geflüchtet hatte – weitab von seinem Gut in Montelepre.

Es blieb einer übrig, der von dem Komplott von Portella delle Gineste wußte: Pisciotta. Von den Richtern aus Viterbo zu lebenslänglicher Haft verurteilt, hatte der Getreue Giulianos nicht alles bei dem Prozeß gesagt. Die Mafia ließ ihn am 9. Februar 1954 in seiner Zelle in Palermo vergiften: einige Tage früher hatte er den Staatsanwalt um eine Audienz gebeten und ihm ein volles Geständnis über die Vereinbarungen zwischen den politischen Parteien und Giuliano angekündigt.

So leichtgläubig, eitel und brutal der Verbrecher von Montelepre auch war, er ist zu einer mythischen Figur geworden, zu dem Helden eines Nationalepos. Er war an sich kein interessanter Mann. Alle seine Reaktionen sind primitiv und kindisch, wild und blutdürstig. Die ›Ehre‹, mit den reaktionärsten alten Adligen Siziliens auf gleichem Fuß gestanden zu haben, er, der kleine Bauer, ein Opfer der Unwissenheit und des Elends, für die aber diese Klasse am meisten verantwortlich ist, stieg ihm vollends zu Kopfe. Von seiner neuen Größe durchdrungen, glaubte er sich mit einer Mission betraut, die ihm das Recht gäbe, jeden, der ihn nicht als Führer anzuerkennen wagte, ohne Prozeß zu bestrafen und mitleidlos umzubringen. Die Dummheit dieses Mannes kommt im Augenblick seiner Kehrtwendung nach dem Scheitern der separatistischen Bewegung zum Ausdruck. Die Barone hatten ihm gesagt: man muß die Italiener aus Sizilien verjagen! Er hatte verstanden: laßt uns so viele Polizisten wie möglich umbringen. Als die Partei der Barone besiegt und Giuliano selbst ohne Schutz war, hatten andere Stimmen in sein Ohr geflüstert: man muß die Kommunisten aus Sizilien verjagen! Von ihnen kommt alles Übel! Und Giuliano, ohne darüber nachzudenken, daß das Programm der Kommunisten sich gegen die von den Polizisten verteidigte Gesellschaft richtete, hatte munter den neuen Kriegsgesang angestimmt: töten wir so viele Kommunisten wie möglich. Was darauf hinausläuft: töten wir die, die Sizilien so zu verändern suchen, daß ein armer Bauer wie ich nicht mehr den Räuber spielen muß, um seine Bedürfnisse zu decken.

Es ist klar, daß jeder, der zu einer mythischen Figur wird, einer oder zwei sehr einfachen Grundvorstellungen entsprechen muß. Der weit intelligentere, verschlagenere, listigere und durchtriebenere Don Calogero Vizzini hätte nie zu einer mythischen Figur werden können. Giuliano symbolisierte zwei der Grundvorstellungen, die direkten Zugang zum Herzen des Volkes finden: Rebellion gegen den Staat und den Mut des nur auf sich gestellten Mannes. Ich sage nicht, daß er ein wirklicher Empörer war und echten Mut besaß. Im Gegenteil; bald von der einen, bald von der anderen Partei finanziert und bewaffnet, scheint er mir unter diesem Aspekt eher weich und willfährig, vor allem wenn ich ihn mit den sardischen Banditen vergleiche, mit den Banditen von Orgosolo, die in der Verborgenheit wie auch während des Verbrechens allein und nur auf sich gestellt sind.[24] Aber das Volk sah und sieht nun einmal in Giuliano das Modell des Rebellen und tapferen Helden. Es hat nicht vergessen, daß sein erstes Opfer ein Polizist war, und die Ermordung eines Polizisten wird in diesen rückständigen Provinzen, in denen der Staat nur durch den Lehrer und den Gendarmen vertreten ist, immer als eine ge-

rechte Tat begrüßt, die eine neue Ära ankündigt. Der listigere Don Calo zähmt den Gendarmen und umgeht den Staat: er nutzt das Räderwerk des Staates aus. Giuliano hat nur einen Gedanken: ihn auf so grausame Weise wie nur möglich zu zerstören. Ein Held im Unterschied zum Politiker.

Giuliano hat anfangs gegen die Mafia gearbeitet, und die Mafia hat ihn zum Schluß verraten und liquidiert. Diese Erinnerung bleibt ebenfalls lebendig. Doch man erinnert sich nicht mehr daran, daß der Bandit zwischen den beiden Polen seiner Karriere bedenkenlos der Bahn der Mafia-Bosse gefolgt ist. Er bleibt für das Volk der Mann, der die Mafia herausgefordert hat, während er in Wirklichkeit das willfährige, dumme Instrument dieser Herren war und sein ganzes Abenteuer auf den Triumph und die Rechtfertigung der ›ehrenwerten Gesellschaft‹ hinauslief.

Man muß zugeben, daß der politische Hintergrund, die finsteren Zusammenstöße und abstoßenden Intrigen – die Kulisse zu dem Epos Giulianos – dem kindlichen Geist der sizilianischen Bauern und Hirten völlig entgangen sind. Wer ist, selbst in Italien, auf dem laufenden über die eben berichteten Ereignisse? Wer denkt daran, sich dafür zu interessieren? Ist es auch nur erlaubt, öffentlich darauf hinzuweisen? Francesco Rosi, der Autor des schönen bekannten Films, mußte sich allzu oft mit Anspielungen begnügen. Die Namen, die Pisciotta genannt hatte, durften nicht schwarz auf weiß auf den Leinwänden der Katholischen Republik erscheinen. Dafür konnte der natürliche Rahmen der Taten Giulianos in aller Ruhe gefilmt werden: die wunderbaren Berge, Schluchten und Ebenen im Inneren Siziliens, die einen

Eindruck von Größe und Lauterkeit übermitteln, der vom Zuschauer unbewußt auf den ›Helden‹ übertragen wird. Auch wir konnten uns, als wir neulich abends im Wind standen, der über den Bergrücken von Portella delle Ginestre fegte, nur schwer der schmutzigen, grausamen Machenschaften erinnern, die auf Kosten unschuldiger, vespernder Bauern der Democrazia Christiana viele Stimmen bringen sollten.

Wenn der ›cantastorie‹, der Erzähler der Geschichte Giulianos, durch ein Dorf kommt, dann schließen die Läden, das Leben hört auf, alle Kinder verlassen die Schule und setzen sich im Kreis um diesen Homer. Ich habe in einem Schallplattenladen in Palermo drei verschiedene Versionen des Epos gefunden. Die Barden, ob sie nun Ciccio Busacca oder Grazio Strano heißen, gehen ungefähr auf die gleiche Weise vor: gesprochene Passagen wechseln mit solchen ab, die gesungen werden oder vielmehr geblökt, gebrüllt von einer Stimme, die ständig zu brechen, in einer Kaskade von erstickten, röchelnden Lauten umzuschlagen scheint; aber im letzten Augenblick gelingt es ihr, sich wieder aufzuschwingen, die Tapferkeit des Helden und die Großzügigkeit seines Herzens zu verkünden, bevor sie wieder in der Erinnerung an seinen unseligen Tod dahinstirbt. Die Kantilene, die mit der Gitarre begleitet wird, dauert auf diese Weise Stunden – bald in dem entfesselten Rhythmus einer Lobpreisung, bald wie der letzte Hauch einer Agonie. Ich habe mir auch den Text eines solchen Gesangsepos besorgt, einen geschriebenen und daher etwas mehr literarischen Text, das Werk eines Meisters der modernen sizilianischen Dialektdichtung, Ignazio Buttitta. Welche Gründe für eine Glorifizierung hat die

Volksphantasie in dem Leben Giulianos gefunden? Es schien mir interessant, dies zu untersuchen, um zu verstehen, wer Giuliano war und mit welchen Eigenschaften ein Mann für das sizilianische Volk ausgestattet sein muß, der als Held erkoren wird. Welche Wünsche, welche Träume, welche Zwangsvorstellungen, welche Lebensauffassung drückt das sizilianische Volk in dem Mythos aus, den es sich geschaffen hat?

Lassen wir die beiden schon erwähnten Eigenschaften: Rebellentum und Reckentum beiseite und kommen wir auf die spezifischen Eigenheiten des sizilianischen Romantizismus.

Gleich zu Beginn taucht das Thema der Familie, das Thema der Mutter-Sohn-Beziehung auf. Welcher Vergehen sich Giuliano auch schuldig gemacht hat, er ist ›figlio di mamma‹ geblieben. Weshalb hat er einen im Schwarzhandel erstandenen Sack Korn getragen, und weshalb mußte er wegen dieses einen Sackes Korn, der Quelle all seines Unglücks, einen Polizisten töten? Weil der Weizen dazu bestimmt war, seine Familie zu ernähren, Mutter, Vater und Schwester. Konnte er seine Mutter hungern lassen? In keinem Fall, nicht wahr? Also es geschah ihm recht, dem mitleidlosen Polizisten! Und als am Tag nach dem Verbrechen andere Polizisten in das Haus Giulianos kamen und, da sie ihn nicht fanden, Hand an Vater und Mutter legten und sie abführten, konnte er diesen Skandal unbestraft lassen? Das war unmöglich, nicht wahr? Er hat also gut daran getan, seine Maschinenpistole einzustecken, sich vor der Kaserne der Polizisten in Montelepre aufzupflanzen und aufs Geratewohl drei oder vier von ihnen abzuschießen. Armer Giuliano! ›Poveretto!‹ War er nicht von nun an verdammt, durch die Berge zu irren, von Versteck zu Versteck, weit entfernt vom Herd seiner Väter? Der Dichter zeigt ihn, wie er vor Sonnenaufgang auf dem Hügel, hoch über seinem Dorf, erwacht:

> Si fa banditu e dormi ntra na tana;
> l'arba lu trova supra munti e cimi
> e senti di luntanu la campana
> di Muntilepri e li battuti primi.
>
> Guarda la casa, pensa lu sò lettu
> e la matri cu l'occhi nni lu tettu.[25]

Welch ein Pathos in dem letzten Vers! Er denkt an seine Mutter, der ›poveretto‹, der sie nicht umarmen darf! Alle weiteren Abenteuer Giulianos, alle Morde und Massaker, die er auf seinem Weg säen wird, können nicht dieses große Unglück des Anfangs vergessen machen: ein Sohn entfernt von seiner Mutter! Eine Mutter, getrennt von ihrem Sohn! Die dunklen, tragischen Farben des Heldenepos kommen in der Vorstellung des Volks nicht von den Strömen Bluts, die er vergossen hat, sondern von dem unerträglichen Drama der zerrissenen Familie. Und wenn man bedenkt, daß die Mutter ihren Giuliano erst tot wiedergesehen hat! Bei diesem Gedanken bricht der Dichter in Schluchzen aus und mischt seine Tränen in den rituellen Klagegesang der trauernden Familie. »Auch die Mutter eines Räubers bleibt Mutter.« Es handelt sich nicht nur um eine besondere Mutter, die von einem besonderen Schmerz niedergebeugt wird, sondern um eine allegorische Darstellung Siziliens, der Mutter Sizilien, der tausendjährigen Reise der Mutter Sizilien durch die Jahrhunderte der Tragödie, des Schmerzes und des Todes, der Mutter Sizilien, die Mitleid fühlt mit ihren verirrten Söhnen, mit ihren Kindern, den ›poveretti‹!

Eine wichtige Eigenschaft, die man Giuliano zuschreibt, ist das Gefühl für Ritterlichkeit. Beispiel: als Giuliano erfahren hat, daß ein Erpresser in seinem Namen zweihunderttausend Lire von einem armen Barbier verlangt und ihm mit dem Tode gedroht hat, eilt er zu dem Barbier, klärt alles auf, zieht die abgeforderte Summe aus seiner Tasche und übergibt sie dem verblüfften Friseur mit königlicher Geste. Wie gut kann ich mir das Gesicht der Zuhörer an dieser Stelle vorstellen! Wie gut sie das kindliche Bedürfnis dieser von der Mafia erpreßten und unterdrückten Bauern nach Gerechtigkeit zeigt! Oder: Giuliano und seine Bande kommen an einem Alten auf einer Eselin vorüber, die »zehnmal Großmutter ist«. Aufgefordert, abzusteigen, bequemt sich der Greis nur widerwillig. Giuliano gerät in Zorn darüber, daß man seine Absichten verkennt, schießt auf die Eselin und streckt sie tot zu Boden. Verzweiflung des Alten. Giuliano tritt zu ihm, umarmt ihn, füllt seine Taschen mit Geld und schenkt ihm ein schönes gesatteltes Pferd. Welche Erregung muß die Reihe der Zuschauer durchlaufen! Erst die Angst, als dem Greis sein einziges Gut genommen wird, und dann der Jubel über die unverhoffte Rückkehr des Glücks. Ach! Daß es nicht Hunderte von Giulianos gibt, die mit jungen Pferden für alte Bauern durchs Land ziehen!

Der Mythos schmückt Giuliano mit einer anderen, unerwarteten Eigenschaft: der Galanterie. Die (wahre) Episode des Besuches einer Schwedin (eine ziemlich häßliche alte Jungfer) bei dem Banditen ist in eine Liebesromanze verwandelt.

> A via la facci d'arba e di matina
> lu focu ci lucia ntra l'occhi azzuri . . .[26]

Er läßt sie nähertreten, während er so tut, als sei er ein anderer, dann, als er sich genug über die Verwechslung gefreut hat, zeigt er seine Stirn mit der berühmten Narbe. Sie erkennt ihn und ruft aus: »Du bist Giuliano, mach mich glücklich!« Der schüchterne, verdrängte Egoismus der Sizilianer wird endlich sichtbar: der Held hat das von allen heimlich beneidete Vorrecht, eine Schwedin, eine Blonde, zu erobern! Hier muß sich bei der männlichen Zuhörerschaft eine sehr deutliche und sehr heftige Sehnsucht nach gutem Benehmen zeigen, das man ihnen nie erlaubt hat zu haben und das sie niemals haben werden. Giuliano, er wußte, wie man mit Frauen umzugehen hat! (In Wirklichkeit kennt man keine Liebesgeschichte Giulianos, weder mit einer Schwedin noch mit irgendeiner anderen Frau. Giuliano hütete sich vor der Liebe, wie vor allem, was einen Führer schwächen konnte, der für den Krieg bestimmt war, für Gewaltmärsche, für Nächte im Freien in den felsigen Bergen. Seltsam, in der Enthaltsamkeit gleicht der Bandit von Montelepre dem Fuchs von Villalba).

Den vielleicht wichtigsten Schlüssel für den Mythos Giulianos fand ich dort, wo ich ihn am wenigsten vermutete. Ich war vielmehr gespannt, wie der Dichter mit dem Massaker von Portella delle Ginestre zurechtkommen würde, mit dieser Episode, die meiner Ansicht nach in jedem anderen Land genügt hätte, um eine Legende zu zerstören und in der Phantasie des Volkes Abscheu und Schrecken hervorzurufen. Er hat die Schwierigkeit nicht umgangen. Eine lange bukolische Sequenz beschreibt die harmlose Euphorie des Picknicks am 1. Mai:

> Cu cantava, cu sunava
> cu accurdava li canzuni,
> e li tavuli cunzati
> di simenza e di tirruni.
>
> Picciriddi addummisciuti
> nni lu pettu di li matri,
> picciriddi ncavuseddu
> nni li spaddi di li patri.
>
> Zitu e zita su la manu
> nni la manu cu li caddi
> zitu e zita chi caminanu
> e si stricanu li spaddi.
>
> E ntall'aria li cíavuri
> di jnestra tra li spini,
> nni lu suli c'abbruciava
> li spiranzi cuntadini.[27]

Nicht weniger Einzelheiten bei der Beschreibung des Gemetzels: der eine fällt wie vom Blitz getroffen zur Erde, der andere kriecht mit aufgerissener Seite umher, einer brüllt und beißt in die Steine. Die Zahl der Toten ist auf zwanzig erhöht und die der Verwundeten auf hundert. Warum, so fragt sich der Dichter, hat Giuliano dem barbarischen Befehl, den man ihm gegeben hat, gehorcht? Warum hat er sich zum ›Henker der armen Bauern‹ gemacht, zum ›Erwürger der Bloßfüßigen‹, zum ›Kain der Tagelöhner‹? Die Antwort ist bewundernswert:

> Chistu vi spiegu e nun ci voli ncegnu:
> nun era iddu dintra li sò carni,
>
> era canciatu come'è chi si cancia
> lu vinu cu lu pani chi si mancia.[28]

Mit anderen Worten: Nicht Giuliano hat getötet, sondern das Schicksal, das ihn zu seinem Instrument erwählt hat. Er war nicht der infame Ausführer eines kaltblütig geschlossenen Vertrages, sondern das Spielzeug einer Macht, die ihm den Verstand geraubt hat. Man darf ihm also nicht mehr Schuld an dem Massaker von Portella delle Ginestre zuschreiben als Orest am Mord seiner Mutter. Giuliano war beherrscht und verwirrt von einer dunklen Macht, vor der die Menschen nur die Stirn beugen können und über die zu richten sie sich hüten müssen. ›Henker‹, ›Kain‹? Eher Opfer, Beute einer finsteren eifersüchtigen Gottheit, die von Zeit zu Zeit nach dem Blut Unschuldiger verlangt, mit der gleichen Grausamkeit, mit der sie die Stürme über das Meer blasen oder den Boden unter den Häusern beben läßt.

Henker und Opfer: Giuliano beweist auf diese Weise seine Doppelnatur, die für alle mythologischen Darstellungen typisch ist. Besaß nicht auch die Madonna eine doppelte Natur, die der Jungfrau und die der Mutter? Ist nicht Christus gleichzeitig Mensch und Gott? Giuliano war gleichzeitig Folterknecht und Märtyrer. Vom Fatum beauftragt, eine unmenschliche Rache auszuführen, ist er vor dem schrecklichen Auftrag nicht zurückgewichen. Er hat sich für sein Volk geopfert. Das Thema des Sohnesopfers tritt zu dem der Mutter Sizilien. Nicht umsonst vergleicht der Dichter die Entrückung Giulianos mit der Verwandlung des Brots und des Weins. Es handelt sich tatsächlich um eine Transsubstantiation: der Sohn, der gleichzeitig Hostie ist, legt seine Individualität ab und opfert sich als Brot und Wein für sein Volk, indem er sich der heiligen Handlung, die über seinen Verstand geht, überläßt. Der Mythos Giulianos vereint in einer vollendeten Synthese das antike Motiv des Schicksals und das christliche Motiv der Passion.

Man mag sich darüber wundern, daß Sizilien zur Symbolisierung seiner Träume nicht einen Helden gewählt hat, der etwas schafft, sondern einen Helden, der leidet.

> Ora nun semu cchiú cu l'occhi chiusi,
> sapemu Giulianu zocci fu;
> nni ficiru di iddu tutti l'usi
> ca ci sirvia ed ora un servi cchiú.[29]

Ein kritischer Geist würde ganz einfach daraus schließen: aber dieser Giuliano war ein vollendeter Dummkopf, ein Waschlappen, ein Spielzeug! Und wenn die Sizilianer, wie sie sagen, ›keine verbundenen Augen‹ mehr haben, wenn sie Giuliano sehen, so wie er war, worauf warten sie, um seinen Mythos zu zerstören? Ein Geist dieser Art verstünde offensichtlich nichts von Sizilien. Es ist gerade die Passivität des Banditen, die es den Zuhörern ermöglicht, den Helden zu verehren.

Sizilien ist von Tausenden und aber Tausenden aufeinanderfolgenden Herren besetzt, ausgebeutet, gewürgt worden, ohne die Möglichkeit, seine eigene Stimme zu Gehör zu bringen; es kann sich also nur in einem Menschen wiedererkennen, der sich ebensowenig gehört, wie es sich selbst gehört hat. Ein starker Held, ein befreiender Held, ein Held, den man bewundert, entspräche nicht dem Charakter der Sizilianer. Aber ein schwacher Held, ein Held, den man bedauert und beweint, treibt das Mitleid auf die Spitze. Ist nicht Giuliano, dieses Spielzeug der Separatisten, der Barone, der Monarchisten, der Democrazia Cristiana und der ›Neunziger‹, die lebendige, pathetische Verkörperung dieses nacheinander Griechen und Byzantinern, Arabern und Normannen, Spaniern und Bourbonen, Piemontesen und der Mafia ausgelieferten Landes Sizilien?

Da wir das Grab Giulianos sehen wollen, fahren wir zu dem Friedhof, der über dem Ort verborgen liegt und sich pompös ›Necropoli Monteleprina‹ nennt. Das Tor ist verschlossen. Ein Auto kommt von unten mit vier Leuten, die ohne Scheu über die Mauer klettern. Wir tun desgleichen. Der Friedhof ist in Zypressenalleen aufgeteilt, an denen kleine, nackte, schmucklose Kapellen liegen. Der Fahrer des Autos führt uns zum Grab Giulianos: auf dem weißen Marmor ist, sehr schlicht, nur die Fotografie des Banditen zu sehen, der sehr schön gewesen sein muß, und einige Zeilen der Klage, daß man ihn wehrlos, wie einen Waldvogel, getötet habe. Der Körper des Vaters ruht neben dem des Sohnes: ich erfahre, daß der Vater Giulianos erst vor wenigen Jahren, lange nach dem Banditen, gestorben ist. Von seinem väterlichen Schmerz ist in der Legende nie die Rede.

Zwanzig Meter weiter steht die Kapelle Pisciottas. Eine sehr lange Inschrift, unterschrieben mit ›tua mamma‹, spricht von dem ›grausamen Gift‹ usw. Wie können es die Dorfbewohner ertragen, das Grab des Verräters neben dem des Helden zu sehen? »Wenn die Mütter oder die Brüder sich treffen, ach du meine Güte!« sagt der Führer. »Wie?« bemerke ich, »Giuliano hatte einen Bruder?« – »Einen Bruder und eine Schwester.« Von der Schwester wußte ich. Um nicht bei ihrer Hochzeit zu fehlen, schlüpfte Giuliano tollkühn in das väterliche Haus von Montelepre, das von der Polizei überwacht wurde. Das ist in den Mythos eingegangen. Aber von dem Bruder keine Erwähnung, als sei es nötig gewesen, Giuliano eine nur aus Frauen bestehende Familie zu geben, um ihn zu einem vollendeten Paladin zu machen.

»Wird Giuliano immer noch als Held im Dorf angesehen?« Unser Führer reißt die Augen auf: meine Frage war überflüssig. »Aber«, sage ich, »was halten Sie von dem Massaker von Portella delle Ginestre?« Mein Führer richtet sich auf – ein sanfter Mann, der mit seinen Vettern zum Grab eines Verwandten zur Andacht gekommen ist (ein Giuliano auch, dieser Verwandte; der Friedhof teilt sich merkwürdigerweise in Familien Giuliano und Familien Pisciotta) – und erklärt mit kategorischer Stimme: »Giuliano war nicht in Portella delle Ginestre.« Das ist das Neueste! sage ich mir. Aber das folgende ist noch erstaunlicher: »Ein anderer Bandit hat das Massaker organisiert, der Bandit Passatempo.« Der Name ist weiß Gott gut erfunden: ein Mann, dessen Zeitvertreib zumindest ungewöhnlich war! »Er liegt dort unten irgendwo«, fügt unser Führer hinzu, während er uns verächtlich ein Bauwerk am Ende des Friedhofs zeigt, so etwas wie ein Massengrab böser Banditen.

Er schlägt anschließend vor, uns die Schwester Giulianos zu zeigen. Sie hat eine Tankstelle und einen Ausschank oberhalb des Dorfes, ganz nahe bei dem väterlichen Haus. Wir fahren wieder nach Montelepre hinunter. Das Haus Giulianos, zwei oder drei aneinandergefügte Hütten am Rande der Straße, ist das letzte vor den Bergen. In der Nähe der Tankstelle bietet eine Frau mit gebogener Nase und schwarzen, sehr tiefliegenden Augen, die einmal schön und ihrem Bruder ähnlich gewesen sein muß, einem Dutzend junger, vor der heulenden Jukebox sitzender Leute Erfrischungen an. »Die Arme hat schwere Zeiten durchgemacht«, sagt unser Führer. »Giuliano hat Millionen verdient, aber die Familie hat nichts gehabt.« (Man schätzt die Summen, die Giuliano von den reichen Grundbesitzern der Gegend erpreßte, auf mehrere hundert Millionen; das Geld lag unter falschem Namen oder auf dem Konto eines Freundes auf der Bank). »Schließlich hat sie diese Bar aufmachen können. Ihr Mann ist im Gefängnis. Der große Junge, der ihr beim Ausschenken der Getränke hilft, ist ihr Sohn.«

Die Schwester Salvatores hatte Pasquale Sciortino geheiratet. Kurz nach dem Massaker von Portella delle Ginestre emigrierte er nach Amerika. Man erzählt, er habe eine Denkschrift mitgenommen, in der Giuliano die eigentlich Verantwortlichen des Gemetzels angab. Man sagt auch, daß es der Mafia gelungen sei, Sciortino in Amerika aufzuspüren und ihm das kompromittierende Papier abzukaufen. Wenn Giuliano so viele Jahre lang unverwundbar blieb, so deshalb, weil vielen daran lag, ihn nicht beiseite zu schaffen, ehe das gefährliche Dokument nicht verschwunden war.

Unser Führer, der fest an den Banditen Passatempo glaubt und uns jetzt unbedingt etwas zu trinken anbieten will, die Schwester Salvatores und sein Neffe und alle diese jungen Leute, die von der dröhnenden Musik der Jukebox nicht betäubt zu sein scheinen – wie kann man wissen, ob für sie die ganze Geschichte Giulianos ein Traum war und ist, eine Fabel, an der sie unschuldig sind, oder ein grausiges Geheimnis, über das für immer unzugängliches Schweigen gebreitet ist?

Arme Polizisten: nachdem man so viel Schlechtes von ihnen gesagt hat, ist es Zeit, sie zu rehabilitieren. Ich sah einen, der eben aus seiner Heimat Venetien gekommen war, blond und schüchtern, dem die Kunden einer Bar in Palermo das Rezept der ›caponata‹ gaben. Der Dialog war in dreifacher Hinsicht ironisch: sie sprachen mit ihm auf Italienisch, aber gaben in ihrem Dialekt die unverschämtesten Kommentare über ihn ab; sie benutzten außer den Worten die Sprache der Intonationen, der Mimik, der Blicke – eine schnelle, geheime Sprache, die dem Gendarmen ebenfalls unverständlich war, obwohl es in seinem Interesse gewesen wäre, sie zu verstehen, da dieser Austausch chiffrierter Zeichen ausschließlich seine Person betraf; schließlich zählte man dem blonden Polizisten die verschiedenen Zutaten der ›caponata‹ auf, vielleicht absichtlich, als Warnung vor den zahllosen Verbindungen, die vom Gauner eines Viertels bis zum Chef eines Unternehmens unmerklich eine einzige Kette bilden – aber auch nur als Warnung, als eine Ermahnung gewissermaßen, nicht weiterzuforschen und sich nur nach Auberginengerichten zu erkundigen, ohne die

Nase in die Geheimnisse der sizilianischen Gesellschaft stecken zu wollen.

Paladine, Marionetten, Zwerge

Es hätte nicht viel gefehlt, und eine andere Kategorie Helden hätten sich in Sizilien durchgesetzt: die Helden der Gewerkschaften wie Pasquale Almerico, Placido Rizzoto, Salvatore Carnevale und die fünfzig anderen, die von der Mafia erst gewarnt und dann eines schönen Tages umgebracht wurden, meistens auf offenem Feld an der Biegung eines Weges. Diese Männer, die sich an die Spitze der Bauernbewegung gestellt hatten, um die Anwendung der Agrargesetze zu fordern, und die trotz der Drohungen den Kampf nicht aufgeben wollten, werden geliebt und geschätzt, aber in ihrem Charakter oder in ihrem Leben fehlt das Element, das Geschichte in Mythos verwandelt. Sie wollten die Lebensbedingungen des sizilianischen Bauern verändern, aber der sizilianische Bauer konnte sich nicht in Männern wiedererkennen, die die Existenz zu verwandeln suchten anstatt sie passiv zu ertragen: eben ihr Dynamismus, ihr schöpferischer revolutionärer Geist hat verhindert, daß sie in die Volksmythologie eingegangen sind.

Salvatore Carnevale wäre dies beinah gelungen. Er arbeitete in einem Steinbruch der Prinzessin Notarbartolo, in dem die Arbeiter dem Elfstundentag unterworfen waren. Carnevale organisierte einen Streik, um gemäß den Gesetzen den Achtstundentag durchzusetzen. Auf den Besitzungen der Prinzessin zwang eine andere Gepflogenheit aus der Feudalzeit die Bäuerinnen, die nach der Ernte auf den Feldern Ähren gelesen hatten, die Hälfte ihres Ertrages der Besitzerin zu überlassen. Carnevale forderte die Abschaffung dieses Brauches. Die Mafia rief ihn eines Tages zu sich und bot ihm Geld und Beförderung an, wenn er auf den Gewerkschaftskampf verzichte. Einige Tage später, am 16. Mai 1955, streckten ihn zwei Schüsse aus dem Hinterhalt auf offenem Feld nieder. Seine Mutter, die seit fünfundzwanzig Jahren Witwe war, hatte ihn allein erzogen; da sie weder einen Mann noch ein anderes Kind hatte, für das sie Verfolgungen befürchten mußte, durchbrach sie das Gesetz des Schweigens, das ein Verbrechen in Sizilien schützt (tatsächlich sind die Familienbande ein erhebliches Hindernis für den Fortschritt im Süden): sie sprach, sie nannte die Schuldigen, sie erreichte schließlich, was niemand anderes je erreicht hatte, nämlich die Verurteilung der Mörder zu Zwangsarbeit.

Diese verschiedenen Umstände haben die Legende aufgebauscht. Ignazio Buttitta hat ein Gedicht auf Salvatore Carnevale verfaßt. Betrachtet man jedoch die Legende und das Gedicht etwas näher, so bemerkt man, daß die wichtigsten Bestandteile keineswegs die Taten und der Kampf des Gewerkschaftlers sind, sondern 1. das pathetische Schicksal einer einsamen, armen, aufrichtigen Frau, die hart gearbeitet hat, um ihren Sohn aufzuziehen, und die ihn dann auf grausame Weise verloren hat; 2. die Entdeckung des Leichnams in der strahlenden Morgensonne des 16. Mai auf einem Weg zwischen den Feldern.

Salvatore Carnevale konnte noch so sehr ein Mensch doppelter Wesensart sein

Ancilu era e nun avia ali
nun era santu e muraculi facia
ncelu acchianava senza cordi e scali
e senza appidamenti nni scinnia,[30]

er war zu entschlossen und zu unternehmend, um ein
Held zu werden. Durch sein Opfer und das Leid seiner
Mutter rührte er das Herz der Bauern; nicht aber durch
seinen besonderen Charakter, durch den Willen, sein
Volk der Sklaverei zu entreißen und es einem neuen
Leben zuzuführen.

»Buttitta?« sagt man uns. »Das ist dort unten, das
Lebensmittelgeschäft neben dem Café.« Wir sind fünfzehn Kilometer von Palermo entfernt, in Bagheria, einer
kleinen Stadt, die mehrmals in der Geschichte Siziliens
wichtig war. Heute ist es der Dichter Giulianos und
Carnevales, der uns dorthin zieht. Unter Würsten und
Käsen, die von der Decke hängen, sagt uns die üppige
Kassiererin des Geschäfts, daß ihr Mann uns in seiner
Villa von Aspra erwarte. »Sie fahren die Straße hinunter,
überqueren die Schienen. Wenn Sie am Meer sind, wenden Sie sich nach links, und Sie sind da.«

Die sehr moderne Villa stellt eine spitzfindige Anordnung von Treppen und Terrassen zur Schau. Buttitta
arbeitet mit nacktem Oberkörper in einem großen Zimmer, in dem nur ein Tisch und ein Stuhl stehen. Auf dem
Tisch eine Ansichtskarte: sieben schwarz schattierte
Männerköpfe. »Die sieben Brüder Cervi«, sagt Buttitta.
Dann eine Pause. »An ein und demselben Tag erschossen. Die sieben Brüder Cervi.« Langsam und bedächtig
wiederholt er fast jeden Satz, wie ein Troubadour, der
seiner Zuhörerschaft einen Kehrreim einprägen will.

»Gestern abend«, sage ich, »waren wir in Palermo im Marionettentheater.« Buttitta schüttelt den Kopf, bewegt seine Kinnbacken, dann antwortet er: »Das Marionettentheater zählt nicht mehr. Dafür erleben die ›cantastorie‹ einen außergewöhnlichen Aufschwung.« Er kommt von einer Tournee durch Italien und Europa zurück und zeigt uns die Briefe, die er mit der ganzen Welt austauscht; überall lädt man ihn ein, Vorstellungen zu geben. Ich frage ihn, woher der plötzliche Erfolg dieser uralten Form der Volksdichtung komme. »Es gibt drei Gründe dafür; einmal haben wir einen genialen Sänger: Ciccio Busacca; dann bleibt die moderne Poesie dem Volk, dem großen Publikum, unverständlich; schließlich wird der ›cantastorie‹ durch das Fernsehen nicht verdrängt, sondern zur Geltung gebracht. Seine Mimik, seine Anstrengung, seine Trance sind ja auch ein Schauspiel.« Gestern traten sechs fahrende Sänger unangemeldet auf dem Marktplatz von Bagheria auf. Wie schade, daß wir davon nichts wußten! (Aber man weiß es nie vorher.) Vielleicht hätten wir die Taten Giulianos gehört oder die von Salvatore Carnevale, oder irgendein anderes Bravourstück, wie die Leidensgeschichte und den Tod der Baronin von Carini (als im 16. Jahrhundert ein sizilianischer Baron erfuhr, daß seine Tochter in wilder Ehe lebte, durchbohrte er sie mit seinem Degen).

Buttitta blättert in anderen Papieren: dem Entwurf eines Gedichtes, das er über die sieben Brüder Cervi schreibt. »Gehen wir auf die Terrasse.« Der Duft von Oleander weht durch die helle Nacht. Buttitta nimmt eine Schrift zur Hand, in der er vieles angemerkt oder gestrichen hat. Es ist der Bericht Alcide Cervis, des Vaters der sieben erschossenen Jungen. »Der Vater und seine sieben Söhne wurden als Widerstandskämpfer von den Faschisten gefangengenommen und in das Gefängnis von Reggio Emilia gesperrt. Der jüngste Sohn war zweiundzwanzig Jahre alt, der älteste zweiundvierzig; der noch lebende Vater siebzig. Eines Tages kamen die Faschisten in die Zelle und bedeuteten den Gefangenen hinauszugehen. ›Nicht du, Vater, du bist zu alt.‹ Die Jungen wußten, daß sie erschossen werden sollten, aber sie sagten ihrem Vater, daß man sie zu einem Prozeß nach Palermo bringen und dort freisprechen werde. ›Ciao.‹ Sie trennen sich lächelnd. Einige Zeit später bombardierten die Alliierten das Gefängnis von Reggio Emilia. Der alte Cervi entfloh, und zu Fuß, mitten in der Nacht, unter Bombenhagel, im Schlamm watend, erreichte er seinen Hof. Er glaubte seine Söhne dort wiederzufinden. Er fand nicht seine Söhne, aber seine Frau, seine vier Schwiegertöchter und seine elf Enkel. Alle wußten, daß die sieben Brüder erschossen worden waren, aber sie verschwiegen dem Alten die Nachricht. Nach zwei Monaten erst gestand die Mutter. Als die Faschisten später zurückkamen und die Gebäude in Brand steckten, stürzte sie zu Boden und war tot. Seitdem lebt der Alte, der jetzt mehr als neunzig Jahre alt ist, mit seinen vier Schwiegertöchtern und seinen elf Enkeln auf dem Hof. Und hier ist der Bericht des Vaters.«

Buttitta liest mal hier, mal dort: eine griechische Tragödie, auch in der Nüchternheit der Sprache. Der Alte macht sich Gewissensbisse, daß er an dem unheilvollen Tag des Jahres 1944 nicht verstanden hat, daß seine Söhne sterben gingen. Man hatte Mitleid mit ihm, wie mit einem Alten! »Und du«, sagt er, indem er sich an einen der Toten wendet, »du hast deinen weißen Pullover einem Häftling gegeben, bevor du die Zelle verließest. Ich sagte dir, du solltest ihn behalten, weil du bei dem Prozeß frieren könntest; du hast lächelnd geantwortet, daß Löcher hineinkommen könnten, wenn du ihn behieltest; und ich habe nicht verstanden!«

Der Vater ruft jedes Mitglied seiner verschwundenen Familie herauf. Seine Frau, die als einzige fromm war, las die Bibel, Dante, ›I Re di Francia‹ und ›I promessi sposi‹. »Je öfter ich die Stelle von der Äbtistin von Monza lese«, gestand sie, »um so weniger verstehe ich sie.« – »Du, mein jüngster Sohn, der du zwischen dem hohen Gras verschwandest und riefst: es gibt mich nicht mehr! Jetzt hat dich das Gras für immer bedeckt und es gibt dich wirklich nicht mehr.« Und alle Minuten der Nacht von Reggio und des Gewaltmarsches zu seinem Hof in der Hoffnung, die Jungen wiederzusehen, und das lange Warten unter den Frauen, die wußten, werden wieder lebendig, leidenschaftlich, ohne daß je die Gemütsbewegung schwächer ist als die Worte.

Warum gibt man in diesem Land, in dem die ciceronianische Rhetorik immer noch die Prosa der meisten Ideenschriftsteller verdirbt, nicht allen Schulkindern den Bericht des Alcide Cervi zu lesen? Zweifellos wäre er zu einem klassischen Text geworden, wenn die sieben Brüder nicht Kommunisten, sondern christliche Demokraten gewesen wären. (Aber dann wäre der Stil ein anderer.)

»Ich habe dem Alten kürzlich Ciccio Busacca vorgestellt«, beginnt Buttitta wieder. »Wissen Sie, was ihm der Alte gesagt hat? Er hat sich zu dem Sänger gewandt und hat ihm gesagt: ›Es ist besser, schlecht zu singen als gut zu weinen.‹«

Buttitta klappt das Buch zu, und die Erinnerung an diesen außergewöhnlichen Vater, an diesen väterlichen Schmerz ohne Emphase, läßt ihn an eine andere Tragödie denken, an ein anderes Beispiel sizilianischen Stoizismus. »Kommen Sie morgen wieder«, sagt er uns. »Ich werde mit Ihnen die Mutter Salvatore Carnevales in Sciara besuchen.«

Wir fahren am Meer entlang, an der nördlichen Küste, die ziemlich häßlich ist, bis die Straßen zwischen den gelben, verbrannten Flächen der Stoppelfelder in die Höhe steigt. Hier und da sieht man kleine Häuser, die in dem einst wüstenähnlichen Lehnsgebiet gebaut worden sind. Buttitta ist der Ansicht, daß man die Agrarreform nicht gut durchgeführt hat. Man hätte das Land sozialisieren müssen, Genossenschaften gründen, anstatt die Gebiete in kleine Besitztümer von zwei, drei Hektar aufzuteilen. (Buttitta zählt wie alle Sizilianer, denen ich begegnet bin, nicht mit Hektaren, sondern mit ›tumoli‹; sechs ›tumoli‹ sind ein Hektar; in Apulien mißt man nach der ›vigna‹, die in ›giardini‹ unterteilt ist.) Ohne Familienzuschüsse könnten sich die isoliert lebenden Bauern kaum ernähren. Schlimmer noch: sie haben die individualistische Mentalität behalten, die Leidenschaft, Karten zu spielen.

Das Haus Francesca Carnevales besteht aus einem winzigen Zimmer, das auf die staubige Straße hinausgeht. Diese Frau hat in ihrem gebräunten, hageren Gesicht den harten, schönen Ausdruck antiker Mütter. Fast Analphabetin, bedrängt sie weiterhin die Anwälte, diskutiert mit ihnen über den Prozeß, verfolgt die politische Entwicklung in Italien und vor allem die der Partei ihres Sohnes, der sozialistischen Partei Nennis, deren

Irrtümer sie sich nicht zu kritisieren scheut. Die Mörder ihres Sohnes, die in erster Instanz zu Zwangsarbeit verurteilt worden waren, aber im letzten Jahr Berufung eingelegt haben und freigesprochen worden sind, spazieren frei im Dorf herum. Die Öffentlichkeit Italiens blieb taub gegenüber dieser letzten Wendung des Dramas, an dem sie einige Jahre zuvor leidenschaftlichen Anteil genommen hatte. Der Anwalt der Mörder ist – sollte man es für möglich halten? – kein anderer als Giovanni Leone, der lange Zeit Präsident der Deputiertenkammer, dann Präsident des Rates war und fast an Stelle Saragats zum Präsidenten der Republik gewählt worden wäre. Francesca hat sich an den Kassationshof gewandt. Sie bespricht einige Einzelheiten mit Buttitta. Da sie nur sizilianisch redet, verstehe ich nur die Hälfte. Ich betrachte das Zimmer, die Treppe, die zu einer Dachkammer hinaufführt, wo Francesca Carnevale früher schlief. Das Bett am Ende des Zimmers war das ihres Sohnes, dort schläft sie jetzt. Und einige Strophen des Gedichtes kommen mir wieder in den Sinn, die Szene, in der Salvatore (der gerade von der Mafia bedrängt worden ist) die Schwelle dieses Zimmers überschreitet, von Vorahnungen gequält, die er seiner Mutter zu verbergen sucht.

Na sira turnò dintra senza ali
l'occhi luntani e lu pinseri puru:
»Mancia figghuizzu miu, cori liali . . .«;
ma lu guardau e si lu vitti scuru:
»figghiu, tu nu mi pari naturali«.
E cu na manu s'appujò a lu muru.
»Matri«, dissi Turiddu, e la guardau:
»mi sentu bonu«. E la testa calau.

»Figghiu, cu fui t'amminazzau?
sugnu tò matri, un m'ammucciari nenti«
»Matri, vinni lu jornu«; e suspirau:
»a Cristu l'ammazzaru e fu nnucenti!«
»Figghiu, lu cori miu assincupau,
mi ci chaintasti tri spati puncenti!«
Genti ca siti cca faciti vuci:
dda matri si lu vitti mortu ncruci.[31]

Nicht weniger heroisch als die sieben Brüder Cervi starb Salvatore Carnevale, ohne um Mitleid zu betteln. Das Schweigen (in Sizilien), gewöhnlich das Zeichen der Komplizität und der Angst, drückte hier einmal Unerschrockenheit und Liebe aus. Und ich sage mir, während ich Francesca Carnevale zum hundertstenmal ihre Argumente wiederholen höre, daß die Mutter vielleicht in der außergewöhnlichen Stummheit ihres Sohnes den außergewöhnlichen Mut zu sprechen gefunden hat. Stolz und Tapferkeit Siziliens, von denen ich so oft gehört habe – hier sind sie endlich, verkörpert in Salvatore und Francesca Carnevale, in denen *Mutter* und Sohn Gorkis zu neuem Leben erwachen.

Aber haben sie Nacheiferer gehabt? Wer hat sich sonst noch gegen die Mafia aufgelehnt? Und muß eine Mutter aufhören, Mutter zu sein, um sich von der Lebensauffassung einer bloßen Amme zu dem Wunsch nach Gerechtigkeit und Freiheit zu erheben?

Die Kämpfenden: eine winzige Minderheit Mutiger vor einem Chor bewundernder, aber untätiger Zuschauer. Buttitta behauptet, das Marionettentheater verfiele. Vielleicht, aber aus zweitrangigen Gründen, wegen der Konkurrenz des Kinos und des Fernsehens. Nichts verdeutlicht Sizilien besser als das wild erregte Gebaren dieses Tapferen vor einem faszinierten Publikum.

Kehren wir in das kleine Theater in Palermo zurück, bevor es wirklich seine Türen schließt. Der schäbige Saal geht direkt auf die Straße hinaus, auf das Meer. Etwa zwanzig Leute nehmen auf den Bänken Platz: Kinder, die Karten spielen, Männer in Hemdsärmeln, die eine Melonenscheibe zu Ende essen, Greise. Der Marionettenspieler, der gleichzeitig der Besitzer des Saales und der Schauspieldirektor ist, verkauft am Eingang die Karten. Dann verschwindet er hinter der Bühne, und die Vorstellung beginnt.

Ein Junge dreht nahe der Bühne den Griff einer Drehorgel. Der Vorhang hebt sich. Ein dicker Mann neben mir erklärt uns, daß wir heute am Hof Karls des Großen in Wien sind. Jeden Abend wird ein anderes Stück gegeben, aber die Schauspieler bleiben dieselben: Karl der Große, Roland und alle Paladine Frankreichs, deren Abenteuer in einem unveränderlichen, zwei Jahre dauernden Zyklus gezeigt werden. Die Zuschauer wissen im voraus, was geschehen wird, doch die rituellen Höhepunkte beeindrucken sie nicht minder tief. Es gibt Drachen, Zauberer, Dämonen, Riesen, eine Art Ansager, der gleichzeitig Köhler ist und echten Rauch aus seiner Pfeife bläst, und viele Neger kleineren Wuchses, die allgemein die Türken, Araber und Ungläubigen darstellen. Wie ich mich gleich versichern kann, besteht ihr Schicksal unausweichlich darin, einen Hieb zu erhalten, der ihnen den Kopf spaltet. Im Winter, sagt man mir, ist der Saal voller Matrosen, die diejenigen der Paladine aufs Korn nehmen, die ihre Gegner nicht schnell genug zur Strecke bringen.

Aber da erscheint schon der Kaiser mit Ginamo, dem Verräter, und Roland, erkennbar an einem Kreuz auf seinem Schild. Der jetzt hereinkommt, einen Löwen auf seinem Schild, mit geschlossenem Visier und kriegerisch gezücktem Degen, ist der junge Rinaldo. Eine Sonne schmückt den Schild Olivers, eine Blume den Rogers. Die Marionetten sind einen Meter hoch und tragen schwere Panzer, metallene Beinschienen, bunte Röcke und einen Federbusch auf dem Helm. An Knien, Hüften, Ellbogen und Schultern mit Gelenken versehen, überqueren sie die Bühne mit stolz rasselndem Schritt. Der Spielleiter rezitiert mit eintöniger, rascher Stimme einen im vorigen Jahrhundert von irgendeinem Schreiberling verfaßten Text. Die französischen Heldengedichte, Boiardo, Pulci und Ariost dienen als Zutaten zu diesem Gemisch.

Der immer noch maskierte Rinaldo beginnt zu sprechen. Man merkt das nicht an der Stimme, die sich nicht verändert, sondern daran, daß der Spieler am Faden des rechten Handgelenkes zieht und der rechte Arm des Paladins sich im Lauf seiner Rede hebt und senkt. Er ist nach Wien gekommen, um die Ehre einer vornehmen Dame zu rächen, die von einem Ritter Karls des Großen beleidigt worden ist. Verblüffung und Entrüstung der Paladine, die ihrerseits ihren rechten Arm heben und senken. »Wie sollte ein solcher Schuft unter uns sein?« Der Besucher hebt daraufhin sein Visier, und der Hof erkennt Rinaldo. »Ich bin Rinaldo, und die Frau, deren Ehre ich verteidigen will, ist meine Mutter, die edle Beatrice!« Neue Erregung unter den Paladinen. »Ginamo von Bayonne ist der Beleidiger: er hat behauptet, er sei der Vater von fünf Kindern Beatrices, die mit dem

Herzog von Amone verheiratet und ihm eine untadelige Gattin ist.« Der Herzog von Amone ist der hinterste links, erklärt mir der dicke Mann. Der angeblich Gehörnte scheint von der Prahlerei Ginamos nicht im geringsten beeindruckt. Rinaldo wendet sich an Ginamo und fordert ihn zum Duell auf. Alle Fäden des Ritters werden auf einmal angezogen, und seine Rüstung zittert und tönt in heiligem Zorn. Ich werfe einen Blick auf den Saal und stelle fest, wie sehr sich die Zuschauer unter dem Einfluß des jungen Helden mit diesem Sohn identifizieren, der mit allen Kräften beweisen will, daß er kein Bastard ist. Die apathische Reglosigkeit des Herzogs von Amone, dessen Fäden der Spieler kläglich hängen läßt, zeigt deutlich die Gleichgültigkeit des Publikums für das Bild des Vaters. Karl der Große sieht auch nicht gerade erhaben aus. Der edle Vater der französischen Legende wird als altersschwacher, ängstlicher Greis dargestellt.

Ginamo und Rinaldo stürzen aufeinander zu, ihre Schwerter schlagen aneinander: tack – tack – tack – tack. Ein dumpfer, rhythmischer Lärm kommt hinter der Bühne hervor, so als ob der Spieler und seine Gehilfen mit dem Fuß auf den Boden stampften. Heller der Ton des Schwerterrasselns: tack – tack – tack – tack. Sie heben und senken sie mit behexender Symmetrie und Monotonie. Mitten im Kampf versetzen sich die Krieger zwei bedächtigere, kräftigere Schläge, pam – pam, wonach das frenetische Gerassel wieder durch den Saal tönt, verstärkt durch das dumpfe Geräusch auf den Boden stampfender Füße. Die Spannung ist fast unerträglich geworden. Dann tut Rinaldo einen Hieb, der außergewöhnlich geschickt gewesen sein muß, denn sein Gegner stürzt augenblicklich nieder und bleibt auf dem Boden liegen. Gelassen, mit großen, pathetischen Schritten entfernt sich Rinaldo, und der Vorhang fällt, während sich der Drehorgeljunge wieder auf seine Kurbel stürzt.

Zweites Bild: Kaiser Karl der Große unternimmt einen Krieg gegen Girardo, einen kaiserlichen Rivalen. Zwei Paladine, aus jeder Armee einer, stehen sich im Zweikampf gegenüber, der sich nach demselben Ritus vollzieht wie das Duell zwischen Rinaldo und Ginamo: die Füße hinter der Bühne stampfen im Takt auf die Erde, die Schwerter schlagen rhythmisch aneinander, tack – tack – tack – tack, werden einen Augenblick lang langsamer, um desto kräftiger auszuholen, pam – pam, beginnen wieder mit ihrem gleichmäßigen Gerassel, bis einer der Raufbolde der Länge nach zu Boden fällt – tot. Das Schauspiel geht weiter, und pünktlich alle Viertelstunde löst sich ein Paladin unter diesem oder jenem Vorwand aus der dichten Schar Karls des Großen, fordert mit hochtrabenden Worten einen Kämpfer aus dem feindlichen Lager heraus, kämpft mit ihm nach der gleichen strengen Zeremonie und streckt ihn leblos zu seinen Füßen nieder.

Mir scheint, daß ein Teil des Giuliano-Mythos sich durch die außergewöhnliche Neigung des sizilianischen Volkes zu Waffen, Kämpfen und kriegerischen Handlungen erklären läßt. Jedesmal, wenn die Marionetten ihre Klingen zu kreuzen beginnen, halten die Zuschauer des kleinen Theaters den Atem an. Da die Geschichte Siziliens verhältnismäßig arm ist an militärischen Heldentaten, mußte man auf das ferne Mittelalter, auf die Paladine Karls des Großen zurückgreifen. Es ist im übrigen merkwürdig, daß der siegreiche Feldzug Garibaldis durch die Insel im Jahre 1860 nicht zum Thema eines jener Epen geworden ist, nach denen die Sizilianer so gierig zu sein scheinen. Aber es ist eine Tatsache: trotz aller Rhetorik, mit der man die Persönlichkeit Garibaldis umgibt, hat er sich als Held nicht durchgesetzt. (Vielleicht wegen der Ereignisse von Bronte: kühn geworden durch die Versprechen Garibaldis, hatten die Bauern aus der Gegend um Catania einen Aufstand gemacht, um die Aufteilung des Landes durchzusetzen. Der General beauftragte seinen Leutnant Nino Bixio, diesen Aufstand niederzuschlagen. Er tat dies auf grausame Weise, und die Erinnerung daran ist noch nicht ausgelöscht.)

Karl der Große, Roland und Rinaldo sind in der Vorstellung der Sizilianer lebendiger, näher. So lebendig und so nah, daß sie nicht in die Vergangenheit gehören, in eine ferne Gespenstergalerie, sondern in die Gegenwart, in das tägliche Dekorum des Lebens, so als könnte man ihnen jeden Augenblick auf der Straße begegnen. Man erzählt, daß ein Kutscher an dem Tag, an dem Roland im Theater sterben sollte, mit schlechter Laune aufstand und sich weigerte zu arbeiten. Wenn die Paladine Frankreichs so aktuell in Sizilien sind, so liegt dies daran, daß die Zeit hier nicht durch genaue Grenzen bestimmt ist. Und dieselbe Unsicherheit in der Chronologie, die Karl den Großen und seine Ritter zu Zeitgenossen macht, versetzt Giuliano und seine Bande in eine ferne, magische Zeit, in der alle ihre Missetaten aufgehoben sind. Giuliano ist der erste sizilianische Nationalheld, der den Paladinen Frankreichs das Wasser reichen kann. Wie sie handelt er in einem unbestimmten Jahrhundert, gegenwärtig und doch fern, dem moralischen Urteil entzogen, dem erregenden Schlachtenlärm ausgeliefert. Die Zuhörer der ›Cantastorie‹ wissen nicht mehr, wer unrecht und wer recht hatte, ob die Kugeln die Reichen töteten oder die Armen niedermetzelten, sie stellen sich noch nicht einmal diese Frage, sie berauschen sich nur an dem Geräusch der Schüsse und an der Leidenschaftlichkeit des Angriffs und lassen sich von der kriegerischen Vitalität ihrer Helden in ein Jenseits von Gut und Böse tragen.

Ebenso wie die Zuschauer des kleinen Theaters mitgerissen werden vom feurigen Schwung der zappelnden Marionetten. Marionetten, sage ich mir ein wenig später in der lauen Nacht am Meer. Es sind Marionetten, und was sie zeigen, abgesehen von ihrer Geschichte und ihren Legenden, ist das Bild des verrenkten, zerbrechlichen Körpers, der nur durch einen Faden gehalten wird; Bild eines Lebens, das jederzeit zerbrechen kann – Spielzeug-Menschen, Drahtpuppen, in denen sich die Sizilianer besser wiedererkennen als in den Schauspielern eines wirklichen Theaters. Ich glaube, ihre Liebe für Marionetten ist verbunden mit dem Gefühl einer Bedrohung, mit dem Geruch des Todes. Ist es nicht auffällig, daß die jungen spanischen Romanciers wie Goytisolo, Ferlosio, Ana Maria Matute in ihren Büchern, selbst in denen, die den Bürgerkrieg nicht direkt erwähnen, von der Obsession der Marionetten sprechen? Spanien evoziert auf diese Weise seine Millionen zerschmetterter Toter, während es gleichzeitig an die verzauberten Puppen der Kindheit erinnert, an die vor der barbarischen Wirklichkeit gerettete spielerische Anmut.

Ich denke an den ständigen Bürgerkrieg, der Sizilien

zerreißt: Marionetten werden dem Herzen der Palermitaner immer teuer sein! Am folgenden Tag fahren wir zum zweitenmal nach Bagheria, um die Villen aus dem 18. Jahrhundert anzusehen. Wiederum steht das Bild eines zerfleischten, grausamen Lebens vor meinen Augen, als ich an den Maler Guttuso denke, der hier geboren ist und dessen große Retrospektive wir voriges Jahr in Parma gesehen haben.

Renato Guttuso, die ausgeprägteste Persönlichkeit der italienischen Gegenwartsmalerei. Berühmt in Moskau, London und New York, ist er in Paris verdächtig. Als Kommunist und Mitglied des Zentralkomitees des PC malt er Arbeiter: das genügt, um ihn unter die Fougeron zu reihen. Ein dummes Urteil, das der besonderen Situation der italienischen Malerei zur Zeit, als Guttuso begann, nicht Rechnung trägt. Die italienische Malerei war verschlossen, tonal, grau, erstickt. Sie hatte weder ihre Fauves noch ihren Picasso gehabt. Guttuso hat sie geöffnet, geschüttelt, ist hart mit ihr umgegangen, hat sie zuweilen auch mißhandelt, ja, aber zum Leben erweckt.

1939: erstes bedeutendes Bild, ›Flucht vor dem Ätna‹. Bauern, Frauen, Pferde, durcheinander von einer explosiven Kraft fortgeschleudert. Lebhafte, fast schreiende Farben. Verschiedene Themen: Arbeit, Gewalt, Aggression, Wahnsinn. Später stellte ich zu meiner Überraschung fest, daß Guttuso im negativen Register: erlittene Gewalt bessere Erfolge hat (›Flucht vor dem Ätna‹, ›Kreuzigung‹, ›Weinende Frauen‹) als im positiven Register: tätige Kraft (›Arbeiter aus einem Schwefelbergwerk‹, ›Besetzung der Felder‹). Von den beiden Bildern sizilianischer Fischer – ›Fang des Schwertfischs‹, auf dem man an ihre Ruder geklammerte Männer sieht, und ›Schlafender Fischer‹, eine liegende Gruppe, kraftlos hingestreckt, auf indigofarbenem Untergrund – trägt das zweite bei weitem den Sieg davon. Guttuso malt mit Vorliebe verzweifelte Frauen, die im Begriff sind zu schreien. Er beugt auch gern ihre Köpfe zurück, so als ob sich ein Messer in ihre Brüste graben sollte. Sein ganzes Werk spiegelt den Schrecken vor einer bevorstehenden Qual, ein Thema, das mit gewollter Brutalität in den Kompositionen ›Gott mit uns‹ trimphiert (die von den Nazigreueln inspiriert wurden), aber meiner Meinung nach kraftvoller wirkt, wenn das drohende Martyrium nicht explizit hervortritt, sondern ein rotes, blutiges Phantom bleibt. Diese aufsässigen Farbflecken scharlachroter Pfützen sind wie eine ewige Mahnung vor der kommenden Metzelei!

Der Einfluß Goyas und Géricaults trifft sich bei Guttuso mit einem tief verwurzelten Atavismus. Der Maler von Bagheria, der in den Himmel gehoben oder verachtet wird, weil er Bahnwärter, Bergleute, Fischer darstellt, ist das Opfer – oder der Urheber? – eines Mißverständnisses. Wie Vittorini, sein Landsmann, der verletzte Vittorini von ›Conversazione in Sicilia‹, sammelt Guttuso eher die Klagen der verletzten Welt, als daß er das Proletariat zum Gegenschlag auffordert. Und wenn er ›Strand‹ malt, ›Boogie-Woogie‹, ›Spaghetti-Esser‹ oder ›Morgendliche Straße‹, so macht er, so leid es mir tut, sowjetische Öldrucke. (Falls er nicht, wie in der ›Schlacht am Ponte Ammiraglio‹, wo das Karmesinrot der Hemden und das Zinnoberrot des Blutes das Gemetzel in ein Fest für die Augen verwandelt, eine bestimmte naive Malweise glanzvoll nachahmt.)

Der wahre, der beste Guttuso ist trotz aller revolutionärer Prinzipien ein authentischer Sizilianer geblieben, das heißt, ein Dichter der Passivität und des Todes, der Niederlage und des Massakers. Wenn ihm auch als Marxist bekannt ist, daß die Welt nicht nur betrachtet, sondern verändert werden soll, so verdammt ihn doch sein latenter Sizilianismus, der eng verbunden ist mit der Erinnerung an die Erschossenen Goyas und die abgeschnittenen Köpfe Géricaults, als Künstler nur die lyrische Unordnung des Leides zu sehen. Für meinen Geschmack sind die Zeichnungen und Aquarelle, die weiblichen Akte das Beste in seinem Werk. Dort hat er alle kämpferischen Absichten vergessen und studiert die Körper in ihrem Verfall, in Haltungen, die Müdigkeit und nicht wiedergutzumachende Demütigung ausdrükken. Überquellendes, hängendes Fleisch, verletzt in seiner Schönheit, beeinträchtigt in seiner Vitalität, entstelltes Fleisch. (Die ›Entstellung‹ ist das eigentliche Thema Guttusos. Deswegen hat ihn die Polemik über das Figurative und das Nicht-Figurative kaum berührt. Er machte 1947 eine kurze kubistische Periode durch, die nicht allzu glücklich war.)

Betone ich zu Unrecht das Sizilianertum Guttusos? Urteilt man nicht allzu summarisch, wenn man einen Mann so eng mit seinem Geburtsland verknüpft, der – und dessen Malerei – vielleicht alles getan haben, um sich davon zu befreien? Aber wie sollte man nicht die folgenden Züge für eindeutig sizilianisch halten? 1. die Liebe zu Farben, die kopiert sind nach den Farben des Marktes in Palermo, aufgetragen in einem betäubenden, kindlichen Durcheinander von Kontrasten (genügt dies für einen Koloristen? Guttuso scheint mir weit bedeutender als Zeichner); 2. die einfallsreiche Unordnung; 3. der abstrakte universale Furor. Hier zeigt sich das eigentliche Sizilien: erregt, rasend – das Gegenteil zu dem hellenisch heiteren Sizilien der Touristen.

Als positive Gestalten (im marxistischen Sinn), die Guttuso nicht zwingen, sein Talent zu vergewaltigen, sind die verschiedenen ›Männer beim Zeitunglesen‹ zu werten. In Sizilien sieht man auf einer Dorfstraße nicht selten einen Bauern, der inmitten eines Kreises von schweigenden Zuhörern mit großer Mühe eine Seite aus der Zeitung entziffert. Die Lektüre der neuesten Ereignisse ist dort, anstatt wie bei uns zu einem frivolen und zerstreuten Blick auf das Leben des Globus zu werden, eine rührende Bemühung, zu der Schwelle des bewußten Lebens vorzudringen, aus den Finsternissen des Analphabetismus und der völligen Unwissenheit hinauszugelangen. Guttuso hat in den konzentrierten, gierigen Gesichtern dieser Leser gut den überwältigenden Eindruck dieser allerersten Weltentdeckung getroffen.

Letztes Werk im Katalog: das kürzlich erst vollendete Blatt ›Studie von Köpfen, Schädel und weiblicher Akt‹, Federzeichnung und Aquarell, auf dem in einem energischen Durcheinander die Hauptfiguren seines gequälten Universums erscheinen. Links, aufrecht stehend, der Körper einer Frau, riesige Hüften, hängende Brüste, vollblütig und doch gebrochen; oben rechts, wie aus einem Schatten hervorleuchtend, eine grimassenschneidende Maske; in der Mitte ein Frauengesicht mit aufgerissenen Augen und offenstehendem Mund, bereit zur Folter; dann ein nach rückwärts gebeugter Kopf ganz voller Löcher – Nase und Augenhöhlen – mit der reinen,

ungeschützten Linie des Halses; ein anderer Kopf, zusammengezogen zu einem großen, schreienden Mund; ganz unten schließlich, um all diese arme, besiegte, verletzte Menschheit aufzusammeln, zu besänftigen, zu verschlingen, ein glatter hohler Totenkopf.

Ein merkwürdiger ›Triumph des Todes‹ bei einem ›Künstler des Volkes‹.

Ich füge heute hinzu: der erste ›Triumph des Todes‹ eines sizilianischen Künstlers. Aber vielleicht hat Guttuso gar nicht den Tod darstellen wollen: in Sizilien ist das Leben tragisch, die Schönheit gequält und die Sonne tödlich. Als die Fürsten von Palagonia vor mehr als zweihundert Jahren ihre Villa in Bagheria, die wir jetzt besuchen, mit Ungeheuern und Zwergen schmücken ließen, hatten sie, lange bevor die erste Marionette gemacht wurde, ein Bild für die Lächerlichkeit des Menschen gefunden.

Die Villa Palagonia, eines der seltsamsten und bestrickendsten Bauwerke Europas, breitet konkave Fassaden und eine Überfülle vergoldeter Treppengeländer aus. Aber welch schreckliche Verwahrlosung! Auf der kreisförmigen Wiese, die sie umgibt, sehe ich Disteln, Knochen, Abfall; mein Fuß stößt an eine tote Taube. Mehrere bescheidene Familien hausen in dem, was von den Pferdeställen und den Räumen des Erdgeschosses übrig geblieben ist. Die Cassa del Mezzogiorno, die Castel del Monte in Apulien restauriert, täte gut daran, auch diese Villa zu retten. Oder ein Mäzen: sie ist zehnmal mehr wert als irgendein Palast in Venedig.

Auf der Umfassungsmauer stehen die berühmten Statuen, in denen jeder, kaum übertrieben, mehrere Personen seines Bekanntenkreises wiedererkennen könnte:

den Aufgeblasenen, der drei Köpfe hat, die Reizbare, verwandelt in eine Ziege, die Alte, auf einem Drachen reitend, den verzückten Tölpel, der die Augen zum Himmel dreht. Hier und dort soll ein sehr schöner und reiner Körper wohl an das erinnern, was die Menschen nicht sind.

Diese Karikaturen bilden in ihrer Gesamtheit ein grausiges Bild der Menschheit, an dem sich Goya, was die Entstellung ins Tierische, Ionesco, was die Vervielfachung der Köpfe angeht, hätten inspirieren können. Grotesken eher als Ungeheuer, und weit beunruhigender, bizarrer und fürchtenswerter als die Ungeheuer von Bomarzo. Das Phantastische erregt nur, wenn es auf einer vertieften Kenntnis der Wirklichkeit beruht. Der Künstler, der diese Statuen gehauen, und vor allem derjenige, der sie in Auftrag gegeben hat, der Prinz von Palagonia, war nicht weniger Beobachter als Dichter. Beobachter des Lächerlichen und Dichter des Phantastischen. Ein Swift eher als ein Voltaire. Das Interessante an der Villa ist im übrigen, daß man hinter ihrem Stil eine Persönlichkeit entdeckt. Eine Persönlichkeit voller Ironie, Spott und Bitterkeit und – was hier seltener ist, wo die verschiedenen Formen des Spottes so häufig sind – bemüht, den verschiedenen Figuren einen Charakter zu geben (das allmächtige Schicksal hat in Sizilien die Psychologie weitgehend verdrängt).

Man erzählt, die Frau des Fürsten habe unter dem Eindruck dieser grinsenden Gesellschaft ein mißgestaltetes Kind geboren. Dem zweiten Palagonia, nicht weniger geistreich als sein Vater und kein minder begabter Teratologe, könnte man, meine ich, die beiden riesigen Statuen zuschreiben, die am Ende des Gartens links und rechts neben dem Tor hocken und sich deutlich von den anderen unterscheiden.

Links die Frau: sie ist sehr schön und zeigt auf ihrem nackten Oberkörper drei Brüste in einer Reihe; ihr Blick ist unergründlich, die Stirn hoch, die Haare werden von einem Scheitel in zwei Rollen geteilt, die als zwei Schafsköpfe auf die Schultern hinabreichen. Rechts der Mann: sein Bart fällt ihm zwischen die Beine und erlaubt ihm, mit seinen Händen unsichtbar in seinem Schoß zu wühlen; er hat fünf in drei Reihen übereinanderliegende Augen, das letzte ist, weit aufgerissen, auf der Spitze des Schädels. Hat der Hausherr nicht in einem Anfall von satirischer Melancholie sich selbst und seine Frau darstellen wollen? Symbolisieren die ihnen zugeteilten Attribute nicht ihren ehelichen Verdruß? Dieser zweite Fürst, der ein buckliger Zwerg war, heiratete mit sechzig Jahren einen Backfisch, der ihn zwei Jahre später wieder verließ. Ich bilde mir ein, in den drei übereinanderliegenden Augenreihen die Wut einer schlaflos machenden Eifersucht zu sehen, in den wühlenden Händen die Entschädigung für eine verhöhnte Männlichkeit, in den drei Brüsten und den beiden Schafen der Gattin das sarkastische Vergnügen, sie für ihre Jugend und Schönheit zahlen zu lassen, indem er sie als Säugerin und Tier darstellte.

In der Villa schlägt uns eine ungekämmte, zungenfertige Hausmeisterin vor, uns in das obere Stockwerk zu begleiten. Wir betreten einen prächtigen Saal, dessen Wände und Decke noch einige von den Spiegeln aufweisen, die den ganzen Raum bedeckten. »Der Fürst hatte diese Spiegel bestellt, um seine Frau zu überwachen.« – »War er sehr eifersüchtig?« – »Was meinen Sie! Er überraschte seine Frau mit einem Schreiner, ließ sie an den Schwanz eines Pferdes binden und zu Tode schleifen.« Ich höre dem süßen Delirium dieser Bäuerin zu, die weder zulassen kann, daß ein junges, zur Ehe gezwungenes Mädchen ihren alten Zwerg verläßt (um einen anderen Fürsten zu heiraten), noch daß der betrogene Gatte sie nicht auf der Stelle umbringt.

»Und hier ist der Magen des Fürsten«, sagt sie und zeigt uns in den farbigen Adern eines Marmorpfeilers eine undeutliche Zeichnung, die dem Verdauungsorgan ähneln könnte. »Der Magen des Fürsten, aber warum das?« – »Er wollte alles kennenlernen, alles zerlegen.« Ich bewundere, wie es dieser Frau gelingt, ihrem Fürsten gleichzeitig intellektuelle Allmacht und ein noch barbarisches moralisches Bewußtsein zu geben. Zweifellos würde sie einen Wissenschaftler, der eine Beleidigung nicht mit Blutvergießen rächt, nicht respektieren können.

»Der Fürst, der kinderlos geblieben war, verließ nach diesen Ereignissen die Villa. Er hat den Schreiner dort einmauern lassen. Die Dienstboten wurden verabschiedet, die Türen vermauert und die Schlüssel ins Meer geworfen. Er ließ sich in Palermo nieder und wurde Bettler.«

Das klingt wie eine Volksballade. Der betrogene Gatte tötet seine Frau und zieht sich von der Welt zurück: die sizilianische Ehre ist gerächt und die Öffentlichkeit befriedigt. Leider ist der zweite Teil der Erzählung nicht wahrer als der erste. Der Fürst ging nur einmal im Jahr in Palermo betteln: am Gründonnerstag. Und nicht für sich, sondern für die Armen. Vier Diener in großer Livree folgten ihm auf den Straßen mit silbernen Schalen, in die die Almosen fielen. Goethe sah ihn in diesem Aufzug und bemerkte seine Schuhschnalle, die im Kot glänzte.

Man spricht so viel davon, den Süden zu befreien, und erwartet sich von einer dritten Revolution das Heil dieses Landes, das weder das Christentum zu erlösen noch die piemontesische Demokratie zu befreien vermocht hat. Aber will der Süden denn befreit, will er gerettet werden? Jedesmal, wenn sich ein Mann oder eine Frau der Knechtschaft des Elends oder des Sexus zu entziehen sucht, dann verdammt ihn die öffentliche Meinung. Jedesmal, wenn ein Fremder sie davon lösen will, wird ihm kein Dank zuteil. Palermo schickt ruhigen Herzens den Anhänger der Republik De Blasi aufs Schafott. Der bürgerliche Romancier Verga bestraft den Sohn eines Fischers, weil er auswandern möchte. Der adlige Romancier Lampedusa wirft Garibaldiner und Yankees mit dem gleichen Tadel in einen Topf. Der kommunistische Maler Guttuso ergibt sich dem Lyrismus der Fatalität und des Todes. Der Gewerkschaftler Carnevale erleidet unter dem unbeweglichen Auge der Bauern das Martyrium. Der vielleicht ungeschickte, aber aufrichtige Missionar Dolci wird in den Schmutz gezogen. Eine Frau des Volkes, die Wächterin von Palagonia, verzeiht es der Gattin eines griesgrämigen Buckligen nicht, wieder geheiratet zu haben.

Und schlimmer noch: mancher Mann des Südens, der genau weiß, was er tun müßte, um sein gescheitertes Leben in ein erfolgreiches zu verwandeln, lebt weiter so, als wünsche er sein eigenes Verderben. Wie jener Halbwüchsige am Strand Kalabriens, der sagte, er sei schlecht, der aber nicht den kleinen Finger gerührt hätte, um seine eigene Achtung oder die der anderen zu verdienen. Wie der posthume Held Brancatis, Paolo, der die Möglichkeit einer Umkehr der heimlichen Lust opfert, sich selbst zu zerstören.

Sich der Mittel und Wege bewußt zu sein, die einen aus dem Verderben ziehen könnten, aber keinen Gebrauch davon zu machen: wie sehr würden wir uns darüber wundern, kennten wir nicht Ursache. Die Madre mediterranea gibt ihren Kindern nicht die Kraft (oder den Wunsch), ihrem Einfluß zu entgehen. Wir, die wir keine Kindheit gehabt haben, wir, die wir im Süden alte Wunden heilen wollen (ob sie je geheilt werden?), wir halten die von ihr gespendete Wärme und Großzügigkeit für Freiheit – das einzige Gut, mit dem sie geizt. Alle Mißverständnisse, alle sich widersprechenden Urteile über Italien haben hier ihren Ursprung. Die, die sie am Leben hindert, und die, denen sie das Leben zurückgibt, sind nicht dieselben.

Zwischen den Italienern und uns klafft der Abgrund entgegengesetzter Erziehung: sie sind durch ihre Kindheit erstickt, und wir sind um die unsere betrogen worden. Sie klagen sich an, sie lachen über sich selbst, sie verewigen sich in grotesken Masken, und wir hoffen nichts Geringeres, als bei ihnen wiedergeboren zu werden. Sie sehen sich als Marionetten und Zwerge, und wir sehen sie als Menschen. Wie oft haben mich meine Freunde im Süden gefragt: Warum lieben Sie unser Land? Was finden Sie nur so Besonderes daran? Wissen Sie nicht, daß alle fortgehen wollen? Inmitten der Traurigkeit unserer Dörfer, der Tyrannei unserer Sitten und der Widersinnigkeit unserer Gesetze gilt ein allgemeines Rette-sich-wer-kann! Ja, ich weiß, und ich kann mich nicht genug wundern, daß solche Argumente mich nicht berühren, und ich immer wieder von diesen blassen Gesichtern träumen muß, die mich von der Mauer der Villa Palagonia herunter anschauen und mir ihrerseits zu sagen scheinen: Aber was erwartest du von uns? Was können wir, die an unsere Vergangenheit Gefesselten, die von unseren Fehlern Behexten, dir geben?

Anmerkungen

1 Daß eine solche Heirat die Bedingungen der Wirklichkeit verkennt, bestätigt eine Verfügung des italienischen Gesetzes, die einem Mädchen erlaubt, sich mit zwölf Jahren zu verheiraten, einem Jungen mit vierzehn (dagegen fünfzehn und achtzehn Jahre in Frankreich, achtzehn und zwanzig Jahre in der Schweiz). Heiraten zwischen Kindern sind im Süden häufig.

2 Ein typisches Beispiel für das unterdrückte Geschlechtsleben: die Beziehungen zwischen Mann und Frau werden nicht nur überwacht und durch diese strenge Kontrolle fast unmöglich gemacht, sie sind auch, und vor allem, eine Pflicht: ein Mann, der mit einer Frau alleine ist, *muß* ihr einen Antrag machen. Die Frau würde nicht verstehen, wenn er es nicht getan hat.

3 Zu deutsch: In der Wiege von demselben göttlichen Geist liebkost, der den Genius Giambattista Vico entflammte, dichtete er Verse zum Lobe seiner Heimat und führte seine Mitbürger, verloren in den nebelhaften Vorstellungen des Nordens, zu den klaren, christlichen des Südens zurück.

4 In chronologischer Reihenfolge: Pasquale Villari, 1826-1917, geboren in Neapel, Professor für moderne Geschichte an der Universität Florenz, Abgeordneter, Senator, Erziehungsminister, Autor von »Lettere meridionali«, 1878. Napoleone Colajanni, 1847-1921, Arzt, Abgeordneter, »Gli avvenimenti di Sicilia e le loro cause«, 1896. Leopold Franchetti, 1847-1917, reicher Florentiner, starb aus Kummer nach dem Unglück von Caporetto, und Sisney Sonnino, 1847-1924, pisanischer Baron, Diplomat, dann während des Ersten Weltkrieges Abgeordneter und Minister des Außenministeriums, Autoren von »La Sicilia nel 1867«. Giustino Fortunato, 1848-1932, geboren in Rionero-in-Vulture, Journalist, übersetzte Horaz, Abgeordneter, dann Senator, Antifaschist, Autor zahlreicher parlamentarischer Reden, gesammelt in »Il mezzogiorno e lo stato Italiano« 1911. Francesco Saverio Nitti, 1868-1953, geboren in Melfi, Abgeordneter, Minister, 1919 Präsident des Rates, während des Faschismus im Exil in Frankreich, »Nord e Sud«, 1900, und »Napoli e la questione meridionale«, 1903. Gaetano

Salvemini, 1873-1957, geboren in Molfetta, verlor beim Erdbeben von Messina seine Frau und fünf Kinder, Professor an der Universität Florenz, emigrierte nach Frankreich und dann nach USA; großer Historiker, entschiedener Gegner Mussolinis, veröffentlichte unter anderem »Scritti sulla questione meridionale«, 1896-1955. Tommaso Fiore, geboren in Altamura 1884, Latinist, Exeget von Vergil und Erasmus, vom Faschismus verfolgt, Autor von Briefen über Apulien, die er 1925 schrieb und 1951 unter dem Titel »Un popolo di formiche« veröffentlichte. Antonio Gramsci, geboren 1891 bei Cagliari, Gründer der italienischen kommunistischen Partei, von 1926 an im Gefängnis, 1937, nach sieben Jahren Haft, während der er schrieb, gestorben. Seine Schwägerin konnte die zweiunddreißig Hefte in Sicherheit bringen; zu seinem meist posthum veröffentlichten Werk gehört die Sammlung »La questione meridionale«, 1951. Guido Dorso, 1892-1947, geboren in Avellino, Journalist, Anwalt, wurde vom Faschismus verfolgt, »La Rivoluzione meridionale«, 1925. Carlo Levi, 1902 in Turin geboren, Arzt und Maler (er stellt auf jeder Biennale in Venedig aus), Antifaschist, Zwangsaufenthalt in Lukanien von 1935 bis 1936, wo er die Anregung zu seinem Buch »Cristo si è fermato a Eboli« erhielt, das 1945 erschien; er veröffentlichte weiterhin, unter anderem »Le parole sono pietre«, 1955, über Sizilien, und »Tutto il miele è finito«, 1964, über Sardinien. Francesco Compagna, 1921 in Neapel geboren, Direktor der Zeitschrift »Nord e Sud«, Autor von »La questione meridionale«, 1963.

5 Von der Höhe eines Berges, von dem man das Meer erblickt, schaue ich oft, ich, deine Tochter Isabella, ob nicht ein kalfatertes Schiff auftaucht, das mir von dir, Vater, Nachricht bringt.

. . .würdig das Grab, wenn schon die Wiege ärmlich war.

Ich, die ich in einer so häßlichen, schrecklichen Gegend meine Zeit ohne jedes Lob verbringe.

Wieder werdet ihr, o höllisches Tal, o von den Bergen stürzende Bäche, o wüste Steine, o tugendlose, verderbte Geister, mein Weinen hören und meine Qual.

Die blühenden Jahre, wie man sie nennt, waren für mich verwelkt und finster, einsam und öde, und ich habe sie blind und krank verbracht, ohne den Vorzug der Schönheit kennenzulernen.

6 Ich lebe, ich sterbe; ich brenne, und ich ertrinke; ich fühle große

Hitze, während ich friere ... Mein Gut geht davon und bleibt auf immer; ich verwelke und gleichzeitig grüne ich.

Aber, wenn ich an jenen Tag denke, brenne ich und werde zu Eis, denn Furcht und Begierde sind meine Gefährten; bald schließe ich der einen die Tür, bald öffne ich sie der anderen, und in der Ungewißheit zerstöre ich mich und vergehe.

... denn, in der schönsten Hoffnung verzweifle ich.

Dann, wenn ich glaube, daß meine Freude gewiß ist und die ersehnte Stunde gekommen, stößt er mich in mein anfängliches Unglück zurück.

7 Die Ausgrabungen, die die Stiftung Lerici aus Mailand 1963 unternommen hat, haben die Methoden der Archäologie über den Haufen geworfen. Die Verwendung des Protonenmagnetometers und der Wasserdrucksonde gehören in den Bereich der Kernphysik und der Elektronik: tatsächlich sind es nicht Archäologen oder Historiker, die die Ausgrabungen leiten, sondern geophysische Techniker. Wie lange ist es her, daß Schliemann mit der Hacke grub und dabei Verse Homers zitierte! Die modernen Bohrer entreißen der Erde unterschiedslos Vasenreste und Petroleum und brauchen nichts von der Antike zu wissen. Erste Etappe: Lokalisierung der Mauern mit Hilfe des Magnetometers. Zweite Etappe: Herausholen der Tonscherben mit Hilfe der Sonde. Dritte Etappe: Datierung der Scherben. Erst in diesem Stadium der Ausgrabungen schalten sich die Archäologen ein. Erster kleiner Sieg am 10. April 1963: die Sonde brachte zehn Scherben aus dem schwarzen Ton ans Licht, den die Töpfer im VIII. Jahrhundert benutzten, als Sybaris gebaut wurde. Die Stiftung Lerici hat auch ein System ausgearbeitet, mit Hilfe dessen man ohne Ausgrabungen wissen kann, ob die etruskischen Gräber der Toskana und Latiums Fresken enthalten oder nicht.

8 Ein symbolisches Opfer. Vierzig Kilometer Straße, fünfunddreißig Eisenbahnlinien, zweihundertfünfzig Kräne, dreizehnhundert Lastwagen, dreihundertfünfzig Waggons finden auf dem riesigen Gelände Platz. In der Arbeiterstadt werden zwölftausend Personen unterkommen, die Fabriken planen jährlich zweieinhalb Millionen Tonnen Gußeisen, Stahl, Blech und Rohre herzustellen, in nächster Zukunft sollen es bereits sechs Millionen sein. Die Rohstoffe kommen und die fertigen Produkte verlassen die Fabrik per Schiff.

9 Wie in Augusta (Sizilien) bieten dieser Wald von Masten, Röhren

und Flammen, diese Trauben von Glühbirnen an metallnen Schäften, diese großen, flach auf dem Gras liegenden Zylinder des petrochemischen Werks einen wunderbaren Anblick. Anstatt die Landschaft mit den Oliven und dem Meer zu stören, vervollständigen diese klaren, kalten Linien das Bild, so wie die kubistische Malerei die impressionistische Malerei zur Vollendung bringt, anstatt sie zu zerstören.

10 Anspielung auf die gemeinsame Wurzel in »Pouilles« (Apulien) und »pouilleux« (verlaust).

11 Es lebe der heilige Joseph von Copertino, der Beschützer der im Examen Stehenden, der Beschützer der Fallschirmjäger der Nato, der Beschützer der englischen Luftfahrt. Heiliger, sei unter uns willkommen.

12 Ich habe deine Milch, gib mir eine Scheibe Brot, ich beiße hinein, und du reißt sie mir fort und sagst: »Gib mir mein Brot!«

13 Im besten Fall Politiker: Mazzini, Togliatti.

14 Duftende Pfade, auf denen man so viele Kräuter und hundert verschiedene Spezereien riecht.

15 Im Jahre 1860 ging es Sardinien, trotz hundertfünfzig Jahren piemontesischer Regierung, schlechter als Sizilien: die Meridionalisten sahen darin einen Beweis, daß der bürgerliche parlamentarische Staat nicht fähiger war, die Probleme des Südens zu lösen, als die korrumpierte Monarchie der Bourbonen.

16 Selbst wenn man ihn eines Verbrechens verdächtigt, das er nicht begangen hat, versteckt er sich lieber in den Bergen und fängt an zu stehlen und die Polizisten, die man zu seiner Verfolgung eingesetzt hat, wirklich umzubringen. Wo fände er einen Anwalt, der ihn verteidigte, er, der vom Tauschhandel lebt und gar nicht weiß, wie Geld aussieht? Wie könnte er seine Unschuld beweisen? In seinem Film »Banditi a Orgosolo« erzählt De Seta die Geschichte eines Banditen gegen seinen Willen, Opfer jenes juristischen Systems, das die Italiener in ihren Kolonien anwenden (Sizilien und Sardinien) und nach dem jeder Verdächtigte schuldig ist.

17 Christian Zervos setzt in unseren Tagen die französische Tradition der Sardologie fort (»La Civilisation de la Sardaigne«, 1954, ein grundlegendes Werk über die Zeit der Nuragen).

18 In Syrakus und Acireale, nicht in Catania, wie man sehen wird.

19 Calogero Vizzini. Mit dem Geschick eines Genies verbesserte er das Los seines ehrenwerten Geschlechtes. Scharfsinnig, dynamisch,

niemals müde, gab er den Bauern und Bergleuten Wohlstand, indem er immer Gutes bewirkte. Und er machte sich in Italien und im Ausland einen angesehenen Namen. Groß in Verfolgungen, größer noch im Unglück, blieb er immer heiter, und heute, mit dem Frieden Christi und verschönt in der Majestät des Todes, erhält er von allen, ob Freund oder Feind, das schönste Zeugnis: er war ein ehrenwerter Mann.

20 Die Geschichte mit dem Tuch von L. L., wie auch später die Angelegenheit mit den Rauschgiftbonbons, die von einigen Autoren für wahr gehalten wird (vor allem von Michele Pantaleone in seinem ausgezeichneten Buch »Mafia e Politica«), wird von anderen bestritten. »Abenteuerlich, kindisch«, habe ich sagen hören. In diesem Fall wie in anderen begegnet man immer wieder der großen Schwierigkeit, bei einem Ereignis in Sizilien herauszufinden, was die Wahrheit ist. Die Geschichte scheint dort nicht greifbar: wegen der phantastischen Einbildungskraft der Sizilianer, wegen der Überfülle, der Maßlosigkeit der Ereignisse.

21 Mit Hilfe der »Kastenfolter«: elektrischer Strom, Salzwasser im Mund, herausgerissene Nägel, zerquetschte Hoden. Daher im Epitaph Don Calos (der, im Schutz seines Hauses in Villalba, das Gewitter ruhigen Herzens vorüberziehen ließ) die Anspielung auf »Unglück« und »Verfolgungen«.

22 OAS: Organisation de l'Armée secrète.

23 Das Parlament der Region Palermo hat in folgenden Gebieten legislative Macht: Landwirtschaft und Forstwesen; Industrie und Handel; Städteplanung; öffentliche Arbeiten; Bergwerke, Steinbrüche, Salinen; Jagd und Fischfang; öffentliche Fürsorge; Tourismus; Landschaftsschutz und Denkmalspflege; Volksschule, Museen und Bibliotheken.

24 Siehe den Unterschied zwischen dem Film Vittorio de Setas »Banditi a Orgosolo« und dem Francesco Rosis »Salvatore Giuliano«. Der erste ist linear, der zweite polyphon. Der Unterschied im Stil spiegelt den Unterschied in der Realität: der Verbrecher in der Barbagia kann nur auf sich selbst zählen, um den Mörder aus Montelepre wirbelt ein Schwarm gut bewaffneter, gut genährter und trotz aller Verluste ständig erneuerter Helfershelfer.

25 Er wird Bandit und schläft in einer Höhle; die Morgenröte findet ihn über Bergen und Tälern, und von ferne hört er die Glocke von Montelepre und ihre ersten Schläge.

Er schaut sein Haus an, denkt an sein Bett und an seine Mutter, die Augen auf das Dach gerichtet.

26 Sie hatte ein Gesicht aus Morgenröte, das Feuer brannte in ihren blauen Augen.

27 Der eine sang, der andere spielte, ein dritter begleitete die Lieder, und die Tische waren voller Mandeln und Torrone.

Die Kinder schliefen an der Brust ihrer Mütter, die Kinder ritten auf den Schultern ihrer Väter.

Und in der Luft war der Duft des Ginsters zwischen dem Weißdorn und in der heißen Sonne die Hoffnungen der Bauern.

28 Das erklärt sich, und ohne Schwierigkeit: er war nicht er selbst in seinem Fleisch,

er war verwandelt, wie sich der Wein verwandelt und das Brot, das man ißt.

29 Nun haben wir keine verbundenen Augen mehr, wir wissen, wer Giuliano war; sie mißbrauchten ihn zu ihren Zwecken, zu dem, was ihnen nützte und was ihnen jetzt nicht mehr nützt.

30 Er war ein Engel und hatte keine Flügel, er war kein Heiliger und tat Wunder, er stieg ohne Stricke und Leitern in den Himmel und kam ohne Hilfe wieder auf die Erde.

31 Eines Abends kehrte er mit hängenden Flügeln nach Hause zurück, die Augen in die Ferne gerichtet, den Geist desgleichen: »Iß mein Sohn, mein liebes Herz . . .«; die Mutter betrachtete ihn und sah seine finstere Miene: »Sohn, du scheinst mir anders als sonst.« Und sie stützte sich mit der Hand an die Wand. »Mutter«, sagte Turiddu und sah sie an: »ich fühle mich wohl«. Und er senkte den Kopf.

»Sohn, wer hat dich bedroht? Ich bin deine Mutter, verbirg mir nichts.« – »Mutter, der Tag ist gekommen«, und er seufzte, »selbst Christus haben sie umgebracht, und er war unschuldig!« – »Sohn, mein Herz steht still, drei spitze Dolche hast du hineingebohrt!« Leute, die ihr hier sitzt, schreit laut: die Mutter sah ihn tot am Kreuz.

Zu den Abbildungen

Umschlagabbildung: Stadt am Meer, Polignaro

Inhalt

Neapel

Der Süden

Sardinien

Sizilien

Zu dieser Ausgabe:

insel taschenbuch 1076
Dominique Fernandez
Süditalienische Reise

Titel der Originalausgabe: Mère Méditerranée. Der Text folgt der
Ausgabe: Dominique Fernandez, Süditalienische Reise. Aus dem
Französischen von Julia Kirchner. Insel Verlag Frankfurt am Main
1969. Dominique Fernandez, 1929 geboren, ist Professor für italienische Literatur. Er schreibt für die Zeitschriften »NRF«, »Express«,
und »Observateur«. Er hat Romane und Essays veröffentlicht. Martin
Thomas, 1953 geboren, arbeitet als freier Bildjournalist und ist durch
zahlreiche Ausstellungen im In- und Ausland sowie Buchveröffent-
lichungen bekannt.

Literatur und Reisen
insel taschenbuch

158/1/5.87

Literatur und Reisen
insel taschenbuch

158/2/5.87

Französische, spanische, italienische Literatur
insel taschenbuch

152/2/4.87

Französische, spanische, italienische Literatur
insel taschenbuch

Französische, spanische, italienische Literatur
insel taschenbuch

152/5/4.87